KB131242

테마가 있는 역사기행

# 삼국사기의 산을 가다

삼국사기의 산을 가다

—

초　판　1쇄　2011년　9월　1일
개정판　1쇄　2019년 11월 20일
지은이　박기성
펴낸이　김영재
펴낸곳　책만드는집

—

주소　서울 마포구 양화로3길 99, 4층 (04022)
전화　3142-1585·6
팩스　336-8908
전자우편　chaekjip@naver.com
출판등록　1994년 1월 13일 제10-927호
© 박기성, 2019

—

* 이 책의 판권은 저작권자와 책만드는집에 있습니다. 이 책 내용의
　전부 또는 일부를 재사용하려면 양측의 동의를 받아야 합니다.
* 잘못 만들어진 책은 구입하신 서점에서 바꾸어 드립니다.
* 이 책은 2012년 문화체육관광부 우수교양도서로 선정되었습니다.

—

ISBN　978-89-7944-710-1 (03910)

—

이 도서의 국립중앙도서관 출판사도서목록(CIP)은 e-CIP
홈페이지( http://www.nl.go.kr/cip.php)에서 이용하실 수 있습니다.
(CIP제어번호 : CIP2019044085)

테마가 있는 역사기행

태백산에서 파진산까지, 그 3년간의 기록

# 삼국사기의
# 산을 가다

글 · 사진

박기성

책만드는집

학자 말고는 전공 살려 살아가는 이가 드문 게 세상이다. 글쓴이도 마찬가지였다. 그런데 우연히 전공 서적을 가까이할 기회를 갖게 되었다. 《역사와 현실》이라는, 한국역사연구회에서 펴내는 계간 논문집이었다.

《사람과 山》이라는 등산 잡지에 글을 쓰고 편집 책임을 맡은 처지라 일하는 데 꽤 도움이 되었다. 산 이야기에 역사를 버무려 넣으니 독자들 반응도 좋았다.

그래 '삼국사기의 산'을 기획하게 되었다. 『삼국사기』에 나온, 역사적 사건이 일어난 산을 찾아가거나 산에 올라 사건 현장을 내려다보고 음미하는 모양새였다. 그렇게 2006년 6월부터 2009년 7월까지 3년 세월을 보냈다.

그러던 중 많은 역사 인물과 유적을 만나게 되었다. 지금도 하루에 오르기 빠듯한 태백산 정상에서 제사를 지냈던 아달라이사금, 임금이 되겠다는 야망을 품고 삼태봉 개활지에서 서라벌을 넘봤던 탈하이, 천 년에 하나 나올까 말까 한 천재 전략가 이사부, 대야성 최후의 날 남편 김품석과 함께 자결한 고타소랑, 싸움이 풀리지 않을 때마다 '맞장 뜨기'라는 편법을 동원한 김유신…….

그리고 수많은 미스터리를 풀어야 했다.

박제상은 왜 그렇게 고집을 부리다 처참한 최후를 맞이했는가? 광개토왕이 보낸 고구려군 5만이 왜군의 항복을 받았던 임나가라 종발성은 과연 어디인가? 이사부가 '거도의 권모'를 본받아 점령했다는 가야는 어느 가야이며 권모의 실체는 무엇이었는가? 진흥왕의 첫 순수지 하림궁은 어디 있으며 대가야 사람 우륵은 왜 거기서 가야금 연주를 했는가? 성왕과 백제군 29,600명은 관산성에서 어떻게 그렇게 몰살을 당할 수 있었는가? 백제는 수도 한성을 어떻게 잃고 웅진으로 천도했는가? 화랑 관창은 황산벌에서 왜 단기單騎로 나갔으며 계백은 왜 그를 돌려보냈는가?

이 미스터리들은 거의 자면서 풀었다. 꿈에 역사의 신이 나타나 답을 가르쳐준 적은 한 번도 없었지만 자고 나면 대개는 거짓말처럼 의문이 풀렸다. 명상이나 신비 체험의 도움을 받지도 않았다. 늦은 시간까지 머리를 싸매고 고민하다 잠들면 아침에 답이 떠올랐을 뿐이다.

유적들의 대종은 산성이었다. 삼한시대 산성과 가야의 성들, 12년 동안 여섯 번 싸움이 벌어졌던 대구 와룡산[성], 내성과 외성이 아니라 쌍둥이성으로 확장된 증평 이성산성과 진천 대모산성, 유럽 성처럼 원통형 치雉들이 있는 유일한 구조물 삼년산성, 홍예虹霓 만들 기술이 없던 시절 성이 무너지지 않게 침전지 연못을 만들어둔 문경 고모산성, 그 수구문水口門이 막히면서 이 땅에서 목간木簡이 가장 많이 나오게 된 함안 주산성, 당나라 장수 소정방의 본진이 있었던 논산 황화산성…….

가장 큰 수확은 산성이 고정적 방어 진지만이 아니라 이동 진지 역할까지 했다는 사실을 깨달은 점이었다. 행군 중의 로마군이 날이 저물 때 목책과 참호 진지를 만들었듯 서라벌군은 토성을 쌓았던 것이다. 그래 김유신은 도살성싸움을 도토성산에서 지휘했고 논산벌 회전會戰은 갈마산 정상 토성에서 굽어본 것으로 여겨진다.

산은 일반적으로 오르기는 지루하고 내려가기는 팍팍하다. 그래 많은 이들이 꽃이나 풍경 사진 찍기, 새 관찰하기, 나물 뜯기, 약초 캐기로 소일함으로써 쉬지 않는 듯 쉬고 시간 가는 줄 모르게 하루를 보낸다. 하지만 그렇지 못한 이들은 여전히 앞사람 발뒤꿈치밖에 안 본다.

이럴 때 『삼국사기』를 들고 산을 찾아보면 어떨까? 나아가 『고려사』, 조선시대 기록까지 관심을 갖다 보면 설악산의 권금성과 한계산성, 두타산 두타산성처럼 높은 지역에 산성이 쌓인 이유도 알게 될 테니 산길에서 차이는 돌멩이 하나 그냥 보아 넘기지 못할 것이다. 하여 산은 더욱 높아지고 골짜기는 깊어지리니, 도 닦는 길이 달리 있는 게 아니다.

연재가 계속되는 동안 지인 독자들은 나중에 꼭 단행본을 내야 한다고 했다. 그런데 2년이 다 되도록 관심 갖는 출판사가 없었다. 나름대로 독창적인 테마에 독보적인 시각이라고 은근히 자부하고 있었는데 알아주는 데가 없었던 것이다.

그런데 주말마다 삼각산을 오르는 식구 이미례가 어느 날 산에서 '책만드는집' 김영재 사장을 만났다고 했다. 이는 글쓴이가 출판사 근처 막걸릿집에서 김 사장을 직접 만나는 사건으로 이어졌고 이내 출간에 뜻이 모아졌다. 그래 원고를 보내고 편집에 참고하라며 잡지를 우송했는데 사진에 큰 문제가 생겼다.

사진은 첫 달에는 《사람과 山》 김남곤 기자가 찍었다. 그런데 당시 김순철 편집부장이 사진기자 인력이 달린다며 글쓴이에게 글과 사진을 함께 주문하는 것이었다. 그래 둘째 달부터는 디카로 손수 찍은 것을 노트북컴퓨터에 저장해놓았다. 그러나 막상 보내려고 하니 남아 있는 게 한 컷도 없었다. 집에서 하는 가게 '여자만 별내농원' 사무용으로 쓰던 컴퓨터를 포맷하면서 백업을 해두지 않았던 것이다.

사진 자료는 이제 《사람과 山》의 서버 컴퓨터에밖에 없었다. 그래 홍석하 사장을 찾아가 사정을 이야기하고 자료를 전달받음으로써 비로소 책을 낼 수 있게 되었다. 이분의 협조가 없었다면 『삼국사기의 산을 가다』는 세상에 나올 수 없었을 터. 감사하기 그지없다.

'책만드는집'의 한나라 씨는 글쓴이의 문법이 세상과 통하는 원칙을 세워주었다. 이성희 기획실장은 표지를 시원하면서도 뭔가 있는 듯하게 단장해주었다. 고마운 분들이다.

글쓴이는 대학에 들어가면서 등산을 시작했고 국사를 전공했다. 그리고 평생을 이 두 가지, 산과 역사만 일구면서 살았다. 『삼국사기의 산을 가다』는 그 첫 번째 결실이다.

박기성

차례

프롤로그 · 4

장군봉의 일출. 황지, 장성, 통리가 합쳐 된 태백시의 연꽃 봉오리 연화산 둘레에 안개가 차오르고 있다.
해 바로 아래의 산은 도계 응봉산, 그 아래 것은 지금 통동으로 바뀌어 있는 통리의 백병산이다.

태백산

# 2천 년 전 시작된 산악신앙의 단초

서기 138년 서라벌의 일성이사금이 태백산을 순행했다. 친히 산신에게 제사를 지내면서 북으로 말갈, 남으로 가야를 물리치고 영남의 패자霸者가 되게 해달라고 빌었다. 전해와 이듬해 말갈의 침략을 받았고 전임 지마이사금은 가야를 치러 낙동강을 건넜다가 대패하고 돌아온 서라벌이었다.

당시 서라벌은 1948년 기준으로 경상도 44개 시군 중 아홉 ― 경주, 울산, 영일, 청도, 양산, 동래, 경산, 영천, 대구쯤의 약소국이었다. 반면 가야연맹 ― 알타이어로 '가야'는 '철'이니 EC(유럽 공동체)의 전전신前前身 ECSC(유럽석탄철강공동체) 같은 '철강 트러스트'라는 뜻이다 ― 은 같은 아홉 군 영역이라도 선진 제철산업과 중계무역으로 번영을 구가, 국력이 비교가 안 됐고 동해안을 타고 내려오는 뛰어난 기마 궁수 집단 말갈족은 또 경계인 영일 죽령(지금의 성법·가사령)을 넘어 남침을 밥 먹듯 하고 있었다.

경상북도의 나머지 성읍 국가들은 낙동강 유역의 상주(함창읍), 김천, 성주, 고령처럼 가야연맹 영향권에 있거나 진한으로 분류되는 독립국이거나 했다. 이런 현실에서 이루어진 일성이사금의 순행 목적은 서라벌 사람들의 성산星山 태백산을 찾는다는 명목 아래 이 독립국들을 동맹국으로 만드는 데 있었다.

서라벌 사람들이 태백산을 성산으로 받드는 풍습은 퀵퀴쉬(赫居世, '족장'이라는 뜻의 알타이어)가 나라를 세울 당시(BC 57)부터 비롯되었다. 대륙 어디선가에서 이동해 온 그는 부전강과 동해안을 잇는 고대 교통로를 따라 내려왔는데 그때 태백산, 오늘날 백두산의 위용을 보았고 산을 숭배하는 초원인들의 관습대로 그 산을 영산으로 받들기 시작했다. 이후 서라벌 사람들은 진한 북쪽 끝에 또 하나의 태백산이 있음을 알게 되면서 꿩 대신 닭으로 그 산을 숭배해왔다. 2천여 년 뒤의 오늘날까지 이어진 산악신앙의 단초端初다.

8대 뒤 임금 기림이사금도 태백산을 찾았다(AD 300). 새로 얻은 땅 비열홀比列忽을 순행한 뒤끝에 들러 감사 기도를 드리기 위해서였다. 별산, 즉 성산星山가야로 비정할 수 있는 비열홀까지 차지한 서라벌의 영역은 이제 의성, 문경, 상주, 안동, 임하[면], 김천 등 내륙 경상북도 전체로 넓어져 있었다(사람이 거의 살지 않았을 선산이나 군위, 청송, 영양 등은 기록에 나오지 않는다).

10월(양력 12월)에 갔어도 일성이사금은 "친히 제사를 모셨다親祀". 반면 기림이사금은 3월(양력 5월)에 갔는데도 "우두주에 이르러 태백산을 바라보며 제사 지냈다至牛頭州 望祭太白山"고 한다. 등산은 않고 춘양면 어디께서 절만 하고 온 것이다. 우두주를 춘양春陽이라고 본 것은 옛 이름이 우두주나 우수주牛首州였던 춘천春川에서 유추했다.

장군봉, 문수봉과 더불어 태백 3진을 이루는 펑퍼짐한 부쇠봉의 철쭉 군락. 배낭에 지도통을 단 사람 머리 위의 잘루목에서 거의 수평으로 난, 보이지 않는 금이 취재 일행이 오간 길이다.

일성이사금이 정상까지 갔는지 어쨌는지는 지금 우리로서는 알 도리가 없다. 그렇지만 울산 반구대를 즐겨 찾았던 서라벌 왕공 귀족들의 암각岩刻 기록이나 북한산 비봉의 순수비 제막 때 분명히 올라갔을 듯한 저 영용한 진흥왕의 예로 미루어보면 정상에서 제사를 지냈을 가능성도 배제할 수 없다. 그 실낱같은 희망에 기대어 아주 오래된 뫼 태백산을 찾는다.

각화사를 출발, 태백산 사고터에서 1박 한 다음 정상에서 두 번째 밤을 지내고 청옥산으로 내려와 정상이 잘 보이는 영마루에서 1박 하는 것으로 계획을 잡았다. 최초로 성산 대접을 받은 태백의 위용은 청옥산에서 가장 잘 바랄 수 있을 듯했고 기림이사금은 어쩌면 거기서 제사를 지냈을 수도 있기 때문이었다. 무엇보다 이번

태백산 각화사. 아달라이사금이 망제를 지낸 곳으로 여겨진다.

산행의 목적은 그 현장 답사고 개연성을 찾는 데 있었다.

**왕들의 태백산 순행 루트 답사를 위한 산행**
3박 4일의 산행이니 '강력한' 팀이 요구되었다. 멤버 중에는 신기神氣를 느낄 만큼 감수성이 예민한 이도 있어야 했다. 그 결과 『삼국사기』를 찾아가는 산행팀은 서울문리대산악회의 이원영 씨와 구례의 노래꾼 고명숙 씨, 《사람과 山》 김남곤 기자를 포함한 네 명으로 구성되었다.

각화사에 도착한 시간은 산 그림자가 골짜기를 덮은 늦은 6시 반이었다. 5만분의 1 지도에 위치도 나와 있지 않은 사고터를 찾아가려면 서둘러야 했다. 마침 중문을 나서는 스님이 있어 사고터 가는 길을 물었더니 "우리 절은 수행도량이라 길이 없습니다" 한다.

그때 흘끗 본 절집은 나무랄 데 없이 훌륭했다. 좌우 산줄기가 싸안은 품새나, 상대적으로 낮아 횡할 수 있는 뒤쪽에 키 큰 나무들로 숲을 가꿔 입수入首를 비보裨補한 가운데 적당한 규모로 들어앉은 가람은 '태백산 각화사'라는 이름표에 어울리는 명찰이었다.

지도에 오른쪽 계곡으로 올라가는 오솔길이 표시돼 있어 접어들자 삼묵당 사립문이 가로막고 있었다. 그래 왼쪽 계곡으로 향했더니 과연! 갈잎 쌓인 산길이 시작되는 것이었다.

'길 없다더니 좋기만 하네.'

내리막 한 번 없는 가파른 골짜기 길을 1시간쯤 올라갔다. 20킬로그램이 넘는 짐을 지고 올라가는 몸뚱어리는 한 호흡 반이나 두 호흡에 한 걸음을 떼는 고소 호흡이 저절로 되었다. '하얀 산' 원정 훈련하기에 맞춤의 코스였다.

"직상하는 길과 트래버스 길이 있는데 어디로 가죠?"

길이 골짜기를 벗어나 등성이로 올라섰다 싶자 앞서 가던 세 사람이 걸음을 멈추고 서 있었다.

"짐을 벗어놓고 정찰을 나가보지."

1인 정찰대로 나선 김 기자가 15분 뒤에 돌아왔다.

"찾았어요. 기가 막힌 자리예요. 남쪽으로 저 아래 춘양까지 좌악, 막히는 게 하나도 없어요."

숲이 병풍처럼 두른 반달형의 사고터는 세상에 둘이 없을 만큼 좋은 야영지였다. 사각史閣과, 왕실 족보를 보관했던 선원보각璿源寶閣, 햇볕에 책 말리던 포쇄각曝曬閣, 근천관近天館의 네 집이 있었을 만큼 넓고 평평한 풀밭이었는데 한가운데의 샘에서는 손 담그기 어려운 찬물이 소리도 없이 흘러나오고 있었다.

"절 하나 지었으면 딱 좋겠다."

생전 처음 야영을 한다는 고명숙 씨의 감탄사였다. 그러나 이원

태백산 사고터를 떠나는 글쓴이 일행. 숲이 병풍처럼 두른, 반달 모양의 풀밭이었다.

영 씨는 사고 건물을 복원하지 말고 영원히 이대로 두었으면 좋겠다고 했다. 속초 출신으로 초등학교 때부터 설악산을 다녔던 그는 자연에 손대는 것을 누구보다 싫어했다.

다음 날 아침은 시끄러운 새소리 때문에 늦잠을 자려 해도 불가능했다. 이만기 장딴지만 한 통무를 저며 된장국을 끓여 먹고 각화산 정상에 올랐다. 헬기장이 된 한구석에는 '각화산 1176.7m'라고 쓰인 팻말이 서 있었다.

"여기가 1176.7미터라네요."

"그건 방금 본 삼각점 높이고 여기는 1180미터쯤 될 겁니다."

헬기장을 벗어나자 길이 왼쪽으로 꺾여 뒤를 돌아보았다. 갈림길이 아님을 확인하고 계속 나아가는데 어쩐지 자꾸만 잘못 가고 있다는 느낌이 들었다. 지도에서는 500미터쯤 가다 오르막이 나왔는데 계속 내리막이었던 것이다.

"남곤아, 나침반 있냐?"

"차에 두고 왔는데요. 금북정맥 끝났으니 이제는 필요 없겠다 싶어서요."

"나무가 하늘을 가렸으니 지도는 쓸모가 없고 나침반이 있어야 하는데……."

"아까 네 갈래 길이 보여 말을 하려다가 말았는데…… 나무에 올라가 보는 게 어때요?"

고명숙 씨였다.

"그럴 필요 없습니다. 분명 잘못 온 겁니다. 지형도 그렇고 해가 떠 있는 방향도 그렇고…… 돌아갑시다."

되짚어 가는 길이 다행히 길지 않고 완만해 길잡이 체면을 덜 구길 수 있었다. 갈림길에 도달하니 썩은 참나무가 우리가 갔던 길에 가로놓여 있었다.

바른 길은 완만한 오르내림의 연속이었다. 희끄무레한 하늘, 장마철처럼 무더운 날씨에 땀이 팥죽같이 흘러 계속 물만 들이켜며 갔다.

"이럴 줄 알았으면 물통을 가득 채워 오는 건데……."

플라스틱 소주병의 물 두 통을 다 비운 고명숙 씨가 내 물을 따라 가자 은근히 걱정이 되었다. 물이 50밀리리터밖에 안 남았던 것이다.

백두대간과 합류한 뒤부터는 고속도로였다. 오르내림도 거의 없어 평지 길과 다를 바가 없었다. 그렇지만 수통의 물은 간당간당하고 짐은 무겁고…… 일행과 한참 떨어졌는데도 계속 쉬어가는 수밖에 없었다.

멧돼지가 풀뿌리 파먹은 흔적이 심심찮게 보였다. 이 기름진 평지 능선의 무성한 풀밭은 야생동물들의 낙원이 되고도 남을 환경이었다. 원래 자연은 그들의 것이었는데……. 그들을 실낙원의 방랑자로 만든 인간의 하나로서 미안한 마음이 들었다.

일성이사금이 이 길을 갔다면 행렬이 원정대를 방불했을 것이라는 생각이 떠올랐다.

맨 앞장은 취타대吹打隊가 섰을 것이다. 그래 나팔과 북, 징, 꽹과리를 요란하게 울려대며 맹수들을 쫓았을 것이다. 다음은 도부수刀斧手부대. 나무 찍는 소리는 산을 울렸을 테고 궁수대弓手隊는 임금과의 간격을 스무 보로 유지하면서 사방으로 눈을 부라리고 나아갔을 것이다. 말을 탄 임금은 또 근위대가 둘러싸고 있고 그 뒤를 신하들과 왕녀, 궁녀들이 따랐을 것이다. 마지막은 보급부대. 짐꾼들이 줄을 이은 사이사이 제물로 쓸 소나 양이 묵묵히 걸어갔을 것이다.

아침 햇살에 더욱 도드라진 철쭉 뒤로 스멀거리는 안개가 『삼국사기』의 산으로 시간 여행을 떠나는 취재진을 맞는다.

간간이 천둥소리가 들리더니 빗방울이 듣기 시작했다.

"하늘 좀 파래지게 많이 많이 와라. 짐이 젖어도, 오늘 밤 잠자리가 불편해도 좋으니. 이렇게 희끄무레한 상태로 무슨 사진이 나오겠냐?"

부쇠봉 돌아가는 산허리 길을 지날 무렵 비가 그쳤다. 처음으로 장군봉이 보였다. 장엄한 풍경이었다.

그건 자연이 만든 '산치의 대탑'이었다. 봉분처럼 둥그스름한 산덩이 위의 네모꼴 단이 한 폭의 추상화를 이루고 있었다.

단 주위로 뭔가 왔다 갔다 해 깃발인가 싶었는데 찬찬히 보니 까마귀들이었다. 태양 속에 산다는 발 셋 달린 까마귀 삼족오三足烏?

신성 지역을 엿본 듯한 느낌이 전신에 퍼졌다.

푸른 산록에는 점점이 분홍 반점들이 박혀 있었다. 철쭉꽃일 터였다. 꽃무늬 수놓은 거대한 동산과 그 위에 상투관처럼 얹힌 검은 제단. 세상이 저것을 중심으로 돌아가고 있을 듯한 대화엄大華嚴이었다.

문수봉 삼거리부터는 잘 가꿔진 식물원이었다. 계속 S 자로 돌아가는 길가의 졸참나무, 철쭉나무, 키 작은 전나무 숲 아래에는 발목을 덮을 만큼 무성한 풀들이 빼곡했다. 그 가운데 벌깨덩굴, 자주쓴풀, 이름 모를 하얀 꽃들과 아직 피지 않은 앵초 무리가 신의 조경 솜씨를 자랑하고 있었다.

물기 머금은 연분홍 철쭉은 분단장한 화사한 처녀였다. 진달래처럼 붉은 놈은 막 붓을 뗀 화선지 위의 그림이었다. 그건 꽃잎 끝동에서 꽃술 쪽으로 한 터치가 채 마르지 않은 물감의 생생함을 보여주고 있었다.

여기를 지날 때 도부수들은 휘파람을 불었을 것이다. 이 바람 센 백두대간 능선 마루는 그때나 지금이나 같은 모양새였을 테니 도끼를 거두고 정글도, 나다만 휘두르면 되었으리라.

식물원이 끝나니 돌로 쌓은 단이 나타났다. 하단下壇. 저 위의 것은 천왕단이고 그 뒤는 장군단인데 이건 따로 이름이 없어 그냥 '하단'으로 불렸다고 한다. 아울러 신라 3산5악 중 북악이었던 태백산은 중사中祀를 지내던 곳이라고 씌어 있었다.

"마침내 풀렸어, 이사금들의 순행 미스터리가. 일성이사금은 바로 여기, 아니 저 천왕단까지 와 제사를 지냈던 거야. 각화사 자리에서는 입산제, 여기서는 산신제, 천왕단에서는 하늘님께 제사를 올렸던 거야. 3이라는 숫자를 좋아해 하늘의 별처럼 많은 돌탑을 모

천왕단에 올라 '한배검' 빗돌에 치성을 드리는 글쓴이와 일행. 이 직후 일행은 돌각담 사이로 보이는 자갈
마당에다 텐트를 쳤다.

두 3층석탑으로 만든 서라벌 사람들 아닌가? 그리고 기림이사금은 저 아래 각화사 자리에서 망제를 올렸겠지."

이 하단은 산신단으로 이름을 바꿔야 할 듯했다. 반면에 장군단 은 산山 기도로 영성을 충전하려는 무당들이 천왕단 뒤편 후미진 곳에 훗날 쌓았을 터였다.

정상에 섰다. 사방 어디에도 산, 산, 산뿐이었다. 저녁 안개 아늑한 천평 골짜기로는 구룡산 좌우 산날가지들이 평행선을 그으며 잦아들고 있었고 당골에서는 아까 지나간 비 뒤끝의 산안개가 해일처럼 올라오고 있었다.

경건한 마음으로 천왕단에 올랐다. 조촐하나마 제물을 진설하고 일성이사금이 그랬듯 제를 지냈다.

"유세차 모년 모일…… 『삼국사기』를 찾아가는 후손들이 오늘 서라벌 이사금의 자취를 따라 태백산에 올랐습니다……. 부국강병, 태평성대, 수신제가, 치국평천하, 옴마니밧메훔, 나무아미타불…… 이번 취재 사진 잘 나오게 폭포 같은 빗줄기를 1시간만 내려주옵소서."

그리고 제단 앞마당에 텐트를 쳤다.

이원영 씨와 김 기자가 물을 길으러 망경사로 내려가자마자 날이 어두워지기 시작했다. 이어 날씨가 급변, 천둥번개가 치면서 빗줄기가 우박처럼 퍼부어댔다. 번개가, 벌겋게 단 쇠꼬챙이로 텐트 천을 찢듯이 긋고 가기도 했고 천둥이, 빛이 사라지자마자 으르렁거리기도 했다.

"이러다가 벼락 맞는 거 아니에요?"

고명숙 씨가 낮은 목소리로 물었다.

"영험 한번 대단한 산인데요. 비 좀 뿌려달랬더니 이렇게 금방 반응이 오네요."

취재 기획을 한 데다 정상에 텐트를 치자고 한 입장이라 겁나기
는 마찬가지였지만 태연히 눙쳤다.

그런데 물이 텐트 안으로 흘러들고 있었다. 매트리스 위로 물이
넘치지 않게 변통을 한 뒤 옹색하게 쪼그려 앉았다. 신이여, 당신은
무엇을 보여주려 이런 난리굿을 벌이고 있습니까?

비는 1시간 반 만에 그쳤다. 다들 피곤하다며 수건으로 바닥을 닦
자마자 자리에 누웠다. 별이 빛나는 밤에 제단 앞에 앉아 부르는 여
인의 노랫소리를 듣고 싶었는데…….

잠결에 어렴풋하게 굿하는 소리가 들렸다. 해원굿인가 했는데 다
시 들으니 내림굿으로 바뀌어 있었다. 흐느끼는 소리, 요란한 꽹과
리 소리, 고함치는 소리, 바람 소리…… 태백산은 밤이 새도록 울부
짖고 있었다.

---

각화사-(1km 1시간)→사고터-(6km 3시간)→삼거리-(3km 1시간 30분)→깃대봉-(3km 1시
간 30분)→부쇠봉-(1km 20분)→천제단-(1.5km 45분)→반재-(1.5km 45분)→당골[총거리
17km 소요시간 8시간 50분]

서라벌의 초기 중심지였던 오릉 일대의 들판. 가운데 형산강으로 왼쪽에서는 대천이, 오른쪽에서는 북천이 합류한다. 2대 임금 남하이의 사위가 되면서 서라벌의 권력 핵심부로 진입한 탈하이는 그 무렵 주로 이 근처에서 활동하고 있었을 것이다.

# 탈하이가 서라벌 엿보던
# 『삼국사기』의 토함산

기원전 19년 서라벌 동남쪽 바닷가 아진포阿珍浦에 거구의 사나이가 나타났다. 『삼국사기』에는 9척, 『삼국유사』에는 9척 7촌이라고 나와 있는 통뼈의 천하장사였다. 그의 이름은 탈하이脫解. 천 년 서라벌 역사상 위대한 인물 중의 하나다.

『삼국유사』에서는 그러나 그가 처음 나타났을 때 궤짝 안에 든 어린애였다고 했다. 전설로 윤색하기 위해서였으리라. 이어 "시종 두 명과 함께 지팡이를 끌고 토함산으로 올라가더니 석총石塚을 지어 7일 동안 머무르면서 성안에 살 만한 곳이 있는가 바라보았다"라고 기록했다(『삼국사기』도 대동소이하다).

탈하이는 몽고어로 '대장장이들'이라는 뜻이다. 궤짝에서 함께 나온 "칠보七寶로 장식한 노비들"과 그 거구를 싸잡아 표현한 말이겠다. 그의 고백에서도 "우리 조상은 본래 대장장이였다" 했으니 이들이 제철 기술자 집단이었음은 의심의 여지가 없으리라.

동천강을 거슬러 사로 6촌의 하나인 가리마을, 지금의 경주 외동읍과 울산 북구 일대로 들어왔을 그가 제일 먼저 한 일은 철광 찾기였을 것이다. 우리말로 쇠곳鐵場. 그래 울산 북구 달내達川洞에서 이 땅 최고의 쇠곳을 찾아냈고 곧이어 쇠둑부리鎔鑛爐 세우는 일에 착수했을 것이다.

『민족문화대백과사전』에 의하면 외동읍 모화리 속칭 아랫장터에 쇠둑부리가 있다고 한다. 지도를 펼쳐보니 그 동쪽에 삼태봉三台峰이 있는데 토함산 줄기다. 탈하이가 올라간 토함산은 틀림없이 이 삼태봉일 것이다.

그래 쇠곳과 쇠둑부리를 둘러보고 삼태봉을 오르는 것으로 계획을 잡았다. 산기슭의 원원사遠願寺 터는 덤으로 구경하고. 서울문리대OB산악회 회원인 영남대 법대 전우현 교수, 4학년 제자 박규수, 이상진 씨와 함께였다.

"저기 저 삼거리에서 우회전하게."

초행길이라 5만분의 1 지도를 보며 열심히 독도를 했다. 그런데 성안천에 걸린 천곡교까지는 틀림없이 갔고 '달천철장' 안내판도 하나 보았는데 어느샌가 경주로 되돌아가고 있었다.

"거기 아파트 공사한다고 온통 뒤집어 파놔서 찾기가 쉽지 않을 텐데요."

경주 이재호 선생 말이 귓가를 맴돌았다.

이틀 뒤 울산문화재연구원 안재호 부원장의 안내로 쇠곳을 다시 찾았다. 대단위 아파트 단지를 건설하는 타워크레인이 수도 없이 서 있고 포클레인과 불도저의 굉음이 진동하는 가운데 조그만 동산이 하나 있었는데 거기가 달내쇠곳이었다. 여기저기 발굴 트렌치(도

'탈하이의 토함산' 개활지를 품고 있는 삼태봉의 삼형제봉. 개활지는 왼쪽 봉우리 왼쪽 끝에서 입실로 내려가는 길목에 있다.

랑)가 보였다.

　"이게 철광석입니다. 들어보세요. 무겁죠? 자석을 갖다 대면 쩍쩍 달라붙는답니다."

　황토 사이에 박힌 까만 돌이었다. 철광산이니 수평이나 수직굴을 기대했는데 그냥 황토밭에서 캐는 토철土鐵이었던 것이다. 당연히 노천 광산. 그런 건 만주 푸순이나 호주 등지에만 있는 줄 알았는데…… 놀랄 노 자였다.

　『세종실록지리지』에 따르면 여기는 당시 최고의 철산이었다. 총

삼태봉으로 가는 길 가에 복원해놓은 옛날 용광로 쇠둑부리. 가장 높은 데 확 모양의 가마가 있는데 좌우 대칭의 이 램프를 통해 숯과 철광석 수레가 올라갔다.

62,273근의 공납량 중 12,500근, 20.1퍼센트의 철광석을 생산하던 곳이다. 그리고 이 추세는 1908년 통감부가 공포한 조선광산법으로 일본인 나카무라에게 넘어갈 때까지 계속 이어져 내려갔다.

이 광산이 발견되면서 서라벌은 일약 철강 강국이 되었을 것이다. 결과, 철로써 연맹 기틀을 잡은 가야를 하루아침에 압도할 수 있었을 것이다. 나아가 삼한 통일에 이르게 되었으니…… 탈하이의 업적은 이것 하나만으로도 그랑프리감이 아닐 수 없다.

몇 대의 덤프트럭이 왔다 갔다 하며 교실 칸만 한 거대한 우묵지를 메우고 있어 안 선생에게 물으니 철을 캐냈던 자리라고 한다. 황급히 카메라를 들이댔다. 이 땅에 하나밖에 없는 노천 철광산 최후의 모습이었다.

쇠둑부리는 원원사 터로 올라가는 산길 중간에 있었다. 2001년 원원사계곡 개울물을 막아 상수도 시설을 하면서 발견, 이 길 가에

조선 최고의 철광이었던 달내쇠곳의 발굴 현장. 신작로로 닦아놓은 듯한 트렌치에서는 지금도 철광석을 심심찮게 발견할 수 있다.

복원해놓은 것이었다.

왜 여기다 쇠둑부리를 만들었지? 광산에서 11킬로미터나 떨어진 곳에. 더 가깝고 교통이 편리한 곳도 얼마든지 있었을 텐데.

버릇처럼 지도를 들여다보니 1.5킬로미터 남쪽의 경상남북 도계가 눈에 띄었다. 그건 경덕왕 때 관문성으로, 벌판으로 이어지는 형산강 지구대를 가로막아 쌓은 차단성遮斷城이 지나가는 데기도 했다. 『삼국사기』「거도열전」에는 또 탈하이이사금 때 거도의 군대가 장토의 들에서 말몰이를 하다가 갑자기 방향을 돌려 울산 우시산국과 동래 거칠산국을 점령한 이야기가 나오는데 그 장토張吐, '큰 둑'이 관문성의 애초 이름이었을 터였다. 고구려 땅이었을 때 내토奈吐였던 제천堤川이 경덕왕 때는 식주湜州, 고려 때는 내제奈隄로 바뀐 것에서 보듯 '토'와 '제'가 같은 의미임을 보여주는 예는 수없이 많으니까.

그래, 여기가 관문성 북쪽이기 때문이었어. 이 핵심 방위산업체를 광산 가까운 데, 관문성 남쪽에 두었다면 왜놈들 등쌀에 남아날 수 없었을 테니까. 포항제철을 해병대사령부가 있는 포항에 세운 것과 같은 이유에서 여기다 세웠겠지.

쇠둑부리는 폭 2미터, 길이 20미터쯤의 길쭉한 마운드mound였다. 야구장의 그것처럼 가운데로 갈수록 높아져 2.3미터에 이르고 거기 가로 1.3미터, 세로 2.3미터의 확 모양 가마를 만들어두었다. 참숯이나 광석을 실은 손수레를 마운드로 밀고 올라가 부었던 모양이다.

가마 안쪽은 내화성 좋은 진흙을 발랐던 듯한데 쇠 찌꺼기가 붙어 슬래그slag처럼 되어 있었다. 그 한쪽에는 쇳물을 빼내는 초롱 구멍, 다른 쪽에는 풀무 구멍이 있었다.

진흙과 막돌로 지은 마운드는 외관상으로는 원시 석빙고와 비슷했다. 일연 스님이 '석총'으로 표현한 것도 무리가 아니었다. 전설을 그럴듯하게 꾸미기 위해 은유법을 썼을지언정 실제로 와서 보고 '석총'이라는 말을 생각해냈을 수도 있었겠다 싶었다.

조선 후기의 경우 쇠둑부리 하나에 마흔네 명의 대장장이가 딸렸다고 한다. 골편수라고 하는 총감독이 직속 부하 둑수리와 부감독인 불편수, 불편수의 부하 뒤불편수의 보좌를 받아 여덟 명씩의 숯대장팀, 좌우 쇠대장팀, 선후거리 풀무대장팀을 지휘했던 것이다.

숯과 광석을 넣고 풀무질을 시작한 지 6~7시간이 지나면 골편수는 망치로 가마벽을 두드려 쇳물이 얼마나 괴었나 보았다. 괼 만큼 괴었다 싶으면 가마 담당자 둑수리에게 초롱 구멍을 내라고 지시했다. 그래 둑수리의 쇠창이 가마벽을 뚫는 순간 시뻘건 쇳물이 봇물처럼 쏟아져 나와 미리 만들어놓은 판장쇠 바탕으로 흘러들어 굳어갔다고 한다. 그렇다면 탈하이가 산으로 끌고 들어갔던 지팡이는 둑수리의 쇠창일 공산이 크겠다.

아무리 보아도 포항제철의 용광로와 다를 바 없는 구조였다. 규모와 제어 시스템에 차이가 있을 뿐 인간이 철을 만드는 방법은 2천 년 전이나 지금이나 변함이 없는 듯했다. 이로 볼 때 탈하이는 등소 평이 항상 특급 대우를 했다는 박태준과 같은 인물이었고 서라벌 사람들이 그를 임금으로 선출한 것은 당연하고도 남음이 있었던 것 같다.

### 이 땅 최고의 사천왕상이 새겨진 원원사 터 삼층석탑

길이 끝나는 곳에 있는 원원사는 입구에서 날비를 맞고 서 있는 돌로 된 사천왕상부터가 영 아니었다. 세 칸 집을 세워야 할 터에 다섯 칸 집을 지어놓은 법당은 또 아버지 양복을 걸친 어린아이 같았다. 그 법당 이름은 한글로 씌어 있었다.

이럴 리가 없는데. 저 서라벌 사람들이 이렇게 형편없는 데 절을 세웠을 리가 없는데. 그리고 원원사 터에 절을 세웠다면 어디 구석에 안내판이라도 있어야지. 눈을 씻고 찾아봐도 없잖아?

법당 오른쪽에서 계곡물 소리가 들려왔다. 지도에 등산로가 계곡을 따르다 능선으로 올라가게 돼 있어 그쪽으로 발걸음을 옮겼다. 그랬더니 이끼 낀 돌로 된 긴 계단이 나타나면서

쌍탑으로 된 원원사 터 3층석탑 중 동탑. 1층 탑신의 사천왕상 부조浮彫가 너무 훌륭해 보존 상태가 좋지 않음에도 2005년 4월 보물(1429호)로 지정됐다.

원원사 터 3층석탑 중 서탑에 있는 다문천왕. 영원을 꿈꾸는 서라벌 귀족 청년을 데스마스크로 본떠놓은 듯하다.

그 앞에 안내판이 서 있는 것이 아닌가.

계단을 올라갔더니 정면에 금당 터가 보이고 좌우에 감은사탑만큼 장대한 3층석탑 둘이 서 있었다. 석탑 사이에는 단출한 석등이 하나 있는데 화창火窓이 도망갔는지 지붕돌이 받침돌 위에 생뚱하게 얹혀 있었다.

성한 옥개석이 별로 없는 석탑 1층 탑신에는 사천왕상들이 돋을새김되어 있었다. 환조環彫에 가까울 만큼 두드러진 것들로 하나같이 정교하기 이를 데 없었다. 보탑寶塔과 여의주를 양손에 든 다문천왕은 영원을 꿈꾸는 서라벌 귀족 청년을 데스마스크로 본떠놓은 듯했다. 칼을 비껴든 지국천왕도 명품이었다. 그건 흡사, 이 자리에 이렇게 서 있으라니까 서 있는다는 듯 힘이 전혀 들어가 있지 않은 모습이었다. 세상에! 이렇게 아름다운 조각이 다 있다니.

조각상들은 그러나 슬프게도 완전한 것이 셋밖에 없었다. 대개는 금당 자리 앞에 있는 묘의 주인이 1810년쯤에 넘어뜨려버렸기 때문이라고 추측하고 있다 한다.

문무왕 13년까지 살았던 김유신과 김술종, 김의원이 돈을 대 절을 세웠다 하니 21년을 위位에 있었던 문무왕 사후 문무왕을 위해

원원사 터 금당 자리와 그 앞의 화창火窓 사라진 석등. 둘 사이에 이곳의 조각품들을 황폐화한 원흉으로 지목되는 이의 무덤이 있다.

세운 감은사탑보다 적어도 10년가량은 앞섰으리라. 그리고 이 탑은 분명 서라벌의 전설적인 조각가 양지가 만들었으리라. 하지만 정작 문무왕의 탑을 세우려 할 때는 양지가 죽고 없었으니 3층석탑의 대표 감은사탑은 그냥 장엄한 것으로 만족할 수밖에 없었으리라.

　김유신 장군. 천 년에 한 명 나올까 말까 한 저 불세출의 전략가는 재능만이 아니라 복도 그렇게 많았던 것인가? 삼한을 통일한 대왕도 못 만든 이 명품의 탑을 그는 가질 수 있었으니. 그래서 그의 후손 김해 김씨들이 문무왕의 후손 경주 김씨보다 더 번성할 수 있었던 것인가?

　"꼭 재학생 시절 하계 원정 갔을 때 같은데요."

절터 뒤의 묵정논 둑길을 지나 계곡으로 들어서면서 전 교수가 한 말이었다. 중부 지방에 머무르고 있는 장마전선이 언제 내려올지 모르는 후텁지근한 날씨. 숲 터널로 가는데도 신열 난 사람처럼 땀이 삐질삐질 흘렀다.

북쪽과 동쪽에서 흘러오는 두 계곡 중 동쪽 계곡을 타야 하는데 입구가 보이지 않았다. 엊그제 울산 지역에 200밀리미터의 큰비가 내릴 때 쓸려 내려간 듯한 산판길을 따라 조심스럽게 올라가는데 표지기가 무더기로 나타나면서 그 아래 오솔길이 보였다. 길잡이가 한숨을 놓는 순간이었다.

가는골을 따라가던 오솔길이 오른쪽(남쪽)으로 예리하게 꺾이는가 싶더니 등성이를 타고 돌아가고 있었다. 등산로가 되는 계곡 입구를, 모르긴 해도 폭포가 가로막고 있는 듯했다. 바닥이 보이지 않는 깊은 골짜기 저 아래에서는 요란한 물소리와 함께 시원한 물바람이 올라왔다.

거의 수평으로 난 산길이 가파르게 흐르는 계곡물과 가까워지면서 통바위골이 보이기 시작했다. 이 크지 않은 산이 저런 비경을 품고 있었다.

얼마간 계곡을 따라가던 길은 다시 오른쪽(남쪽)으로 꺾이더니 비스듬히 사면을 타 오르고 있었다. 아까는 깔때기 모양의 이 골짜기 북쪽 산등성이를 타 넘더니 이제는 남쪽 산등성이로 올라가는 모양이었다.

등성이에 월성 이씨 복로復魯의 묘가 있었다. 공자의 나라 노나라의 광복을 꿈꾸던 이의 무덤? 어쨌든 한번 보면 잊어버리지 않을 이름이었다.

묘 위부터는 길이 등성이를 따라가고 있었다. 계속 오른쪽(남쪽)

삼태봉 깔때기 안통의 통바위골 협곡. 온통 숲 터널뿐인 육산에 어떻게 이런 비경이 있을까 싶다.

이었는데 정상에 가까워간다 싶자 등성이를 왼쪽으로, 고갯길처럼 넘어가는 것이었다. 언제 누가 냈는지는 몰라도 산길 하나 잘 냈다는 생각이 들었다.

정상 능선에 올라서서는 오른쪽(남쪽) 봉우리(630.5m)로 길을 잡았다. 600미터가 넘는 세 봉우리 중 남쪽 것이 가장 뾰족해 전망이 좋을 듯해서였다. 그러나 예상과 달리 아무것도 보이지 않았고 반기는 것이라고는 주렁주렁 표지기들뿐이었다.

이튿날 생각해보니 아무래도 뭔가 빠진 느낌이었다. 표지기들, 표지기들…… 탈하이의 발자취를 따라 올라간 산에서 표지기만 보았다? 이건 아니야.

그럼 탈하이는 거기 뭐하러 올라갔지? 서라벌에 살 만한 곳이 있나 보러. 바로 그거야. 어디든 개활지를 찾아 서라벌을 내려다볼 수 있어야 해.

다시 산으로 들었다. 1시간 반 만에 정상 능선에 올라 왼쪽(북쪽)으로 난 능선 길을 따라갔다. 그런데 가운데 봉우리(627m), 가장 높은 북쪽 봉우리(650m)를 다 올라갔는데도 서라벌은 보이지가 않았다. 낭패였다.

서쪽 입실 쪽으로 뻗은 능선 위에 또 하나의 삼형제 봉우리가 솟아 있었다. 그 가운데 것에는 송전 철탑이 있었다. 탈하이 시대에는 저게 없었겠지만 저기로 올라가면 뭐든 보이겠지. 서쪽 하늘의 해는 뉘엿뉘엿 치술령(766.9m)을 향해 내려가고 있었다.

송전탑을 3단이나 올라갔는데도 보이는 건 숲머리뿐이었다. 방향 또한 서라벌이 아니라 양남면으로 넘어가는 고개 쪽이었다. 그리고 혼자 온 처지에서는 더 이상 올라갈 자신이 없었다.

하산로를 입실 쪽으로 잡았다. 원원사로 돌아가기에는 너무 멀리, 3시간이나 왔고 골짜기로 떨어지면 또 금방 어두워질 것이니 빛이 가장 오래 남아 있는 서쪽으로 방향을 잡은 것이다. 어디선가 부엉이가 울었다.

지도에 나 있는 오솔길 표시를 따라 5분쯤 갔더니 갑자기 숲이 사라지면서 외동의 들이 바둑판처럼 떠올랐다. 마침내 '탈하이의 토함산' 개활지에 도달한 것이다.

붕긋한 단석산 자락이 서라벌 쪽으로 민달팽이처럼 늘어져 있었다. 그 위로 고위산과 남산 줄기가 멍석처럼 포개지고 있었다.

저 끝에 월성이 있을 텐데…… 탈하이가 보았던 초사흘 달 모양의 땅이. 그렇지만 흐릿한 잔광殘光과 피어오르는 저녁 안개는 끝내 월성을 보여주지 않았다.

---

원원사-(2.5km 2시간)→삼태봉-(1.5km 45분)→개활지-(2km 1시간 15분)→신기마을-(2km 30분)→입실역[총거리 8km 소요시간 4시간 30분]

봉수대에서 본 금련산 일출. 왼쪽 바위 무더기 황령산 정상과의 사이에 장산이 떠 있다.

# 반경 40리 모든 마을 아우른
# 거칠산국의 중심

위대한 탈하이는 군사적 능력도 뛰어났다. 이를 인정받아 금방 서라벌군의 최고사령관이 되었는데 그 3년 뒤(AD 11) 진가를 발휘할 기회가 왔다. 왜인들이 병선 100여 척을 동원, 남쪽에서 쳐들어온 것이다.

이 왜인들은 현해탄 건너가 아니라 지금 경상남도 바닷가에 살던 일본계 사람들이었을 것이다. 『삼국지』「위서-동이전」에 왜가 "대방군 동남쪽 큰 바다 가운데 있으며 물길로 한국韓國을 지나 남쪽으로 가다 동쪽으로 향하면 나온다. 그 북쪽 해안에 구야한국狗邪韓國이 있고 …… 다시 바다를 건너 천여 리면 대마국對馬國에 이른다"라고 되어 있으니까. 그래 창원분지의 임나를 중심으로 마산·진해만, 고성군 남해안, 사천만 일대에 퍼져 있었고 가야연맹과는 경제적, 때로는 군사적 협력 관계를 이루었을 것이다.

하여튼 외군外軍이 쳐들어왔는데 그 병력은 500명 남짓이었던 것 같다. 가야 지역이나 일본에서 발굴되는 배 모양 토기를 보면 양 뱃전에 다섯이나 여섯 개씩의 노걸이가 보이기 때문이다. 범선은 300년대 말엽에나 등장한다.

"열다섯에서 마흔다섯까지의 남자는 모두 무기를 들고 초승달 언덕으로 모여라."

탈하이는 지체 없이 군대를 소집, 전장으로 달려갔다. 서라벌군의 병력은 천여 명. 경주 남천과 울산 동천[강]의 분수령인 웬고개 부근에 진을 쳤을 것이다.

그런데 이번에는 말갈 기병대가 "안이 비었다"며 쳐들어왔다(『삼국사기』에는 낙랑으로 나온다). 더 이상 동원할 병력이 없는 신생국 서라벌로서는 처음 맞는 절체절명의 위기였다.

이 소식을 들은 서라벌 장병들은 어찌할 바를 몰랐을 것이다. 그러나 사령관 탈하이는 흔들리지 않았다. 웬고개의 논두렁, 밭두렁에 군사를 매복해놓고 패퇴하는 척하다 돌아서서 침략군을 여지없이 무찔러버렸다.

이 사이 서라벌은 예비역(마흔여섯에서 예순까지)을 동원, 초승달 언덕에 의지해 버티고 있었다(월성이 쌓이기 전이다). 켈트족의 침입을 받아 성을 점령당하고 그 안의 카피톨리노 언덕에서 농성하던 로마인과 다를 게 없는 상황이었다.

그런데 한밤중에 별똥별이 적진으로 떨어지는 것이었다. 이를 본 남하이南解는 즉각 "차차웅이 하늘님 텡그리에게 빌어 말갈군에게 저주를 내렸다"는 소문을 퍼뜨리게 했다. 2대 임금인 그는 최고제사장 차차웅까지 겸하고 있었다.

서라벌군은 사기가 올라갔고 말갈 전사들은 동요하기 시작했다. 신통력의 허울을 쓴 차차웅의 심리전이 주효한 것이다. 게다가 진

동래읍성 북문과 산 위 누각 북장대. 북문 오른쪽 산기슭 건물이 복천동박물관이다.

중에는 탈하이의 군대가 곧 도착한다는 이야기까지 돌고 있었다.

동요는 불길처럼 번져 말갈 거수渠帥는 도저히 싸움을 할 수 없다는 판단을 내렸다. 그래 야밤 철수를 결정하고 여기저기 돌무더기를 만들었다. 왜군을 묵사발 내고 돌아온 탈하이의 주력군이 추격을 못 하도록 기병奇兵 작전을 쓰려는 것이었다. 날이 샌 뒤의 알천閼川 가에는 스무 개의 돌 낟가리만 남아 있었다.

닭 쫓던 개가 된 탈하이는 말갈군을 계속 따라가 지금의 흥해읍 '실직의 들悉直之原'을 점령한다. 그리고 최초의 식민도시 날오지성斤烏支城을 건설한다(날 斤). 『삼국사기』 '유리이사금조條'에 타산성朶山

북장대에서 건너다본 서장대. 그 너머 시가지 건너편 야산인 배산에 연산동고분이 있다.

山城으로 나오는 형산강구兄山江口 전략 요충이다(늘어질 꽃).

　그리고 '큰 둑' 장토張吐를 쌓았을 것이다. 이후 서라벌 사람들은 발을 뻗고 잘 수 있게 되었으니 탈하이라는 '새로운 피'에게 최고사령관이라는 직책을 준 것이 조금도 아깝지 않았을 것이다. 이런 여론은 마침내 그를 4대 이사금으로 추대하니, 지금의 우리가 봐도 백번 잘한 결정이었다.

　탈하이 재임 중 서라벌의 영토는 두 배로 넓어졌다. 이른바 "거도居道의 권모權謀"로 우시산국과 거칠산국을 점령한 것이다. 이로써 죽령―지금은 포항시지만 옛날에는 영일군이었던 죽장면으로 넘어가는 고개 가사·성법령이다―이남의 낙동정맥 동쪽이 모두 서라벌 영역이 되어 지키기는 훨씬 편하고 웅비의 날개를 펴기는 더욱 쉬운 강국이 되어갔다.

"울산 검단리 선사 유적지와 그 부근의 하대를 제가 발굴했습니다. 하대에서는 높이가 49센티미터나 되는 세 발 달린 청동 솥이 나왔죠. 우시산국은 아마 그 일대에 있었을 겁니다."

지난달 달내쇠곳을 찾을 때 안재호 선생에게 들은 말이었다. 와! 그렇게 큰 청동 솥이 우리나라에 있었다고? 도대체 왜 거기에, 어떻게, 무슨 까닭으로? 당장 달려가 확인하고 싶었다. 이어 그 진산 정족산(鼎足山, 700.1m)을 오르며 2천 년 가까이 땅속에 묻혀 있었을 세발솥의 존재를 사람들이 어떻게 알고 그런 이름을 붙였는지 물어보고 싶었다.

그런데 자료를 조사하다 보니 청동 솥은 동래 복천동박물관에 있다는 것이었다. 동래라면 거칠산국. 요시미즈 쓰네오의 『로마 문화 왕국, 신라』를 보면 철갑기병鐵甲騎兵이 실물 크기로 복원되어 있다는 박물관. 거기부터 가보는 것도 괜찮겠다 싶었다.

동래 전철역에서 내리자 동쪽으로 멀지 않은 곳에 야산이 보였다. 박물관이 마안산을 의지해 쌓은 동래읍성 안에 있다고 들었기 때문에 물어볼 것도 없이 그리로 방향을 잡았다. 32도나 되는 한증막 속을, 산행과 촬영 장비를 넣은 배낭을 지고 가자니 재작년 여름 투루판의 교하고성交河古城에 갔을 때와 다를 바가 없었다.

청동대정靑銅大鼎은 제1전시실, 삼한시대방에 있었다. 철기시대가 시작되는 기원전 100년대에서 기원후 200년대까지의 철기와 토기들에다 부산의, 복천동고분 이외 지역에서 나온 삼국시대 유물들이 진열되어 있었다. 뒤의 것에는 '가야 멸망 후 부산 지역의 문화'라는 타이틀이 붙어 있는 걸로 보아 전시 기획자는 부산 일대가 가야 세력권이었다고 보는 듯했다.

부산이 가야연맹의 일원이었다고? 그럴지도 모르지. 『삼국지』에 나오는 변진弁辰 12국이 탈바꿈해 열두 가야가 되었을 텐데 확실히 알려진 것은 여섯. 여기다 비화가야 창녕, 고령가야였다는 상주(함창읍)가 더해진다 해도 넷이 모자라잖아? 가능성 있는 데는 김천, 진주, 부산, 그리고 양산이나 밀양이야. 그런데 다들 일찍이 신라나 백제에 점령당한 지역이라 'ㅇㅇ가야'라는 이름을 남길 수 없었겠지.

바비큐 그릴 크기의 세발솥은 몇 달 전에 만들어진 것처럼 흠 하나 없었다. 골동품상이 땅속에 얼마간 묻어두었다가 방금 꺼낸 것 같았다. 군데군데 보이는 더깽이가 없다면 정말 골동품상이 만든 가짜라고 해도 믿지 않을 도리가 없을 만큼 완벽했다.

옆에는 김해 양동에서 발굴했다는 화로만 한 것이 있었다. 변색되었는지 검은빛을 띠고 있었는데 꼭 새끼 같았다. 표찰을 보니 높이가 17.5센티미터였다.

복천동고분 유물방이라 할 제2전시실은 토기, 장신구, 갑옷과 마구馬具, 철기, 함안이나 창녕, 일본에서 만들어진 것으로 추정되는 외계 유물순으로 구경하도록 꾸며져 있었다. 설명을 읽어보니 사적 273호의 복천동고분군은 동래읍성 가운데 서남쪽으로 뻗어 있는 폭 80~100미터, 길이 700미터, 높이 60미터의 언덕 전체에 걸쳐 있었고 크고 작은 무덤 169기에서 1969년부터 토기 2,500여 점, 철제 갑옷을 포함한 금속기 2,720점, 금동관金銅冠 등의 장신구 4,010점을 발굴, 여기 전시했다고 되어 있었다. 들어오면서 흘끗 본 동산이

마안산 정상의 북장대에서 내려다본 복천동고분. 회양목으로 구획 지어놓은 네모들은 발굴했던 자리고 가
운데 돔은 발굴 당시의 모습을 재현해놓은 야외 전시장이다.

바로 1500년을 넘도록 탈 없이 살아 있었던 땅속의 박물관이었던 것이다.

말을 탄 철갑기병은 홀 한가운데에 우뚝 서 있었다. 자신만이 아니라 말에게까지 투구를 씌우고 갑옷을 입힌 모습이었다. 환두대도環頭大刀를 차고 있었는데 창을 들었다면 서양 중세의 기사처럼 보였을 것이다. 설명을 보니, 이 고분군에서는 어느 곳에서보다 갑옷과 투구가 많이 나왔다고 한다.

저런 강병 집단을 거도는 어떻게 무찌르고 점령할 수 있었을까? 『삼국사기』에 따르면 '장토의 들'에서 해마다 말몰이를 하여 인근에서 구경거리로 삼았는데, 우시산국과 거칠산국 사람들조차 별일 아니라고 여길 즈음 불의에 들이쳐 두 나라를 멸망시켰다고 한다(AD 63년경으로 추정). 그렇다면 주력이 경기병輕騎兵이었을 텐데 어떻게 저런 중장기병重裝騎兵을 이길 수 있었을까? 그 신출귀몰함이 얼마나 대단했기에 거칠산국 사람들이 꼼짝없이 당하고 말았을까?

물론 거도가 여기로 쳐들어왔을 때 거칠산국 전사들이 저렇게 철갑으로 무장하고 있지는 않았을 것이다. 이 땅의 중장기병 출현은 일반적으로 300년대 중엽 이후라고 보기 때문이다. 그래도 가야연맹은 기마술이나 무기가 서라벌보다 앞서 있었다는 게 정설인데…… 2천 년 뒤의 나그네로서는 그 작전의 실체가 블랙홀처럼 깜깜할 뿐이다.

이로부터 460년쯤 뒤인 지도로마리칸智證麻立干 시절에는 당대 최고의 장군 이사부가 가야를 점령한다. 둘 다 열전에 나온 이야기라 연대가 없고 어느 가야인지도 알 수 없지만 여러 정황으로 볼 때 점령지는 합천 다라국, 시기는 504년경으로 여겨진다. 그냥 '가야'라고 하면 대개 연맹 맹주인데 그걸 돌아가며 했을 경우 다라국이

다라가야로 불린 적도 있었겠다.

그런데 그 방법이 "거도의 권모를 본받아 말몰이로 속임으로써"
다. 이로 볼 때 거도의 전술은 460년 뒤까지 전해질 만큼 유명한
것이었고 다시 써먹어도 바래지 않는 훌륭한 작전이었던 게 분명
하다.

수많은 토기 가운데 가장 눈에 띄는 건 두 개의 뿔잔角盃이었다.
뿔칸角干급 장군에게만 주어졌을 그 토기 잔 끄트머리에 희한하게
도 말 머리가 붙어 있었던 것이다.

그래 여기였어, 파사이사금 8년(87)에 쌓았다는 마두성馬頭城은.
그리고 그때 함께 쌓았다는 가소성加召城은 틀림없이 양산 북부리산
성일 거야. 그 일대에서도 금동관이니 환두대도니 하는 게 많이 나
왔다잖아?

무슨 대단한 발견이나 한 것처럼 우쭐해서 박물관을 나오니 다시
땡볕이 기다리고 있었다. 바로 옆의 북문으로 해서 북장대로 올라
갔더니 읍성의 전모가 한눈에 들어왔다.

성은 山 자 지형을 이용해 쌓여 있었다. 가운데가 고분들이 있는
언덕이고 양쪽 날개에 동장대와 서장대가 얹혀 있는 모양새였다. 남
문 자리인 동래시장 쪽은 그냥 평지. 이야말로 산성과 평지성을 아
우르는 기막힌 성터였다.

독로국瀆盧國. 『삼국지』에 변진 12국의 하나로 나와 있는 그 나라
는 분명 여기에 둥지를 틀고 있었으리라. 그것이 동래東萊로 변해 지
금까지 내려왔으리라. 그리고 만약에 일본인들이 지배한 시대가 없
었다면 이 광역시의 이름 역시 동래가 되었으리라. 이렇게 유서 깊
은 지명을 들어본 기억이 있는가?

서장대를 돌아 평지로 내려와 독로국 시절의 생활 자취 조개무지

배산 일대의 아침 풍경. 발아래는 물만골, 두 번째 능선은 금련산 자락, 맨 뒤의 것은 장산이다.

를 찾아보았다. 동래역 근처라고 해서 팽팽히 걸어갔더니 조그만 기차역 앞에 '동래패총 200m'라는 이정표가 서 있었다. 역사 앞에서 오른쪽으로 뻗어 있는 골목길로 가자 건널목이 나왔는데 거기를 건너 왼쪽으로 철길과 나란히 난 길을 따라가니 있었다.

　겉으로 보기엔 그냥 잔디 덮인 둑이었다. 발굴이 끝난 다음 덮어버린 모양이었다. 붉은색 토기들과 뼈 화살촉, 뼈로 만든 바늘, 사슴뿔 칼자루, 그리고 소·말·사슴·멧돼지·개 뼈가 많이 나왔다는 안내판만 말없이 서 있었다.

"옛날엔 여기까지 바닷물이 들어왔습니까?"

조개무지와 이웃해 사는 아주머니에게 물어보았더니 지금도, 더 상류인 동래구청 있는 데까지 들어온다는 대답이었다. 집들로 포위된 안내판밖에 없는 이 빈터는 옛날엔 발치에 바닷물이 찰랑거리는 뻘밭 끝자락의 언덕이었을 것이다.

## 주릉이 바위로 덮여 있는 거칠산 황령산

다음 날에는 황령산(荒嶺山, 428m)을 올랐다. '거칠 황'에다 '정수리가 평평하게 돌아가는 산 령'이니 거칠산국의 진산이 달리 있을 리 없어서였다. 서면로터리부터였다.

산길은 가로수 하나 없는 인도로 1.2킬로미터쯤 걸어가서야 겨우 접어들 수 있었다. 숲으로 들어가면 좀 시원해지겠거니 했던 바람은 그러나 보기 좋게 빗나갔다. 사람들이 안 보이는 틈을 타 웃통을 벗고 섰는데도 땀이 들어갈 줄을 몰랐다. 뉴스에서 보았던 '열사병 사망'이 남의 일로 느껴지지 않았다.

집에서 챙겨주기에 무심코, 난생처음 가져와 봤던 타월을 꺼내 목에 걸었다. 땀이 차창 밖의 빗물처럼 흐르던 얼굴은 한결 시원해지기 시작했다.

방송탑 뒤 봉수대부터 금련산(金蓮山, 415m)까지의 주릉은 오르내림이 별로 없었다. 그 중간에는 바위가 무더기로 몰려 있는 '거친' 영마루가 있었다. 진짜 거칠산이었다.

동래는 물론 온천천의 발원지 노포동까지도 거칠 것이 없었다. 저 노포동과 그 옆의 두구동, 선동, 구서동, 회동저수지 가의 오륜대에서 선사시대 고분이 발굴되었다고 했지. 복천동 가까이로는 서동, 회동동, 반여동, 배산(盃山, 255.5m) 발치의 연산동에서 유물이 나왔

황령산 봉수대. 사실은 여기가 진짜 정상이지만 높이가 나와 있지 않다.

고 서쪽의 당감동, 남쪽의 대연동, 남항 연안의 초장동, 해운대 좌
동에서도 삶의 흔적들이 발견되었다고 했으니……. 거칠산국은 이
산 주변 40리 이내, 서낙동강 너머를 제외한 지금 부산 전역을 망라
한 개념이었을 것 같다.

수증기 많은 뿌연 날씨라 해 질 녘 사진을 포기하고 봉수대에 자
리를 폈다. 내일 새벽 풍경을 기대해보기 위해서였다.

광안리해수욕장 앞의 부산대교를 보여줬다 감췄다 하던 해무海霧
는 한밤중이 되자 황령산을 타고 오르기 시작했다. 더불어 모기도
따라 올라와 바람 한 점 없는 눅눅한 밤공기의 불유쾌함을 가중시
켰다. 그렇지만 다행히 고어텍스 침낭 커버를 뚫지는 못해 그걸 머
리끝까지 둘러쓴 채로 잠을 청했다.

희붐하게 밝아오는 아침, 금련산에서 떠오르는 일출을 담자마자
동의대학 뒷산봉으로 자리를 옮겼다. 동래읍성의 원경을 촬영하기

위해서였다. 그러나 안개는 끝내 걷히지 않았고 하릴없는 손은 배산과 금련산 사이로 보이는 장산(634m)만 수없이 찍다 내려왔다.

---

서면로터리(서면역)−(1.2km 20분)→대우자동차 뒤 등산로 입구−(1.8km 50분)→능선오거리−(1km 30분)→봉수대−(1.5km 40분)→금련산−(1.5km 40분)→망미역[총거리 7km 소요시간 3시간]

경부선 철길 옆 언덕배기에서 본 와룡산. 금호강의 옛 철다리 교각들이 '돌아오지 않는 다리'처럼 놓여 있다. 서기 63년부터 12년 동안 여섯 번의 전투가 벌어졌을 당시 이 말발굽형 산에는 건너편 강둑과 같은, 강둑보다는 훨씬 높은 토성이 쌓여 있었을 것이다.

와룡산

# 서라벌 명운 걸고
# 싸움 벌였던 '개구리소년'의 산

서기 63년, 백제 다루왕이 삼한 한가운데서 회맹會盟을 소집했다.

"전全 진한 임금은 하나도 빠짐없이 와서 이 위대한 왕에게 무릎을 꿇어라."

충청북도 청원군 낭성면에 있는 낭자골성娘子谷城, 지금의 낭성산성에서였다.

진한의 맹주 서라벌로서는 보통 일이 아니었다. 이는 누가 봐도 서라벌을 겨냥한 처사, 막 커가려 하는 조그마한 나라의 싹을 밟아버리겠다는 의도였다. 한나라 대장군 한신의 고사로 보면 임금 탈하이는 살아 돌아올 수 없을 것이었다.

맹주라지만 당시 서라벌은 백제와 비교도 할 수 없이 작은 나라였다. 이제 겨우 6개 군 넓이―경주, 영일(포항), 울산, 동래(부산), 양산, 청도인데 반해 백제는 벌써 55년 전에 마한을 합병했고 그 10년 뒤 전라북도 고부에 고사부리성을 쌓았으며 북으로는 황해도 금천 석두성石頭城, 강원도 철원 마두성馬頭城, 춘천 우곡성牛谷城에 이르는 대국이었으니 얼추 잡아도 8 대 1의 국세였다.

게다가 백제는 진한에 교두보까지 마련해둔 상태였다. 마한을 멸망시킬 때 낙동강 큰 굽이의 요충지 원산성(예천군 용궁면)에 깃발을 꽂아놓았던 것이다. 내성천이 합류하는 이 삼강三江 지역에서 배만 띄우면 언제든지 진한 가운데로 군대를 진주시킬 수 있었다.

죽기 아니면 살기밖에 서라벌로서는 달리 도리가 없었다. 화백회의는 전쟁을 결의했다.

유사 이래 최대의 싸움이 벌어진다 하니 진한의 작은 나라들 또한 결정을 내려야 했다. 대국 백제 편을 들어 사직을 보존하느냐, 아니면 서라벌 쪽에 붙어 멸망을 감수하느냐? 그런데 백제 편을 들었는데 만에 하나 서라벌이 이긴다면? 판단 내리기가 정말 어려운 상황이었다.

대세는 백제 편이었을 것이다. 서라벌 쪽은 고작 해야 영천의 절야벌切也火, 경산 누르돌押梁, 그리고 달구벌達句火의 나라들에 그쳤을 테니 진한 12국 중 겨우 셋이었다. 그리고 마침내 이듬해 "백제가 군대를 보내 와산성을 공격했다".

이로부터 12년 동안 여섯 번의 싸움이 벌어지는 와산성蛙山城. 서라벌의 명운이 걸려 있었던 이 전쟁터가 어딘지 오늘의 우리로서는 알 길이 없다. 역사 지리 연구가 도무지 되어 있지 않기 때문이다. 여기서 목마른 이는 오류의 위험을 무릅쓰고 역사의 샘을 파봐야 한다.

가장 먼저 떠오르는 '와' 자가 들어가는 지명은 안동 와룡면臥龍面이다. 그런데 '개구리 와'가 아니라 '누울 와' 자인 데다 서라벌과의 거리가 너무 멀고 방향도 아니다. 낙동강 동쪽의 상주 영역 풍양면

화원동산 언덕배기의 고분들. 총 네 기로 2003년에 복원했는데 이 외에 여섯 기쯤이 더 남아 있으리라고 본다. 일대를 근거로 활약했던 지배자들의 무덤으로 추정된다.

와룡리는 또 원산성 코밑, 백제 편을 드는 지역이었을 것이다. 경산 와촌면은 나중에 알고 보니 '기와 와瓦' 자를 쓰고 있다.

이름으로 찾기를 포기하고 위치로 짚어나가려고 보니 전쟁터는 아무래도 달구벌일 공산이 커 보였다. 당시 진한에는 길이 난 고개가 거의 없어 보급부대는 물길을 이용했을 텐데 달구벌은 낙동강을 끼고 있으니 원정군을 파견하는 입장으로서는 그만한 데가 없기 때문이다.

전술적으로도 굉장히 중요한 것이, 그곳을 확보하면 서라벌까지는 거칠 것이 하나도 없다. 영천과 건천 사이에 아화고개라는 낙동

화원동산 동남쪽, 성산리 야산 뒤로 솟아 있는 준걸한 산줄기들. 비슬산에서 비롯한 저 산줄기들은 북동북으로 뻗어 옛 대구의 진산, 앞산으로 이어진다.

정맥 분수령이 있지만 그건 그냥 논두렁 밭두렁, 웬고개처럼 '큰 둑' 조차 쌓여 있지 않다.

여기에 이르자 갑자기 개구리소년 사건이 떠올랐다. 동네 뒷산으로 개구리를 잡으러 갔다가 실종된 소년들이 10여 년 만에 시체로 발견되었다는 언론 보도였다. 그리고 그 산은 와룡산이었다.

우리 지명은 거의가 이두로 표기되었다는 게 정설이다. 개구리소년들은 '누울 와' 자 와룡산을 갔지만 그것이 지명인 바에는 '무슨 와'가 중요한 게 아니다. '와' 자로 시작한다는 사실이 중요한 것이다.

지도를 보니 와! 대단한 산이었다. 금호강을 향해 열린 말발굽 지형이었던 것이다. 최고 높이는 299미터. 나아가 말발굽 테두리 거의 전부가 200미터 이상을 이루고 있었다. 금호강 쪽에 토성만 쌓으면 강이 해자垓字가 되는 난공불락 철옹성이었다.

그러고 보니 대구 갈 때마다 지나쳤던 산이기도 했다. 왜관 이후

화원동산 전망대에서 바라본 금호강과 낙동강의 아우라지. 오른쪽 멀리 아파트 뒤로 6킬로미터 거리의 와룡산이 보인다. 낙동강 왼쪽의 들판은 고령군 다산면이다.

산골로만 달리던 경부고속도로가 탁 트인 벌판으로 나서는 순간 맞닥뜨렸던 달구벌의 첫인상이었다. 무슨 산이 저리 희한하게 생겼나 싶었던.

"와룡산 가려는데 지하철 무슨 역에서 내려야 해?"

대구역에서 대구산악연맹 장병호 부회장에게 전화를 걸었다.

"우리 집 뒷산인데 거긴 왜요? 성서공단이 제일 가깝습니다."

2호선 성서공단역에서 내려 보니 와룡산 바로 아래다. 그런데 전면이 아니라 뒤통수. 황급히 택시를 잡아탄다. 햇살이 손바닥만큼밖에 안 남아 있었던 것이다.

산 안통의 쓰레기 매립장으로 가자 했다가 금호강을 건너 내린다 (대구시는 말발굽 지형 가운데를 대단위 쓰레기 매립장으로 만들었다). 그런데도 28밀리 광각렌즈로 다 잡을 수가 없다. 고속도로 절개지까지 가면 될 듯하나 햇빛이 기다려주지 않으리라.

## 2천 기병 투입한 탈하이의 전격작전

탈하이는 와산성전투에 기병 2천을 투입했다王遣騎二千. 기병 전
군이었을 것이다. 그리고 달구벌의 보병들과 합세, 백제군을 기다
렸다.

두 달의 공격에도 와산성은 끄떡없었다. 그러자 백제 장군은 이
철옹성 공격이 소용없는 일임을 깨닫고 인근 구양성狗壤城으로 방
향을 돌렸다.

"등을 보이는 적을 공격하라."

탈하이는 틈을 놓치지 않았다. 구양성 쪽 성등城嶝 암문을 열고
2천 명의 정기병을 일거에 내보냈다. 백제군은 6킬로미터 거리를
10분 만에 달려온 서라벌 기병대에게 뒤통수를 맞고 짚동처럼 무너
졌다. 기병이 없는 그들은 말의 진격 속도가 그렇게 빠를 줄 몰랐던
것이다.

소설은 이렇게 썼지만 이 구양성의 위치 역시 비정조차 안 돼 있
는 상태다. 그러나 위치를 대지 못하면 와룡산이 와산성이라는 가
설하에 전개했던 지금까지의 논리는 헛것이 되고 만다. 역사에 가
정은 없다.

백제군이 구양성을 공격한 것은 와산성의 교착상태를 풀어보기
위해서였겠지? 그렇다면 구양성은 와산성의 동쪽이 아니라 같은
라인, 남쪽이나 북쪽에 있었을 거야. 다시 지도를 보자.

와산성 앞을 동서로 흐르던 금호강은 이후 남쪽으로 방향을 틀어
화원동산 앞에서 낙동강과 만나고 있다. 일제시대에 대구부府가 개
발, 유원지로 만든 동산은 해발 90미터쯤의 구릉지다. 성이 있었을
가능성은 충분한 땅. 문제는 증거다.

그런데 동산에 기댄 동네 이름이 성산리였다. 옆 동네 이름은 또

'꽃을 감상하는, 흙으로 쌓은 대'라는 뜻의 상화토대. 신라 경덕왕과 관련된 전설이 있지만 그것보다는 이것이 토성의 일부라는 사실이 중요하다. 구양성 내성內城 성벽으로 추정되는바 화원동산이 구양성이라는, 부인할 수 없는 단서다.

구라리였다. 화원동산은 구양성의 필요조건을 충분히 갖추고 있었다.

'땅 양'이나 '벌일 라'나 다 평야에 붙이는 지명 어미다. 검을나今勿奴 흑양黑壤이 진주鎭州 > 진천으로 된 것이나 세도정치의 효시인 풍양豊壤 조씨의 본관 풍양(남양주시 진접읍)이 고구려 지배 시에는 고루나骨衣奴였던 것을 보면 구라의 원래 표기가 구양이었을 개연성은 다분하다.

이튿날 새벽 앞산을 오른다. 여명에 와룡산을 촬영하기 위해서다. 높이가 무려 660미터나 되는, 이 땅에서 제일 높은 앞산이다.

대구는 앞산 북쪽 평지에 자리 잡고 커온 모양새다. 팔공산 자락이 되는 금호강 너머는 대구시가 된 지 그리 오래되지 않았다. 대구의 진산은 그러니까 흔히 알려진 것처럼 팔공산이 아니라 이 앞산인 것이다.

그런데 진산을 외람되게도(?) 앞산이라 했다! 산에 대한 숭배심이 희박해서 그랬나, 아니면? 이맛등 불빛에 의지해 옮기는 외로운 걸음이 쓸데없는 데 신경을 쓰게 만들고 있다.

무해무익한 자문자답이 마침내 결론에 도달한다. 앞산이라는 이름은 집 때문에 붙었을 거야. 집이란 일반적으로 남향, 앞에 보이는 산이 이 산이어서 앞산이라고 했을 거야. 대구 사람들이 전통과 권위만 중시하는 줄 알았더니 한편으로 이런 소탈한 면도 있었네?

안일사를 지나고 왕굴을 거쳐 능선에 올라선다. 바야흐로 하늘이 밝아오고 있다. 계속 걸음을 옮겨 대덕산(584m) 정상 산불감시탑 아래 자리를 잡는다.

월드컵경기장 뒤편의 또 다른 대덕산(599.5m)에서 해가 뜨고 있다. 시내와 와룡산 쪽은 진즉부터 햇살이 비꼈다. 그런데 가을 안개가 끼어 산이고 건물이고 모든 게 희미하다. 와룡산은 여기까지 올라온 성의를 무시하고 끝내 선명한 모습을 보여주지 않는 것이다. 터덜터덜 청소년수련원 옆으로 내려가 화원동산 가는 버스를 탔다.

화원동산 관리사무소를 지나 언덕배기 길을 올라가는데 놀랍게도 고분이 넷이나 보인다. "과거에는 수십 기가 산재했지만 화원동산을 만들면서 거의 없어지고 …… 5세기 후반 경주 지역과 긴밀한 관계를 유지했던 지배층의 무덤으로 추정된다"고 한다.

그렇다면 여기가 그때까지 독립국이었단 말이야? 하긴 『삼국사기』의 기년紀年은 우리 학자들도 믿지 않으니까. 부산 복천동박물관도록圖錄에서도 "3세기 후반을 전후하여 삼한 사회를 모태로 백제, 신라, 가야가 성장하고 …… 초기에는 신라와 가야의 토기가 뚜렷하게 구별되지 않다가 5세기 이후가 되면서 차이가 생긴다" 했으니 서라벌이 400년대까지 경주분지를 벗어나지 못했을 수도 있지.

조금 더 가니 이름만이 아니라 진짜로 성이 있었다는 증거가 나온다. 상화토대常花土臺. "신라 경덕왕이 가야산에서 요양하고 있는 왕자를 찾아갈 때 여기 토성을 쌓고 기화요초를 가꿔 머물렀던 자리"라 한다. 그러나 이런 전설들은 거의가 조선 후기 이야기꾼들의 창작. 분명한 것은 여기 토성이 있었다는 사실이다.

드디어 샘물이 나왔어! 고분의 주인공들은 이 비옥한 들판과 편리한 물길을 지키기 위해 여기 성을 쌓고 살았던 거야. 그리고 회맹 사건 이후 서라벌에 붙어 백제군의 공격을 받았던 거야. 구양성은 작아도 장한 성이었던 거야.

전망대에 올라서니 이런 절경이 없다. 서쪽으로는 고령 다산[면]들이 반달꼴로 펼쳐지고 서남의 논공벌 가로는 끝이 보이지 않는 낙동강이 햇볕에 반짝이고 있다. 그리고 동쪽에는 앞산에서 시작하는 장대한 산줄기가 만경창파를 이룬다.

금호강과 낙동강의 아우라지는 온통 흙밭이다. 드문드문 웅덩이가 있는데 거기서 백로들이 멱을 감고 있다. 그것은 낙동강과 확연하게 구별되는 검은 금호강 물에 물들지 않으려는 하얀 새들의 목욕탕이었다.

성서공단 굴뚝들 위로 멀리 와룡산이 보인다. 평지돌출의 산이라 그런지 성채처럼 장엄하다. 서라벌은 건곤일척의 싸움판으로 부족함이 없는 요새를 선택한 것이었다!

첫 싸움은 어찌어찌 해볼 수 있었겠지. 하지만 백제는 계속 더 많

달성공원의 야경. 동물원, 식물원 등이 있는 도시 공원이지만 진짜 봐야 할 것은 호랑이나 코끼리가 아니라 공원 경계 부분이다. 토성으로 되어 있는 국가사적 62호로 『삼국사기』 첨하이이사금 15년에 쌓았다는 달벌성이 바로 이것일 것이다.

은 군대를 보낼 것이고 한 번만 지면 서라벌은 그걸로 끝장일 터. 탈하이는 잠을 이룰 수 없었으리라.

예상대로 백제군은 한 해 걸러 다시 몰려왔다. 이번에는 정말 와산성 공략에 성공, 200명의 수비군을 주둔시켰다. 곧 되찾긴 했지만 큰일 날 뻔한 사건. 천우신조가 없었다면 서라벌은 나라를 보전하지 못했을 것이다.

아르치闕智가 무리를 거느리고 나타난 것은 바로 이 무렵이었다. 숫자는 2만 명쯤, 병력이 적어도 2천 명은 되는 세력이었다. 텡그리는 결코 서라벌을 버리지 않은 것이다.

인류학자 김병모 선생이 쓴 『금관의 비밀』에 따르면 '금金'은 알타이어로 '알트'나 '알튼', 복수로는 '알타이'다. 그런데 이 알트가 '아르치(>알지)'로 변했다 하니 사람으로서의 아르치는 '금 제련이나 세공 기술자'가 된다. 나중에 김씨가 되는 아르치 집단은 골드스미스Goldsmith에 다름 아니었던 것이다.

이들이 어디서 왔는지는 아무도 모른다. 그러나 『삼국사기』에 실린 설화에서 새, 흰 닭이 등장하는 것을 보면 북방계라는 게 정설이다. 대륙에서 펄떡이던 새로운 피가 대규모로 들어온 것이다.

백제군은 서기 70년, 74년, 75년 계속 쳐들어왔다. 75년에는 두 번째로 성을 점령하고 1년이나 군대를 주둔시켰다. 서라벌로서는 뭔가 특단의 대책을 취해야 했다.

이를 눈치챈 아르치는 탈하이에게 독자 출정을 청원했다. 자기 족단의 능력을 과시함으로써 서라벌에서의 위치를 확고히 하고 싶었던 것이다. 화백회의는 청원을 받아들였다.

아르치 병단의 단독 작전은 과감하고 신속했다. 그리고 삼한에서는 유례가 없을 만큼 잔인했다. 포로가 된 백제군 200명을 모조리 죽여버린 것이다. 저 돌아오지 않은 소년들이 묻혀 있었던 개굴산 성안에서.

---

우선은 지하철 2호선 계명대역에서 내려 택시를 타고 금호강 변의 다사읍 서재리 대각사 입구로 간다. 대각사 입구-(0.5km 45분)→263봉-(1.5km 45분)→정상-(2.5km 1시간 20분)→255봉-(1km 40분)→방천리 원내마을[총거리 5.5km 소요시간 3시간 30분]

낙동강과 내성천 아우라지에 놓인 풍양교에서 본 내성천과 원산성. 오른쪽 골짜기가 뱃골로 원산성을, 삼한시대에 영남의 반을 '주무른' 수상교통의 요지로 부상시킨 옛 포구 터다.

비룡산

# 영남의 반을 주무른
# 원산성 품은 산

서기 80년 위대한 탈하이가 죽었다. 부하 몇 명 거느리고 서라벌에
등장, 자수성가自手成家가 아니라 자수왕가를 이룬 그. 새로운 조국
을 일약 철강 강국으로 만들었고 영토를 두 배로 늘려 진한의 맹주
로 발돋움시킨, 태양처럼 빛나는 인생이었다.

　그렇지만 그의 진짜 위대함은 이런 가시적인 업적이 아니라 다른
데 있었다. 그는 로마와 더불어 역사상 둘밖에 없는 천 년 왕국의 틀
을 확립한 사람이었던 것이다.

　초대 쾩퀴쉬, 2대 남하이에 이어 3대 임금이 될 뻔했던 그는 우여
곡절 끝에 자리를 양보하고 환갑, 진갑 다 지난 예순둘의 나이에 서
라벌의 4대 임금으로 취임했다. 따라서 임금 잇기 시스템을 체계화
할 필요성을 어느 누구보다 절실히 느끼고 있었고 재위 기간 그것
을 법제화했다. 하여 서라벌은 이후 임금 세우기에 헛힘을 쓰지 않
았던바 이런 출중한 제도 덕분에 고구려와 백제를 제압, 통일을 이

룰 수 있었으며 나아가 세계 역사 유산이 되고도 남을 천 년 왕국을 창조한다.

'탈하이의 법'이라고 이름 붙여본 그 시스템의 개요는 이렇다.

1. 임금의 임기는 10년으로 한다.
2. 한 족단에서 4대까지만 임금을 낼 수 있으며 이후에는 다른 족단으로 권한을 넘긴다.
3. 이 법을 어긴 족단이 나올 경우 여타 족단은 병력 동원을 거부할 수 있다.

도대체 이런 법이 어디 있습니까? 무슨 근거로 이렇게 말도 안 되는 설을 푼단 말입니까? 무엇보다도 탈하이 자신이 24년이나 위에 있지 않았습니까? 파사는 33년, 아달라는 31년, 내하이奈解는 35년, 그리고 흘하이訖解이사금 같은 경우는 무려 47년이나 집권했잖습니까?

대구효성가톨릭대 역사학과 강종훈 교수는 신라 초기 기년紀年 바로잡기를 해 서울대학교에서 박사 학위를 받은 사람이다. 역사 인물들의 가계 연구, 동시대인과의 교차 비교를 통해 『삼국사기』의 신라 역사가 200년쯤 앞당겨 잡혀 있다고 밝혔다. 거의 모든 고대사 연구자들이 공통적으로 "늘어나 있다"고 여겨오던 기년은 이로써 실증적으로 바로잡히게 됐다.

『삼국사기』가 이렇게 역사 늘리기를 한 이유는 집필 책임자 김부식의 '신라 으뜸주의' 때문이었다. 그의 조상 경주 김씨들이 이룩한 불멸의 업적들을 등에 업고 삼국을 통일한 저 위대한 나라가, 다른 둘이 고래 등 같은 기와집 짓고 살 때 남새밭 귀퉁이의 뒷간 같은 움

신녕의 명찰 거조암의 영산전. 국보 14호로 토담빛 질박함의 극치를 이룬다. 드물게 남아 있는 조선 초기 건물이며 주심포柱心包식 연구에 귀중한 자료가 되는 맞배집이다. 정면 일곱 칸 중 양쪽 두 칸씩과 측면에 살창을 한 양식이 특이하다.

집에서 출발했다는 사실을 인정하고 싶지 않았던 것이다(이 결과 신라의 건국이 가장 빠른 것으로 되어 있다).

강종훈 교수의 학설에 따르면 이사금 시대 왕들의 재위 기간은 대체로 10년 내외다. 그리고 탈하이 이후에는 왕위 계승권이 쾩퀴쉬계로 환원, 파사·지마·일성·아달라이사금이 즉위한다. 다음 탈하이계의 벌휴·내하이·조분·첨하이沾解이사금이 위에 오르고 후발 주자 아르치계의 미추가 단발 임금을 지낸 뒤 다시 탈하이계의 유례·기림·흘하이이사금으로 이어진다.

나라의 명운을 건 와산성싸움 이후 112년간 서라벌과 백제는 이렇다 할 다툼이 없었다. 그 사이 서라벌은 지금의 포항 신광면인 실직곡국悉直谷國, 그 옆의 기계·기북면 음십벌국音汁伐國, 누르돌 압독국押督國, 대구 비산동으로 추정되는 비지국比只國, 달성공원 일대의 다벌국多伐國, 팔달동의 초팔국草八國으로 차근차근 영토를 늘려 간다. 그리하여 청도 운문면의 이서국伊西國과 삽량주揷梁州 양산 말 고는 낙동정맥 동쪽뿐이던 ㅣ 자형 나라가 마침내 낙동강 중류까지 진출, 팔공산·보현산·내연산으로 이어지는 분수령 이남의 ㄱ 자 국가로 되었다.

백제와의 싸움이 다시 벌어진 건 서기 188년 모산성母山城에서였 다. 낙동강의 지류 영강이 문경천과 합류하는 지점에 있는 전략 요 충 문경 고모산성. 벌휴이사금 5년의 일이었다.

이 3년 전 서라벌은 의성 소문국召文國을 병합한 바 있었다. 그리 고 32년 저쪽인 아달라이사금 3년에 계립령로를 개통해둔 바 있었 다. 나아가 "토목공사로 농사 때를 놓치지 않게 하라"고 교시, 군량 미 확보에 전력을 기울이고 있었다.

계립령雞立嶺은 흔히 문경에서 충주 넘어가는 고개, 하늘재를 가 리킨다. 고개 북쪽에 있는 포암산布岩山의 옛 이름이 저릅산인바 '삼' 을 뜻하는 '저릅'이 '계립'으로 표기됐다는 근거에서다. 그렇다면 신 라군은 근 30년 전에 공수부대를 투하해 고갯길을 낸 뒤 가만있다 가 잊어버릴 만하자 의성으로 쳐들어갔다는 스토리? 세상에는 이 런 엉터리 시나리오도 있다.

지도상에서 경주와 문경을 이어본다. 동남−서북 주향의, 거의 비슷하게 이어지는 도로가 눈에 띈다. 영천까지는 4번 국도, 이후 의성 우보면까지는 28번 국도, 우보면에서 봉양면 사이는 선방산 (437m)이 가로막아 직행하는 길이 없으니 금성면까지 내쳐 간 다음 927번 지방도를 타고 봉양면에 이르러 다시 28번 국도로 접어든다. 다인면 덕미리 삼거리에서 북향하는 28번 국도를 버리고 서북향의 59번 국도를 따라가면 예천 산양면. 여기서 서북향의 34번 국도를

장안사 전망대에서 본 의성포. 이 풍경을 놓고 회룡포라고 하는 경우가 많은데 사실 회룡포는 의성포를 시계 방향으로 돌아간 내성천 물이 빠져나가는 왼쪽 위 굽이만을 가리킨다. 이 전망대에서 능선을 따라가면 원산성에 도달할 수 있다.

타고 마침내 접전지 고모산성에 이른다.

영남대학교박물관의 기획전 〈압독국과의 통신〉을 구경한 뒤 홀로 보물을 찾아 나섰다. 919번 지방도를 타고 진량, 하양을 거쳐 신녕에서 28번 국도로 접어들었다. 나란히 달리던 중앙선이 오림터널로 들어갈 무렵 구불구불 고갯길이 시작되었다.

고갯마루에 휴게소가 나타나 이름을 보니 갑령휴게소다. 갑령? '계립령'을 빨리 발음하면 이게 되는 거 아니야? 게다가 옛날에는 복모음이 없었으니 '계'가 아니라 '가'로 읽었을 수도 있고, '립立'을 당

신녕에서 갑령 너머 첫 번째로 만나는 군위 고로면의 인각사 보각국사탑. 보물 428호로, 여기서 『삼국유사』를 지은 일연 스님 것이다. 점판암으로 된 탑비와 쌍을 이루는데 탑비의 풍화가 심해지자 절에서 현재 모조 탑비 복원 사업을 벌이고 있다.

시 사람들이 '입'으로 발음했거나 '읍泣' 자 대신으로 썼다면 'ㅂ'을 나타내는 이두일 확률이 크잖아? 『삼국사기』의 계립령鷄立嶺은 이 갑령이 틀림없어. 우쭐한 기분이 되어 금성면으로 들어선다.

671미터의 비봉산이 면소재지 탑리를 압도하고 있다. 저기에 금성산성이 있어 1934년 일본인들이 그들 멋대로 행정구역을 재조정할 때 소문면과 상운면을 합해 금성면으로 했다지? 그리고 여기 국보 77호의 5층석탑이 있고 고분군에서 금동관이 나왔다 했으니 소문국 소재지는 의성 읍내가 아니라 분명 여기였으리라.

뒷좌석 의자를 접어 캠핑카를 만든 다음 매트리스를 깔고 침낭 안으로 들어가 있는데 도무지 잠이 오지 않는다. 이번 취재의 제재題材를 금성산성으로 잡았지만 『삼국사기』에 아무 사건도 기록된 것이 없는 여기서 도대체 무엇을 건질 수 있을 것인가 의구심이 들어서다. 오는 도중 영천 은해사, 신녕 거조암, 그리고 일연 스님이 『삼국유사』를 썼던 저 인각사를 들렀던 탓에 피곤이 몰려와 초저녁에 잠깐 눈을 붙인 탓도 있다.

## 하늘이 만든 삼한시대 산성 원산성

밤 11시가 넘어 자리를 털고 일어났다. 경치 좋은 의성포로 가자. 전망대 아래 장안사 주차장에서 눈을 붙인 뒤 이른 아침 그 절묘한 땅의 생김새를 구경하고 원산성을 둘러본 다음 고모산성으로 향하자. 아무 사건도 인연도 없는 이 의성 땅에서 새우잠을 잘 게 무언가?

원산성圓山城. 『삼국지』 「위서—동이전」에 나오는 마한 50국 중 첫 번째인 원양국爰襄國으로 생각되는 곳, 변진한 24국 중에서 북쪽의 반을 "주물렀다作"는 마한 맹주 목지국의 임금 진왕辰王의 영남 컨트롤 타워, 마한이 멸망할 때 최후까지 저항했던 자존심 강한 땅, 그리고 백제군이

용궁향교 앞 도로변의 하마비. 향교의 전경은 여기서 가장 잘 잡힌다.

71

거조암 영산전 모퉁이의 공포. 지붕의 무게를 분산해서 기둥에 전달하는 공포의 기능을 적나라하게 보여주고 있다. 가장 원시적인 형태라 부재들이 각지고 투박하다.

와산성으로 쳐들어갈 때 전진 기지가 되었을 성이다. 그런데도 지금까지 한 번을 가 보지 못했다.

일출에 맞춰 올라간 전망대. 아직 햇볕이 들지 않은 의성포마을은 닭 울음, 개 짖는 소리만 들려오는 태초의 고요함이었다. 나부산(334m) 위로 해가 떠오르자 발아래 내성천에 금싸라기가 깔리기 시작했다. 처음에는 저게 도대체 뭔가 싶었는데 가만 보니 빛의 산란을 받은 여울의 물비늘이었다.

강가 미루나무들 그림자가 짧아지기 시작할 때 회룡포 쪽에서 두 사람이 강을 건너 오고 있었다. 이렇게 이른 아침에 저들은 무엇하러 강을 건너는가? 일꾼을 맞추러 오는가, 일을 하러 오는가? 마을 가운데 빨간 슬레이트 지붕 집의 개 짖는 소리가 점점 요란해지고 있었다.

정자 옆의 이정표에 '원산성 1.5km'라고 씌어 있는 게 눈에 띄었다. 이 서남쪽으로 뻗은 능선을 타고 가면 원산성에 이른단 말이지? 야산밖에 안 되지만 그래도 정상이라고 '236m' 높이가 나와 있는 언

원산성 가는 길목에 있는 용궁향교의 안뜰. 명륜당 대청에서 내려다본 풍경이다. 동·서재가 좌우를 감싼 뜰 저편의 세심루 용마루 너머로 비룡산이 보인다.

덕을 지나서. 하지만 배 속에서 꼬르륵 소리가 나기 시작한다.

산양으로 나가 아침을 먹은 뒤 원산성 아래 성저城底마을로 들어선다. 회관 마당에 차를 세우고 감나무 이파리로 뒤덮인 언덕으로 올라가는데 초장부터 뜻밖이다. '원산성 1.5km'. 아니, 성이 이 언덕에 있는 게 아니고 저 산꼭대기에 있단 말이야? 토성도 제대로 못 쌓았을 시대에 저렇게나 높은 데에?

마침내 고스락에 도달한다. 그런데 당연히 있어야 할 안내판은 없고 묘 한 봉상만 덩그렇다. 성의 중심부가 아니었던 것이다. 도대체 얼마나 큰 성이기에.

남쪽으로 이어지는 능선을 따라가다 안내판을 발견한다. 내성천 건너편에서 찍은 사진 위에 글이 쓰여 있는데 둘레가 920m라는 사실보다 더 놀라운 것은, 정상부가 평평한 사다리꼴 모양에 산릉 가운데가 움푹 들어간 모양새였다. 골짜기를 품은 포곡식抱谷式 성이었던 것이다.

신라도 백제도 돌성은 고구려 광개토왕에게 죽어지냈던 400년대 전반이 지나고 나서야 겨우 쌓기 시작했다. 수구문水口門의 홍예虹霓를 만들 자신이 없어서 처음에는 포곡식을 엄두를 못 냈는데 이 성을 처음 쌓은 기술자는 도대체 어느 하늘에서 떨어진 사람이었단 말인가? 호기심을 억누르며 성릉을 빙 돌아 수구문 자리로 내려가니 입이 다물어지지 않는다. 10미터 높이의 V자 협곡 바닥에 이리저리 굽이진 6~7미터짜리 폭포가 걸려 있는 것이다.

수구문이고 뭐고 이건 그냥 튼튼한 나무문만 하나 세워놓으면 되는 지형이잖아? 삼한시대에도 그 정도의 기술은 있었으니 이야말로 사람이 아니라 하늘이 만든 요새 아니야? 적이 쳐들어올 경우 수성군守城軍은 협곡 양쪽에 돌무더기를 쌓아놓고 기다리면 되었겠네. 푸나무를 마련해두면 통닭구이를 즐길 수 있었을 것이고 가시나무 다발로는 벌집을 만들 수 있었겠다. 나무로 수문을 만들면 적군을 일거에 쓸어버리는 수공水攻도 가능했을 터. 원산성은 화살 하나 허비하지 않고 동료와 농담을 나누면서 전투를 치러도 되는, 하늘나라 성이 아닐 수 없다!

손전화가 울려 받아보니 마당에 벼 널게 차 좀 빼달라는 연락이다. 산릉으로 올라가자면 시간이 많이 걸릴 듯해 내성천 가운데로 7~8미터쯤 뻗어 나간 왕버들을 타고 나아가 본다. 마을 쪽 바위 절벽에 건너갈 틈이 있는가 보기 위해서다.

그런데 세상에! 손 옹두라지, 발디딤 하나 보이지 않았다. 어떤 바위꾼도 등반 불가능. 여기는 골짜기만이 아니라 능선까지도 철옹성이었다. 이 성의 첫 주인들이 삼한의 초강대국으로 부상한 백제

74

옛날 용궁현이 있었던 향석리의 용궁향교. 임진왜란 때 불탄 것을 선조 36년(1603)에 다시 지었다. 가장 앞쪽의 세심루는 인조 14년(1636) 작품이다. 축단을 높이 쌓아 건물들을 지은 탓에 대성전, 명륜당, 세심루 지붕이 가림 없이 보인다.

에게 마지막까지 뻗댔다는 사실이 충분히 이해가 갔다.

햇살은 들었는데 벼를 널지 못하는 농부의 마음이 얼마나 다급할까 싶어 물을 질러가기로 했다. 좀 차기는 하겠지만 97년에 건넜던 발토로 빙하 물만 할까 싶어서였다. 바짓가랑이를 허벅지까지 걷어올리고 내성천으로 들어갔다.

아침 햇살이 만든 물무늬 그림자가 추상화를 그리는 바닥에는 작은 송사리들이 떼를 지어 몰려다니고 있었다. 건너편 모래톱에서는 할미새들이 꼬리를 간단없이 흔들며 왔다 갔다 했다. 금세 감각이 없어진 발밑에서는 모래들이 끊임없이 쓸려 내려가고 있었다.

강둑에 이르러 발을 닦고 양말을 신을까 하다가 그냥 맨발로 동네로 향했다. 급한 듯해 이렇게 물을 가로질러 왔다고 둘러대면서 차를 몰아 안내판의 사진 촬영지인 용궁면 무이리로 향했다.

둑에 올라서 보니 일명 '똬리성'이라고 한다는 안내판의 표현이 실감으로 다가왔다. 속심을 짚으로 만들고 겉은 가는 왕골로 솜씨 있게 감은, 옛날 장에서나 팔던 것이 아니라 수건을 둘둘 감아 만든 임시 똬리 꼭 그것이었다. 원산성. 몇천 년 세월이 흘러도 사람들이 그렇게 부를 수밖에 없는 불멸의 이름이었다.

아무리 하늘이 만든 성이라지만 그래도 저 큰 성을 지키고 유지하자면 굉장한 재력이 있어야 했을 것이다. 그런데 이 오지에서 어떻게 그게 가능했을까?

이리 궁글 저리 궁글 하다 보니 성릉을 돌 때 '뱃골 0.5km'라고 쓰인 팻말을 본 기억이 났다. 산성 남쪽 골짜기로 낙동강에 이르려면 다시 능선을 하나 넘어야 하는 아득한 골짜기였다. 다시 차에 올라 그곳이 정면으로 보이는 낙동강 위 다리 풍양교로 향했다.

옛날에 배가 드나들었을 그 골은 흙이 들어차 덤불만 무성한 상태였다. 그렇지만 2천 년 전에는 소금배, 쌀가마니를 실은 배, 포목 배가 물목의 피라미처럼 옹기종기 모여 있었을 것이다. 여기는 낙동강과 내성천, 그리고 산양에서 흘러오는 금천이 만나는 삼강三江 지역이니까. 마한의 진왕과 백제가 영남의 반을 주물렀다는 이야기가 허구가 아니었겠다 싶었다.

그런데 서라벌군이 모산성까지 올라갈 때는 여기를 어떻게 처리했을까? 성안에는 분명 백제 수비군이 있었을 것이고 그들을 공략하기란 결코 쉽지 않았을 텐데. 산양, 용궁 같은 배후지가 모두 서라벌 땅이 되었다면서 그냥 항복을 받았나?

　의문은 세찬 강바람에 겨우겨우 사진을 찍고 차로 돌아가는 마당에도, 고모산성으로 향하는 34번 국도에서도 끊일 줄 모르고 일어났다.

---

원산성을 찾으려면 문경시에서 34번 국도→예천 용궁면→924번 지방도→향석리 삼거리에서 우회전→회룡교를 건넌 뒤 다시 우회전→성저마을로 루트를 잡는다. 920m 둘레의 성은 도는 데 30분쯤 걸린다.

진남휴게소 건너편의 어룡산릉에서 본 백화산. 발밑을 흐르는 영강 기슭 마을이 봉생이다.

# 경북 8경의 으뜸,
# 진남교반의 수문장

마침내 고모산성에 닿았다. 진남휴게소에 차를 세우고 서낭당이 있
는 돌고개로 올라간다. 전塼돌 같은 넓적돌을 깔아놓아 걷기는 편
하지만 자연스러운 맛은 없다.

고개에 거의 다 올라섰다 싶을 즈음 난데없는 새 성문이 가로막
는다. 조령 3관문처럼 번듯하게 홍예에다 문루까지 갖췄다. 삼국시
대에는 흉내도 내지 못했을 구조물이니 분명 조선시대 것. 새재에
다 관문을 셋씩이나 만들어놓았으면서 여기다 저런 시설을 또, 과
연 했을까?

성문 안에 주막거리도 꾸며두었다. 새로 지은 초가집들이었는데
장사를 한 흔적이 전혀 없는 전시용이다. 게다가 고갯마루에는 성글
지붕의 휴게소를 지어놓아 서낭당 사진 찍기만 어렵게 만들고 있다.

새로 만든 관문성은 고모산성에서 시작해 토끼비리兎遷로 뻗어
있다. 왕건이 여기를 지날 때 길이 사라져 망설이는데 마침 토끼가

고모산성 서문 밖 오른쪽 성벽. 퇴적암 2차 할석으로 빈틈없이 쌓은 서라벌 고유 양식이 옛날 그대로 남아 있다. 아래쪽은 성을 튼튼히 하기 위해 보축補築한 부분이다.

뛰어가 그걸 보고 길을 찾았다는 전설의 비리>벼루>벼랑이다.

조선시대 영남대로의 일부였던 그곳은 바위가 닳아 벼루처럼 반들반들하다. 폭이 1미터 정도밖에 안 돼 바깥쪽으로 비계飛階를 붙여 가마가 지나다닐 수 있도록 한 잔도棧道였다고 한다. 삼랑진에서 물금 사이의 관갑천串岬遷 잔도와 더불어 영남대로 2대 험로로 꼽혔다는.

올려다보는 고모산성 성벽이 장엄하다. 새 돌로 하얗게 쌓은 성 모서리가 바빌론의 지구라트처럼 소슬하다. 바로 저기서 1800여 년 전에 서라벌군과 백제군이 싸웠단 말이지?

성벽 아래 안내판이 서 있다. "고모산성 남문 …… 성벽과 직교直交하는 통로부 측벽을 쌓아 만든 현문懸門 형태의 성문이다 …… 일반적으로 성문에는 문루門樓가 있으나 삼국시대 축조 기법을 보이고 있는 고모산성은 문 터에서 건물과 관련된 유구나 유물이 발견되지 않으므로 문루 시설이 없었던 것으로 추정된다."

문루도 없는 삼국시대 성이라고? 고려나 조선시대에는 거의 이용한 일이 없었단 말이지? 하긴, 전략적 가치가 없어진 데다 관방關防 시설도 새재로 옮겨버린 마당이었으니 수리하고 자시고 할 까닭이 없었겠지.

임진왜란 때 왜군들이 여기를 지나가면서 천험의 요새에 수비군 하나 없다고 춤을 추었다는데 정말 그랬을 것 같아. 200년 내전 끝에 전국戰國이 통일된, 그렇지만 아직 도쿠가와라는 능구렁이가 건재해 있는 일본은 어디나 방비가 엄했겠지만 주적이 북방 민족인 우리는 한양 이북의 성만 잘 지키면 됐었으니까.

그러나 삼국시대에는 달랐을 거야. 영강과 문경천이 합류해 협곡을 이루며 흘러가는 여기는 전술적으로 새재보다 훨씬 중요한 요해

관문성 안에 전시용으로 꾸며놓은 초가집 주막거리. 〈태조 왕건〉 세트장처럼 살가운 맛이 전혀 없다.

처였을 거야. 고개는 꼭 거기가 아니어도 아무 데나 넘어도 되지만 강이 흐르는 협곡은 여기 아니면 달리 지나갈 데가 없잖아?

싸움은 벌휴이사금 5년(188)부터 3년 내리 있었다. 서라벌은 첫 해 좌군주左軍主 구도를 보내 백제군을 물리쳤다. 이듬해에는 모산성이 아니라 구양狗壤에서 전투가 벌어져 500명을 죽였다. 그러나 원산향圓山鄉부터 시작해 부곡성缶谷城으로 옮겼다가 와산蛙山에서 끝난 세 번째 전투에서는 백제에게 패배, 구도는 사령관직을 박탈당하고 소대장급이 맡는 부곡성주로 좌천됐다.

원산향은 원산성이 있는 용궁·산양면 일대겠지만 구양이나 부곡성, 와산은 어디를 가리키는지 알려진 바가 없다. 난감하다.

발밑의 영강을 굽어본다. 강과 철길과 국도와 지방도가 어지럽게 흘러가고 있다. 토끼비리에서 뻗어 나간 칼날 능선을 자르고 지나가는 3번 국도가 눈에 영 거슬린다.

조선시대 영남대로가 지나가는 돌고개 마루의 서낭당. 느티나무에 둘러 있는 '전설의 고향' 같았는데 개발
세례를 받으면서 예스러움이 많이 사라졌다. 사진 왼쪽 위 귀퉁이에 휴게소 쉥글 지붕이 살짝 보인다.

"도대체 어떤 놈이 저렇게 길을 냈어? 오정산 밑으로 터널을 뚫
으면 됐잖아? 능선을 툭 끊어놓고 스티로폼으로 발라놓다니?"

저걸 처음 보았을 때 문경 산악인 김규천에게 화를 냈던 일이 떠
올랐다.

"그러게 말이야. 원래는 터널을 뚫으려고 했던 모양인데 터널 입
구가 되는 마성 신현리의 땅 주인이 현직 국회의원이라 어쩔 수 없
이 계획을 변경했다더라고."

"……! ……!!"

나중에 건설된 중부내륙고속도로는 터널로 지나간다.

경북 8경의 으뜸을 동강 낸 칼자국을 보면서 볼 때마다 끓어오르
는 분노를 참고 있노라니 문득, 모산성과 주변 싸움들이 한결같이
백제의 공세攻勢였다는 데 생각이 미친다. 그렇다면 전투는 분명 모
산성 후방에서 일어났을 터. 저 칼자국 너머 동네 이름이 뭐지?

견탄리犬灘里. 박상규의 노래로 유명한 전국 유일의
'개여울'이 바로 여기 있다고 김규천이 늘 자랑하던 지
명이었다. 공직 생활을 오래 한 그는 문경시 지명위원
이기도 했다.

지금은 동네 이름이지만 원래는 여울만 가리켰을 거
아니야? 올 때 보니 동네 앞들이 꽤 넓던데 그게 개양>
개야로 불렸을 수도 있잖아(견탄리에는 '개열'이라는 동네
도 있다)? '개양'을 한자로 옮기면 '견양犬壤'이나 '구양
狗壤'. 벌휴이사금 6년에는 틀림없이 거기서 싸움이 벌
어졌던 거야!

성머리로 해서 묘들이 어지럽게 널려 있는 성안을 지
나 덤불을 헤치고 서문으로 내려간다. 성문 가까이 발
굴 중인 연못 터가 상수도 침전지처럼 연이어 있다. 너
댓 개쯤 되었는데 단순한 연못은 아니었던 듯, 가운데
것은 한 길이 넘게 깊고 석축이 어지럽다.

두어 사람 지나다닐 만한 서문을 통해 밖으로 나가니
보수하지 않은, 조사를 위해 깨끗이 다듬어놓은 성벽이
드러난다. 어디 보자. 고구려에서 커닝하기 전에 서라
벌 사람들은 성을 어떻게 쌓았나?

아랫부분은 벽돌 두께로 자른 2차 할석割石 퇴적암이 빈틈 하나
없이 잘 쌓여 있다. 치밀하기는 하지만 윗단이 조금씩 들어가는 퇴
물림 양식은 아니다. 윗부분은 막깬돌(1차 할석)로 쌓은 듯 돌도 크
고 엉성해 여기저기가 무너져 내린 상태다.

그랬구나, 이 성은. 신라와 백제가 경계 다툼을 할 때는 2차 할석
으로 잘 쌓은 튼튼한 성이었는데 신라가 한강 유역까지 쳐 올라간

어룡산 '돌뺑이'에서 본 고모산성. 오른쪽 위에서 왼쪽 아래로 뻗어 있는 하얀 성벽 끝에 서문과 연못 자리가 보인다. 성벽은 거기서 능선을 따라 고스락으로 올라갔다가 오른쪽, 남문지로 내려온다.

뒤부터는 전략적 가치가 없어져 방치되다가 후삼국의 쟁패나 몽고의 침입 같은 때 대충 보수해 일시적으로 이용했어. 세상에! 성벽이 이렇게 역사를 잘 이야기해준 경우는 본 적이 없어.

그런데 기술적으로 가장 어려운 수구문水口門 부분은 어떻게 처리했지?

퇴적암 축성 부분 가운데 두 개의 △ 구멍이 보인다. 4단 높이지만 큰비가 올 경우의 배수구로는 턱없이 작다. 그럼에도 2천 년 가

고모산성 서문 안의 연못 발굴지. 이 연못은 여느 성처럼 방화수防火水나 허드렛물을 쓰기 위한 것이 아니라 배수구로 흘러 나가는 물의 유속을 조절하기 위한 소류지 역할이었다. 성벽 아랫부분 삼국시대 유구遺構에 배수구 둘이 보인다.

까운 세월을 버텼다. 도대체 어떤 비결로?

깊고 어지럽던 연못의 정체가 비로소 잡힌다. 그건 방화수防火水나 군마軍馬의 우물, 허드렛물을 쓰려고 판 것이 아니라 급류를 가두어 운동력을 죽이는 소류지小留池였던 것이다. 홍예虹霓 축조 기술이 없었던 시절이라 큰비가 올 경우 그걸 1차 소류지에 가두고, 그게 넘치면 2차, 3차 소류지…… 이렇게 단계적으로 소류지를 채우는 방식으로 유속과 유량을 조절, 하수구만 한 배수구로도 무리 없이 흘러 나갈 수 있게 했던 것이었다.

**백제와 신라가 3년 동안 싸웠던 고모산성**

진남휴게소로 내려왔다.

"고모산성 사진 찍으려는데 잘 보이는 곳이 어디야?"

김규천에게 전화를 하니 '어룡산 돌뺑이'란다.

"어디로 올라가지? 봉생 가는 징검다리 옆 솔숲에서 시작하면 되는가?"

가파르긴 하지만 규칙적인 갈지자로 잘 난 산길을 따라 '돌뺑이' 꼭대기에 이른다. 봉생마을 뒤로 백화산이 요세미티 명봉 하프돔 half Dome처럼 떠오르고 문경벌 저 끝 주흘산에는 산그늘이 드리워 있다.

'돌뺑이' 쪽으로 다가가니 흙이 드러난 서문 안 발굴지와 새로 쌓은 성벽이 손바닥을 들어 보는 듯하다. 정말 아름다운 망대, 멋진 요충이 아닐 수 없다.

잘루목으로 내려갔다가 내처 정상까지 올랐다. 산굽이에 가려 보이지 않던 영강이 들판을 가르며 흐르다 자라목이께에서 산모롱이를 돌아 사라지고 있다. 그 한가운데 걸린 견탄교. 저것 왼쪽 들판에서 1800여 년 전 아비규환의 기마전이 벌어졌단 말이지?

백제로서는 첫 기병 출전이었겠다. 마한인들은 진한 사람들과 달리 소나 말을 타지 않는다 했으며 이인철의 『고구려의 대외정복 연구』에서는 "3세기 백제 고분에서 마구馬具가 보이지 않는 것을 보면 당시까지 그들의 전투는 보병 중심으로 이루어졌다" 했으니까. 그 결과 여지없이 깨졌고 전군이었을 500기騎는 몰살하고 말았으리라.

그래 이후에는 보병 위주, 정면 승부가 아니라 유인책을 썼던 듯하다. 고분에서 발굴되는 주 무기 또한 도끼와 낫, 꺾창戈인바 갈고리 모양의 꺾창이나 낫으로 기병을 끌어내리고 도끼로 요절을 내는 식이었으리라. 원산향→부곡성→와산으로 싸움터를 옮긴 것은 우연이 아니라 작전이었던 것이다.

지도를 펴고 사방을 둘러본다. 남쪽의 새봉(668m) 너머로 작약산(726m)과 칠봉산, 자라목이 뒤로는 월방산(361m)과 용궁 들판이 시원하게 펼쳐진다.

『상주의 명산』에서는 칠봉산이 저 600고지만이 아니라 남산(822m), 성주봉(607m)을 모두 포함하는 개념이라고 했지? 그 봉우리들 사이에 있는 황령荒嶺은 원래 고개 이름이 아니라 '정수리가 평평하게 돌아가는 산 령'으로 일곱 봉우리 전체를 아우르는 의미라 했고? 그래야 『산경표』에 나온 대로 백두대간 마루금상上의 산이 될 수 있다면서.

원래 의미의 황령에 싸인 은척[면]분지를 살펴보다 동쪽으로 눈을 돌리니 '공검면'이 떠오른다. 삼한시대 저수지로 유명한 공갈못 소재지, 지금 상주 사벌[면]이 창녕 소벌牛浦과 똑같은 낙동강의 허파꽈리 호수들이었을 때 이미 저수지를 만들어 벼농사를 지었던 선진적인 땅. 그런 수준의 문명이라면 성 한두 개쯤은 분명 쌓아두고 있었을 텐데…….

일삼아 지도를 뒤지다 보니 '부곡리'라는 지명이 눈에 띈다. 이런 행정명은 왜정시대에 통폐합으로 생긴 경우가 많아 자연부락을 확인하니 가마실과 웃가마실이다. 그렇다면 부곡리는 분명 '가마솥 부釜' 자일 터. '장군 부缶'면 더 좋겠지만 어차피 이두 표기 아니겠는가?

가마실과 웃가마실 뒤(서쪽)에는 국사봉이 있다. 337.7미터니 삼한시대 기술로도 충분히 성을 쌓을 수 있는 높이다. 확실한 것은 가서 성터를 확인해봐야 드러나겠지만 지도상으로는 분명 부곡성 자리였다.

그렇다면 와산 또한 그 일대에 있을 것이었다. 그리고 부근의 지

진남휴게소 건너편에서 올려다본 고모산성의 위용. 엄청난 돈을 들여 멋지게 쌓아놓았지만 고증이 전혀 안 된 세금 낭비로 보인다.

형은 기병을 유인해 박살 낼 수 있는 막다른 골목이어야 했다. 이런 논리를 따르자면 그것은 산지와 평지의 경계를 이루는 국사봉보다 더 서쪽에 있어야 했다.

　국사봉은 동류하는 이안천의 입구를 틀어막고 있는 형국이다. 은척분지는 그 이안천계곡 들머리의 지류 포암천 유역에 펼쳐져 있다. 그리고 거기 문암리에 '와동'이 있었다. 와, 마침내 서기 190년 전투의 미스터리가 모두 풀렸어!

　백제군은 원산성의 배후지 용궁에 출몰, 분탕질을 일삼으면서 모산성의 서라벌군을 끌어냈을 것이다. 다음 서라벌군이 접근해오자 금천과 영강을 건너 18킬로미터 서쪽의 부곡성을 에워쌌을 것이다.

근래 새로 쌓은 고모산성 옆의 관문성. 관문에서 오른쪽으로 쭉 가면 토끼비리가 나온다.

보통 걸음으로도 4시간 반밖에 안 걸리는 거리다.

부곡성에서는 일단 추격해 온 서라벌군의 싸움을 받아줬을 것이다. 그러다 서라벌군의 공세를 못 당해내는 척 이안천계곡, 은척분지로 뒷걸음쳐 들어갔을 것이고 추격해 오는 그들을 와산의 지형을 이용해 궤멸했을 것이다. 흡사 삼국지를 보는 듯, 절묘한 작전이었다.

이 싸움에서 서라벌군은 500기를 거의 다 잃었던 것 같다. 그렇지만 국경은 변하지 않았다. 고모산성에는 여전히 서라벌군의 깃발이 휘날리고 있었고 최전방 야전사령부라는 위상 또한 그대로였다. 고모산성은 수비군 태반이 사라졌는데도 공취攻取할 엄두를 못 낼 만큼 철옹성이었던 것이다.

그러나 사령관 구도는 이후 역사 무대에서 사라진다. 갑령을 넘어 서라벌 영토를 갑절로 늘린 위대한 업적을 한 번의 패배가 도로 徒勞로 만들어버린 것이다. 부곡성주로 있다가 분해서 자살했는지 아니면 늙어서 죽었는지, 어디에도 뒷이야기가 나오지 않는다.

그렇지만 그의 공로가 헛되지만은 않았던 것 같다. 아들 미추가 4대 뒤 임금 자리에 오르고 손자 내물이 8대 뒤 임금이 되면서 권력이 그의 후손들의 손에서 떠나지 않았던 것이다.

진남휴게소로의 하산길. 동릉과 동북릉이 갈리는 지점에 와보니 새삼스럽게 어룡의 산세와 영강 물 흐름이 W 자 형국의 자물통임을 깨닫게 된다. 그렇다면 고모산성에서 시작한 관문성은 자물통 고리를 꿰는 자물쇠의 축이다. 그리고 고모산성은 그 끝에 달린 손잡이였다.

---

고모산성이 있는 진남교반鎭南橋畔은 왜정시대 경북 8경의 제1경으로 꼽혔던 곳이다. 이끼 낀 옛 성에서 보는 백화산과 주흘산 풍경, 강변의 벚나무 길과 솔숲, 봉생마을의 돌다리와 봉생정, 돌고개의 서낭당과 토끼비리 등이 절묘한 조화를 이룬다.

김천시 교동에 있는 김산金山향교. 조선왕조가 개국한 해에 세워진 경상북도문화재 257호다. 임진왜란 때 불탄 것을 1634년에 중건하고 1973년에 보수하였으며 1985년부터 중학생을 대상으로 여름 충효교 실을 열고 있다.

# 1킬로미터 둘레의 토성이 있는
## 삼한 감문국의 진산

서기 222년 백제군이 우두주牛頭州로 들어오니 이벌찬 충훤이 군사를 거느리고 막다가 웅곡熊谷에서 패배, 단기單騎로 돌아왔다. 이로 하여 충훤은 보루지킴이鎭主로 좌천되고 연진이 이벌찬이 된바 이 태 뒤 백제군을 봉산烽山 아래서 격파, 천여 명을 죽이거나 사로잡았다. 『삼국사기』 「신라본기」 '내하이奈解이사금조'에 실려 있는 내용이다.

내하이는 계립령 너머 의성과 문경 일대를 차지한 벌휴이사금 다음 임금이다. 아직은 서라벌이 경상북도조차 제대로 영역화하지 못했던 아득한 옛날…… 우두주는, 웅곡은, 봉산은 도대체 어디란 말인가?

우두주가, 일성이나 기림이사금이 태백산 순행할 때 지나갔던 춘양은 분명 아닐 것이다. 거기로 들어가자면 영월 옥동에서 도래기 재를 넘어야 하는데 당시 백제가 영월까지 진출했을 리도 없으려니와 춘양을 빼앗아 얻을 이득 또한 거의 없었을 것이기 때문이다. 영월이나 옥동은 이때 무주공산이었고 나중에는 고구려 영역으로 편입되는 지역이다.

가장 유명한 우두주 춘천은 더더욱 아닐 것이다. 백제는 온조왕 11년(BC 8) 낙랑─한사군의 하나인 낙랑군이 아니라 호동 왕자와의 로맨스로 유명한 낙랑 공주의 나라 낙랑국이다─의 우두산성을 습격하러 가다 강촌 구곡폭포 부근의 구곡臼谷에서 폭설을 만나 돌아왔는데 2대 다루왕 29년(56)에는 우곡성을 쌓았다 했으니 적어도 그때부터는 백제 땅이었고 혹 사건이 있더라도 낙랑이나 고구려와 관계된 것이어야 하기 때문이다. 난감했다.

그런데 갑자기 백두대간의 '우두령'이라는 지명이 생각났다. 황악산 남쪽 고개로 영동 상촌면과 김천 구성면의 경계. 거기라면 가능성이 충분히 있었다.

지도를 펼쳐보니 예상과 달리 전략적 가치가 없는 너무 후미진 고갯길이었다. 황악산 북쪽의, 백두대간에서 가장 낮은 추풍령을 두고 백제군이 굳이 여기를 넘을 까닭이 없어 보였다. 도로아미타불.

혹시나 하는 심정으로 5만분의 1 지도를 펼쳐 들고 지명들을 낱낱이 체크해나가는데, 직지사역 남쪽에 소물산이라는 게 있다. 한자로는 우수산牛水山일 테니 그 아래는 우수주牛首州, 춘천의 예로 보면 우두주牛頭州도 충분히 가능한 지역이었다.

그렇다면 봉산은? 경부선 철도와 직지천, 경부고속도로와 4번 국도가 지나가는 금릉벌 반 이상을 차지하고 있는 봉산면일 가능성이 컸다. 한자로는 '봉새 봉鳳' 자를 쓰고 있지만 그건 아무래도 좋았다. 우리 지명은 어차피 이두로 표기된 것이니까.

경부고속도로를 타고 득달같이 김천으로 향했다. 김천나들목에서 시내 반대 방향으로 길을 잡아 봉산면사무소를 찾아갔다.

"봉산이라는 산이 어디 있죠?"

"우리 면에 그런 산은 없는데요."

"봉산면에 봉산이 없다고요?"

'붕어빵에 붕어가 없다'는 개그일 뿐이지만 봉산면에 봉산이 없다는 것은 심각한 사태였다. 그렇다고 어디 항의할 데도 없고.

하릴없이 차에 올라 나올 것도 없는 지도만 뒤적거렸다. 봉, 봉, 봉, 봉…… '봉' 자야 나와라, 제발. 안 나오면 쳐들어간다, 봉 봉뽀로 봉뽀 봉, 봉, 봉, 봉…… 봉명.

지성이면 감천이라더니 정말 '봉' 자 들어가는 지명이 하나 있었다. 위치도 기막힌 것이, 추풍령에서 발원하는 냇가 양쪽 산자락이 저만치 물러나며 금릉벌이 펼쳐지기 시작하는 어귀였다. 마을 뒤 경부고속도로와 4번 국도 사이에는 해발 259미터의 야산도 하나 보였다. 봉산은 분명 그 야산이고 연진의 싸움터는 그 산과 소물산 사이, 김천벌 가운데 자리 잡은 남전마을 일대였을 듯했다.

지체 없이 봉명마을로 달려갔다.

"마을 뒷산 이름이 뭡니까?"

"산 이름요? 없어요."

강재국 이장은 면사무소 직원과 같은 대답을 했다.

추풍령에서 시작해 마을 앞으로 흘러가는 내 이름도 없다고 했다. 허! 문헌 기록만큼 중요한 지명 관리가 이렇게 허술한 현실이라니. 그나마 다행인 것은 야산 이름이 봉산이 아닌 건 아니라는 점이었다.

확증은 없지만 어쨌거나 두 번의 싸움이 저 금릉벌에서 벌어진 것은 틀림없는 사실 같았다. 그런데 왜 여기서 싸웠지? 대국 백제군이야 어디든 나타날 수 있겠지만 영일(포항), 경주, 울산, 동래(부산),

양산, 청도 운문면에다 경산, 대구, 의성, 문경 정도가 영역인 서라벌군은 여기까지 올 이유가 없잖아? 당시 여기는 변진 12국의 하나인 감문국甘文國의 땅이었는데.

감문국이 구원 요청을 했다면 이유가 되겠지. 하지만 이 나라는 가야연맹의 일원이었을 터. 구원 요청을 한다면 거기다 했어야 하잖아? 『삼국사기』와 『삼국유사』는 '가야' 돌림자 나라를 대여섯 개밖에 언급하지 않았지만 『가야연맹사』를 쓴 홍익대 김태식 교수는 이런 인식이 "신라 말 고려 초의 혼란기에 생겨난 것"이라면서 "가야토기 출토 범위를 보면 연맹 가맹국은 열 개가 넘을 것"이라고 하니까. 미스터리가 아닐 수 없었다.

차로 돌아와 『삼국사기』를 펼쳐보았다. 내하이이사금 14년(209), 가야연맹의 맹주인 구야국狗倻國이 '갯가 여덟 나라浦上八國'의 침략을 받아 서라벌에 구원을 요청한 사건이 있었다. 이어 3년 뒤에는 왕자를 서라벌에 볼모로 파견한 일도 있었다. 그러면 그렇지! 이래서 감문국은 연맹이 아니라 서라벌에 구원 요청을 한 것이었어.

오후에는 김천시청에 들어갔다. 그리고 『김천시지誌』를 빌려 역사와 유적 항목을 복사했다. 우두주, 봉산, 웅곡에 대한 기록은 어디에도 없었지만 참고할 사항은 꽤 많았다.

"고성산 성지城址 : 고성산은 부곡동과 양천동 사이에 솟은 482.7미터 높이의 산이다. 『신증동국여지승람』과 『금릉지』에 신라시대 성이 있다 했는데 정상에서 양천동 쪽으로 50미터쯤 내려온 지점과 서쪽 원동마을 뒤 성골에 석축성이 남아 있다."

뭔지는 모르지만 답사는 양천동에서 시작해야 할 것 같았다. 김천시라고는 해도 고성산 줄기로 시내와 단절돼 있는 농촌이라 주차하기가 좋을 듯해서였다. "동쪽 끝 성 바깥에 큰 바위가 있는데 그 아

개령면사무소 입구, 개령초등학교 울타리 아래 있는 조선시대 개령현감들의 선정비. 가장 지위가 낮은 지방관들의 것이어서 작고 앙증스럽다. 맨 끝의 하마비 크기와 별 차이가 없다.

래의, 몇 사람이 들어갈 수 있는 망적굴望敵屈에서는 양천동의 망아지 한 마리도 놓치지 않고 볼 수 있다"라는 대목도 구미를 돋웠다.

꽤 가파른 비탈을 타고 주릉에 올라 동쪽 능선을 따라갔다. 그런데 능선을 거의 다 내려와 마을이 가까워지는데도 성벽은커녕 자동차만 한 바위 하나 보이지 않았다. 허탕. 종일 희끄무레하던 하늘은 노을도 없이 어두워지기 시작했다.

그렇지만 서쪽 원동마을 뒤 골짜기에 있다는 것은 쉬 찾을 수 있을 듯했다. 찾기만 한다면 헤드라이트를 켜고라도 사진을 찍을 참이었다. 지도에 웅골이라는 지명도 있으니 연진이 백제군을 물리친 그해 쌓았다는 봉산성烽山城 자리와 충훤이 패배한 웅곡이 같은 데일 수도 있었다. 「김천의 지명 유래」에 보면 문지알聞知謁이 "산꼭대기 봉수대에서 봉화가 올라갈 때마다 지역 사람들이 산 밑의 이 마을로 가 물어봄으로써 영문을 알게 돼 지어진 이름"이라 했으니 '봉화대가 있는 산의 성'이라는 뜻과도 맞아떨어지는 셈이었다.

서쪽이라고 했으니 가장 큰 골짜기에 터 잡은 백옥동쯤 될 것 같
았다. 그런데 들어가 보면 부곡동, 다시 물어보면 문지알…… 혼자
서 짐작으로 운전하는 마당이라 들머리 찾기가 보통 어려운 일이 아
니었다.

　몇 번의 시행착오 끝에 깜깜밤중이 되어 백옥동에 이르렀다.

　"원동마을이 어디 있어요?"

　"여기는 그런 동네 없는데…… 안세실이나 이로는 있어도……."

　오 마이 갓.


### 둘레가 1킬로미터나 되는 감문산성

이튿날은 감문산성으로 향했다. 감문면이 아니라 개령면소 동부리
뒷산에 있는 것이지만 거기가 감문국 중심지라고 되어 있어서였다.

　이른 아침 도착한 개령면사무소는 여태까지 본 어떤 관청보다 훌
륭했다.

　동향의 정문을 들어서니 조선시대 개령현감들의 선정비가 열병
하듯 도열해 있고 남면의 본관 앞에는 살얼음이 언 100여 평 연못
주위에 해묵은 수양버들 대여섯 그루가 빛살처럼 가는 가지를 늘어
뜨리고 있었다. 그 가운데 섬에서는 매끈한 배롱나무가 스트립쇼를
하는데 건너편 물가 퇴락한 삼간 정자는 허허로운 겨울 들녘 빛을
검은 실루엣으로 제압하고 있었다.

　풍경에 취해 정신없이 셔터를 누르고 있는데 점잖아 보이는 남자
가 다가왔다.

　"저기 저 산 어디쯤에 감문산성이 있습니까?"

　"두 봉우리 중 오른쪽 것에 있어요. 정상 부분 꿀밤나무 숲에요.
토성이긴 하지만 굉장하답니다."

알고 보니 이정식 부면장이었다.

산성 가는 길은 편안하고도 아름다웠다. 과수원 사잇길을 지나 숲으로 들어서니 가르마 같은 오솔길의 곰솔가리가 떡고물을 뿌려 놓은 듯했다. 잡목이 나타나는 오르막도 가시덤불 하나 없이 깨끗 하게 다듬어져 있었고 지루하지 않을 만큼 방향을 바꿔 돌며 길이 나 있었다.

마침내 성벽이 보이는 정상부에 이르렀다. 흙을, 빗변이 사면에 닿게 눕힌 직각삼각기둥처럼 쌓은 판판한 성머리가 죽 뻗어가고 있었다. 길고 좁은 테뫼식 성의 넓이도 늘리고 방어력도 높이는 일석 이조의 구조물. 그런데 기특하게도, 흘러내린 데가 한 군데도 눈에 띄지 않았다. 저 삼한시대에 도대체 무슨 공법을 썼관대!

성 끝으로 예상한 안부에 다다랐다. 그런데 이 취약지를 방어하

이 땅에서 가장 아름다운 관청인 개령면사무소 마당 풍경. 연못과 정자와 섬과 배롱나무가 해묵은 수양버 들에 둘려 있다.

다랑논처럼 좁고 길게 뻗어간 감문산성 성머리와 비탈진 성벽. 판축版築한 토성인데도 2천여 성상을 견딘, 기막힌 구조다.

는 시설이 전혀 보이지 않았다. 오히려 저쪽 오르막이 시작되는 데 30평쯤 되는 야트막한 토대土臺가 보였다. 이럴 리가 없는데?

아무려나 고스락은 밟아보자 하고 계속 앞으로 나아갔다. 100미터쯤 고도를 올려 목적지에 다다랐더니 웬걸? 산허리로 또 토성이 뻗어가고 있는 것이었다. 『김천시지』의 취적봉吹笛峰 성지가 바로 이건가?

고스락에는 사람 손으로 쌓아올린 듯한 돔 세 개가 나란히 있었다. 가장 높은 돔에는 보도블록만 한 갈색 넓적돌이 "정상은 바로 여기"라는 듯 저 홀로 얹혀 있었다. 까닭을 알 수 없는 묘한 장치들이었다.

가장 북쪽, 뱃머리처럼 생긴 지형에 도착하니 가장자리가 뱃전같이 높여져 있었다. 성가퀴. 세상에, 토성의 여장女墻도 처음 보는데 더하여 2천 년을 무너지지 않고 버티고 있는 것이었다. 와! 입이 다물어지지 않았다.

고스락으로 돌아와 보니 지형이 능선삼거리였다. 그래 제3의 길 서남릉으로 가보았다. 토성은 그쪽으로도 100미터쯤 뻗어 나갔고

상여마을 뒷동산의 횡혈식 석실묘. 네댓 개가 보였는데 대부분이 이렇게 덮개돌이 무너진 상태로 낙엽에 덮여 있었다. 동산 마루금에 일렬로 늘어선 스타일을 보면 감문국은 가야연맹의 일원이었음이 확실해 보인다.

성가퀴 또한 많이 남아 있었다.

안부로 내려와 찬찬히 살펴본 결과 두 성은 하나로 보아야 맞을 듯했다. 취적봉 쪽 오르막 성벽이 세월에 사라지면서 사람들이 이어진 흔적을 못 찾았을 뿐이었다. 따라서 『김천시지』의 "취적산은 감문국시대 군사가 동원될 때 나팔을 분 곳이라는 전설이 있지만 감문산성과의 연관성은 알 수 없다"는 진술은 조사를 소홀히 한 데서 나온 판단. 감문산성은 둘레가 1킬로미터에 이르는, 당시로서는 굉장한 대성大城이었다.

성의 남쪽 끝이면서 맨 처음 넘었던 봉우리로 와 다시 보니 씨름판만 한 평평한 정상에 각각 150킬로그램쯤 되는 바위들이 둥그렇게 놓여 있었다. 주춧돌이 세워졌음 직한 가운데에도 서너 개의 바위들이 흩어져 있었다. 무슨 원시종교 시설 아니면 대형 막사 자리로 여겨지는 배열이었다.

오늘 서울로 올라가야 하니 이제 마지막으로 볼 것을 정해야 했다. 어제 찾지 못했던 웅곡이었다.

개령면사무소 응접탁자 유리 밑에 있던 지도에서 원동을 확인했으니 오늘은 시행착오 없이 찾아갈 자신이 있었다. 그래서 그 전에 가는 길목 상여, 하여에 많이 있다는 청동기시대 횡혈식橫六式 석실 묘石室墓를 들러보자는 생각이 들었다.

마을에 도착해 '옛날 왕 무덤' 있는 데를 물어보니 "뒤쪽 솔동산 만뎅이"라고 한다. 기슭에 밀양 박씨 종친회의 납골당이 있는 동산이라고 해 금방 찾을 수 있었다.

네댓 기가 5미터쯤의 간격으로 쓰여 있는 무덤들은 덮개돌이 무너져 대부분 낙엽에 덮여 있었다. 널구덩만 한 크기였는데 사면 벽에 판석板石을 세운, 땅으로 들어간 고인돌 형태였다. 야산 정상부에 무덤을 쓴 스타일로 보면 분명 가야연맹의 일원이었다.

내려오는 길에 납골당이 새삼스럽게 보였다. "묘지로 강토가 덮이게 생겼다"라고 난리들을 쳐 도입된 새 매장 방식이 저 석실묘들의 뉴 버전으로 여겨졌기 때문이다. 지하식에서 지상식으로의 전환, 나아가 덮개돌 없는 고인돌로의 회귀였다.

이제 웅골만 들르면 기사를 위한 탐문이 끝날 것이었다. 그런데 무덤 귀신이 씌었는지 차는 김천 시내를 그냥 지나쳐 추풍령으로 올라가고 있었다. 애초에 탐문 구상을 할 때 웅곡을 추풍령 북쪽, 백두대간 국수봉 서쪽에 있는 상주 모동면 웅북리로 비정한바 생각이 자꾸 그쪽으로 쏠렸기 때문이다.

『상주의 명산』에서는 그 산을 웅산이라고 했다. 상웅, 중웅, 하웅의 세 마을 중 사람들이 처음 들어왔을 상웅은 '곰디'로 불리고 있었다. 그곳 사람들 말로 국수봉은 '곰살미'였다. 그렇지만 어디에도 서라벌군이 1800년 전에 여기로 들어와 대패했다는 증거는 없었다.

700미터에서 5미터 빠지는 곰살미 정상에는 겨울바람만 몰려다니고 있었다. 지는 해를 등진 채 무덤처럼 웅크리고 있는 난함산―

남봉 고스락의 환호環弧형 석조유구. 150킬로그램쯤 되는 돌들이 원형으로 배열되어 있어 원시 종교 시설이나 대형 막사 자리가 아닌가 생각되었다.

5만분의 1 지도에는 '묘卯함산'으로 나와 있어 흔히들 그렇게 아는 데 『김천시지』에서는 '알감산'으로 읽을 수 있는 '난함산卵含山'이라 고 한다―하늘이 간유리를 통해 보는 듯 뿌연 채로였다. 그 너머 금 릉벌의 죽살이치던 옛날이야기를 아는 듯 모르는 듯.

감문국 고성으로 여겨지는 취적봉 토성은 개령면소 뒤 야산에 있다. 김천에서 선산으로, 감천 북안北岸을 따라 나 있는 59번 국도로 가면 나온다. 면사무소에서 1.5km 거리에 있 는 정상 주위에서 성을 찾는다.

비음산 정상에서 본 북봉(바로 앞)과 정병산(오른쪽 뒤). 진례산성은 북봉 뒤편 봉우리에서 시작, 비음산 고
스락을 돌아 U 자로 뻗어가는 5킬로미터 길이의 큰 성으로 '임나가라 종발성'으로 짐작된다.

비음산

# 고구려군 남정의 종점
# '임나가라 종발성' 산

서기 231년 서라벌은 감문국을 병합, 지금의 경상북도 대부분을 영역으로 편입시켰다. 다음 확장 방향은 남쪽, 낙동강 하류의 경상남도 지역이었다.

거기에는 변진弁辰 12국의 후신 가야연맹이 있었다. 아니, 감문국부터가 가야연맹 소속이었으니 서라벌과 가야의 이전투구泥田鬪狗는 이제 막 공이 울린 것이었다.

『삼국유사』「가락국기」에 따르면 가야는 서기 42년 수로왕이 위에 오르며 비롯됐다. 아홉 칸干이 구지봉龜旨峰에 올라 여섯 알, 그러니까 여섯 성인을 맞이하며 시작된 것이다.

그런데 아홉이 모였다면 9가야가 탄생해야 맞는데 결과는 엉뚱하게도 6가야였다. 구란毈卵 셋. 저 부화하지 못한 알들은 어디로 갔는지, 그들은 왜 가야라는 철강공동체 결성에 주체적으로 참여했다가 중간에 탈퇴하고 말았는지 도무지 짐작할 수가 없었다.

사각뿔 모양의 수혈식 주거. 40~50평 되는 것으로 빙 둘러 서까래, 안에는 창방窓枋과 기둥 넷이 세워져 있다. 뒤에 보이는 것은 망루다.

미스터리의 현장 구지봉을 찾아 내려가는 날은 겨울비를 따라온 꽃샘추위의 영향이 남녘 끝까지 뻗치고 있었다. 땅거미가 질 무렵 김해고속버스터미널을 나서 수로왕릉 쪽으로 걸어갔다. 봉황교를 건너니 웬 〈삼국기〉 세트장 같은 공원이 나타나고 안내판이 하나 서 있었다.

"김해 봉황동 유적. 봉황대라고 하는 이곳의 야산 구릉지 주변에서는 철기시대 주거지와 고상가옥高上家屋, 망루, 환호環濠, 경작지, 패총 등이 발굴되었으며 금관가야의 도읍지로 여겨진다. 옛날에 바닷물이 들어왔던 포구는 한사군과 왜를 연결하는 중계무역항으로 번성하였으며 변한의 철을 수출하는 부두 시설 등이 갖춰져 있었던 듯하다."

여기가 금관가야의 도읍지라고? 구야국狗倻國이겠지. '가야'는 연맹 중심국만 일컫는 말이었는데 그런 위상이었을 당시의 이름은 구야였고 나중에 힘이 없을 때는 「김유신열전」에 나오는 남가야南加耶나 뭐 그런 걸로 불렸을 거야. 그럼에도 임금 일족이 법흥왕 때 서라벌 중앙 귀족으로 편입하면서 얻은 식읍食邑 금관군金官郡에서 유추한 금관가야를 호적상의 이름이나 된 것처럼 내세우고 있잖아?

포구로 꾸며놓은 물 가운데 '가야의 배'가 떠 있는 풍경 속으로 들어가 침낭을 편다. 여기저기 벤치에서 남녀 고등학생들의 도란거리는 소리가 들린다. 길 건너 김해도서관에서 공부하다 나와 데이트를 하는 것이다. 유적을 발굴한 자리에다 옛 모습을 복원시켜 볼거리를 만들어놓은 것도 훌륭하지만 청춘 남녀들이 사랑을 속삭일 공간을 만들어준 건 더 잘한 일 같다.

남녘 땅 여행인 데다 근래 날씨가 따뜻해서 봄가을 침낭을 가져왔더니 고어텍스 커버를 씌웠는데도 별무소용이다. 침낭과 커버 지퍼를 끝까지 올려 하늘을 가리고 옆으로 누워 새우잠 자세를 취한다. '비박 원칙'이라는 얼어 죽을 자기 규정 때문에 정말 얼어 죽는 일은 없겠지.

아침 햇살이 퍼지길 기다려 초기 철기시대 표준 주택 수혈식豎穴式 뾰족집으로 다가가 본다. 1미터쯤 땅을 판 뒤 빙 둘러 서까래를 세우고 이엉으로 덮은, 40~50평쯤 되는 초가다. 서울 근교 미사리에 단지가 조성돼 있지만 기회가 없어 못 접한 명물, 첫 만남이다.

안을 들여다보니 서까래 중간을 가로지르는 창방愴枋 같은 것이 있고 그것들 만나는 데를 받치는 기둥 넷이 보인다. 2층 이상 절집의 내고주內高柱 원형인 듯하다. 저런 데서 공동생활을 했으니 『삼국지』가 삼한의 사회상을 묘사하면서 "어른과 아이, 남녀 구별 없이 가족이 한 공간에서 생활한다擧家共在中 無長幼男女之別" 했을 것이다.

물가, 토기를 본떠 만들었다는 배는 아무리 보아도 이해가 되지

않는다. 켠나무를 사용했는데 그 옛날에 톱이 있었을
지 의문스럽기도 하거니와 좌현과 우현 사이의 칸막
이, 노와 키, 돛대 같은 고도의 과학기술을 과연 저 움
집 거주자들이 구현할 수 있었을까 믿어지지가 않는 것
이다. 4천 년 전 오스트로네시안들이 남중국에서 태평
양 전역으로 퍼져갈 때 이용했던, 양쪽에 아우트리거
outrigger가 달린 카누처럼 단순한 구조도 아닌데.

　부둣가 고상가옥에는 철같이 귀한 물품을 보관했을
것이라고 씌어 있다. 여기가 한·중·일을 잇는 중계무
역의 거점임을 고려하면 개연성이 충분해 보인다. 당시
의 판장쇠는 지금 5억 원쯤에 거래되는, 라면 박스 크기
의 D램 한 상자와 비슷한 가치가 있었을 테니까.
　아침을 먹고 찾은 수로왕릉은 좌우에 제사 지내는 건
물이 너무 많아 신비감을 되려 깎아먹고 있다. 그럼에
도 육산처럼 부드러운 봉분과, 묘역을 경계 짓는 이끼
낀 돌담, 평화로운 평지 솔밭에서는 이 땅 최대 씨족 시
조의 음덕이 풍겨 나온다.
　구지봉은 왕릉 북쪽 2킬로미터에 있는 왕비릉 동산
끄트머리에 있었다. 분성산(300m) 줄기 하나가 봉황대 안쪽 함지 가
운데로 뻗어 내려와 문득 끊어진 지점이었는데 비범하게도 고인돌
이 하나 놓여 있다. 그 바로 아래는 '거북내'라고도 하는 해반천海畔
川이 질펀하게 흐르는 들판이었다.
　"거북아 거북아, 네 목을 내어라. 네 목을 내지 않으면 구워서 먹
으리."
　『삼국유사』의 기록처럼 아홉 칸이 땅을 파면서 정말 이 노래를 불

중계 무역지로 번성했던 구야국 포구를 꾸며놓은 봉황대 유적. 고상가옥과 배는 토기를 본떠 만
든 것으로 비단과 철 등의 귀중품을 보관, 대방과 왜로 수출했다는 사실에 근거한다.

렀을까? 화쟁기호학자 이도흠은 '수로(suro > saro)'가 '태양(>salya)'
을 뜻하는 범어梵語라고 했으니 구간九干의 행동은 짜인 각본에 따
른 것이고 자주색 줄 끝에 달린 붉은 보자기나 금궤의 알들은 그들
이 꾸며낸 소설에 다름 아니었을 것 같은데. 하지만 당시에도 몇몇
을 빼고는 아는 이가 없었을 일급비밀을 2천 년 뒤의 나그네가 어떻
게 파헤칠 수 있으랴.

　국립김해박물관이 구지봉 바로 아래 있어서 망설임 없이 들어간

봉황대 유적에 복원해놓은 구야국 목책. 3~4세기 시설로 아직 성벽이 없던 당시에는 주거지 주변에 기껏 이런 목책을 세우거나 환호環濠를 파고 거기서 나온 흙을 쌓은 정도였다고 한다.

다. 알을 형상화한 듯 둥글게 돌아 들어간 전시실의 유물들은 그러나 언제나처럼 그 나물에 그 밥이라 형식적으로 보아나갈 뿐이다. 토기, 철기, 청동기, 장신구…… 말 투구조차도 이젠 시큰둥한, 녹슨 철판 이상도 이하도 아니다.

그런데 갑자기 발걸음을 붙드는 게 있다. 사금파리처럼 반짝이는 까만 돌, 흑요석黑曜石이다! 그걸로 만든 작살 박편薄片, 화살촉들과 함께다.

2001년에 방송됐던 KBS 다큐멘터리 8부작 〈몽골리안 루트를 가다〉에서는 저 박편, 르발루아 석기 제작 기술을 석기시대의 혁명이라고 했지. 수렵시대 사람들이 살코기 저미는 데 없어서는 안 되는 필수품이라 산지産地가 한정돼 있음에도 세계 거의 모든 곳에서 발견된다는 물건. 일본인들은 저기에 엑스레이를 쐬어 어디에서 산출된 것인지 밝혀낸다고 하는데…… 이놈들의 고향은?

진례산성 북문지. 400년대에도 방어가 충분히 가능했을 천혜의 골짜기가 '임나가라 종발성'으로 비정하게 만드는 근거다.

규슈九州 고시다케腰岳 출신이라고 되어 있다. 현해탄을 건너온 것이다. 막대기 같은 노 여섯 개씩을 양쪽 뱃전에 단 저 '템스 강의 에이트' 같은 배를 타고서. 와! 대단하구면.

또 하나 걸음을 멈추게 한 건 '광형동모廣形銅鉾'라고 씌어 있는 청동 투겁창이다. 찌르면 쑥 들어갈 듯한 여느 창과 달리 넓적한 날이 창끝인데도 90도에 가까운 '어수룩한 살상 무기(?)'다. 못 보던 거다 싶었는데 아니나 다를까, '일본계'라는 꼬리표가 붙어 있다.

저건 왜 여기 있는 거지? 또 현해탄? 아니, 물 건너오지 않았을 수도 있어. 그럼? 남해안의 왜인들이 만들었을 수도 있잖아. 일본이 아니라 한반도에 살고 있던.

『삼국지』「위서−왜전倭典」에는 "[대방]군에서 왜에 이르려면 해안을 따라 7천 리를 항해, 남으로 마한[국]을 지난 다음 동쪽으로 가는데 이 왜의 북쪽 연안 물굽이에는 구야[한]국이 있고 다시 바다를

김해 대성동고분군 안의 유물 복원 모형. 이 고분군은 구야국 전성기 왕들의 무덤으로 추측된다.

건너 천 리를 가면 대마국에 이른다從郡至倭 循海岸水行 歷韓國乍南乍東 到其北岸狗邪韓國 七千餘里 始度一海千餘里 至對馬國"고 나와 있다. 왜는 봉황대 아래까지 물이 들어왔던 저 옛날바다 남쪽 어딘가에 분명히 거주하고 있었던 것이다.

  그랬구나. 그렇다면? 구지봉의 구란 셋은 그들일 공산이 컸다. 철강공동체라는 경제 논리가 정치 논리에 밀려 부족 전체 회의에서 비준을 거부당한 결과일 수 있었다. 그래 그들만의 리그를 만든 것이 포상팔국浦上八國이었고 209년 구야국을 침략하는 것으로 이어졌을 수 있었다. 하지만 이 한반도의 왜와 임나일본부任那日本府는 한일 사학계의 '건드리지 말아야 할 지뢰'다. 그 결과 『일본서기』의 임나, 광개토왕비문의 임나가라의 실체 또한 도무지 드러날 줄을 모른다. 『일본서기』의 기록이 워낙 신빙성이 없는데 그 엉터리에 근거해 일본 고대사, 조선 식민사학의 기초를 세웠기 때문이다.

성산패총이 있는 야산에 모셔놓은 돌부처. 안내판 위의 석축과 도도록한 흔적이 성의 자취다.

임나 하나만이라면 일차방정식처럼 간단할 수도 있다. 그래 가야 사를 전공하는 홍익대 김태식 교수 같은 사람은 이를 창원에 비정하며 많은 학자들 또한 그를 지지하고 있다.

창원은 북으로 천주산(640m), 정병산(567m) 등이 솟아 있는 낙남 정맥과, 남으로 장복산(582m), 웅산(703m), 불모산(802m)에 싸여 있는 전복 껍데기처럼 생긴 지형이다. 그 가운데로 바닷물이 들어와 갯벌이 발달한 천혜의 승지로서 유명한 성산패총城山貝塚이 있다. 가히 포상팔국이나 한반도 왜의 우두머리 나라가 될 수 있는 입지인 것이다.

**야철지와 산성이 있는 창원공단 한가운데의 성산**
이튿날 그 성산패총을 찾았다. 외동이었는데 사방이 공장으로 포위

돼 있었다. 그렇지만 이나마도 남겨놓지 않았으면 창원은 울산과 다를 바 없는 '근대화의 역군'밖에 못 됐을 것이다.

패총은 해발 20미터쯤 되는 야산 꼭대기, 콘크리트 건물로 보호되고 있었다. 동래패총처럼 발굴 후 묻어버리지 않고 유리벽을 통해 단면을 볼 수 있게 만들어두었다. 그 동산에는 야철지冶鐵地 하나도 그렇게 꾸며져 있었다.

우선 야철지 전시장부터 들어갔다. 조개껍데기가 촘촘히 박힌 벽면을 수직으로 다듬은 네모꼴 구덩이 바닥에 울룩불룩, 황토를 이기다 만 듯한 스톱모션이 있었다. 저기서 쇠를 도대체 어떻게 했다는 건지 짐작도 할 수 없었지만 '철로 일어선 가야연맹' 한 귀퉁이의 움직일 수 없는 증거가 아닐 수 없었다.

겨울 등산화 비브람만큼 큰 굴 껍데기도 드물지 않은 패총을 위의 것까지 다 보고 나오니 허전함이 몰려왔다. 고작 이것이 한반도왜 무리의 보스, 임나의 증거란 말인가? 성산이라면 성이 있어야 할텐데 통일신라시대 양식이라는 그건 도대체 어디 있는가?

전시관 뒷마당의 대숲 울타리가 겨울 햇볕을 받아 반짝이고 있었다. 울타리를 따라 남쪽으로 내려가다 보니 시원하게 전망이 트이고 용주사 터인가 어디서 가져왔다는 못생긴 좌불 하나가 놓여 있었다. 자리 하나는 명당이다 여기고 있는데 걸어온 길섶으로 석축 흔적이 보인다.

근래 쌓은 듯하지만 도도록한 지형만큼은 저 위 대밭까지 계속 이어져 있다. 그러고 보니 이 동산은 사방 어디고 가파르지 않은 데가 없는 전형적인 성 자리다. 성산은 임나의 중심지였다고 주장할 증거는 없지만 적어도 근거지의 하나였음은 분명해 보이는 언덕이었다.

이런 지형과 철을 바탕으로 임나는 조금씩 영역을 확대해나갔으

구지봉으로 뻗어간 능선 자락에 기대 있는 수로왕비릉. 오른쪽 비각 안에 파사석탑이 있다.

리라. 이웃의, 옛 이름이 골포骨浦인 마산이나 낙남정맥 위 유물이
많이 나오는 다호리, 웅산 남쪽의 웅천포 등으로 세력을 뻗쳤으리
라. 『일본서기』에 감라甘羅, 상다리上哆唎나 위타委陀, 구마나리久痲那
利로 나타나는, 야마토가 백제 측에 하사했다는 지역들로(실은 백제
가 아니라 임나가 이들 왜계 지역을 병합할 때 야마토에 양해를 구했으리
라). 그리고 어느 시기에는 가야까지 아우르는 통합 국가를 이루었
으리라. 소위 임나가라任那加羅. 하여 동서향 낙동강의 남쪽 전체를
호령하는 대大임나로 자임한 시절이 있었으리라.

　이 임나가라에 망조가 든 건 서기 400년, 광개토왕이 보기步騎 5만
을 보내 서라벌을 구원하면서부터였다. "신라 성에 이르니 왜병이
가득했는데 고구려군이 도달하자 도망가기 시작했고 임나가라 종

김해 봉황동 유적지 내에 복원해놓은 철갑기병상. 비슷한 모양의 동상이 동래 복천동박물관에도 있다.

발성從拔城에서 마침내 항복"한 것이다.

임나가라에 붙어 다니는 종발성은 상식적으로 임나와 가야 사이 어딘가에 있어야 맞는 성이다. 그런데『신증동국여지승람』에서 "창원 용동과 김해 진례면 사이에 있는 진례산성進禮山城이 일명 염산고성廉山古城"이라고 씌어 있던 게 떠올랐다. 종발의 '발'을 '발 렴廉'에서 차음했다면 그만큼 적당한 입지도 없는 것이다. 택시를 잡아타고 즉각 진례산성으로 향한다.

토월동에서 비음산 북릉 안부로 올라서니 허물어진 석축 성벽이 보이고 '진례산성 남문' 표지판이 서 있다.

서문이어야 맞는데 남문이라고 했네? 그나저나 400년대에, 이렇게 500미터도 넘는 높은 산에 성을 쌓을 인력과 재력과 필요가 있었을까? 가설과 일치하는 건 좋지만 성의 규모나 돌의 크기, 쌓인 높이로 보면 딱 고려시대의 몽고 피난성인데…….

비음산 정상을 돌아 낙남정맥을 타고 북쪽 정병산으로 1킬로미터를 넘게 왔는데도 성벽은 끊어질 줄을 모른다. 그러다 진례면 평지리로 내려가는 길이 시작되는 동문 터를 지나 486봉에 이르자 비로소 주릉을 벗어나 서쪽, 용추계곡 쪽으로 방향을 바꾼다. 마침내 드러난 성의 규모. 어림잡아도 둘레 5킬로미터가 넘는 대성大城이다.

이윽고 축성술을 볼 수 있는 수구문水口門 터, 북문 자리에 이른다. 계곡이 서쪽으로 꺾이면서 와폭을 이루는 암반 지형이다. 예천 원산성만큼 뛰어난 입지는 아니지만 별다른 축성 기술이 없었을 400년대에도 방어 장치는 충분히 가능한 골짜기! 진례산성은 종발성이 분명한 듯했다.

토월동 토월IC─(1km 45분)→진례산성 남문─(1km 30분)→청라봉─(1.5km 45분)→진례산성 동문─(0.5km 20분)→포곡정─(2km 40분)→북창원역[총거리 6km 소요시간 3시간]

『일본서기』에 구례산으로 나오는 낙남의 상투꼭지 구룡산. 서라벌이 여기를 점령하자 야마토, 백제, 가
야연맹의 대연합은 150여 년을 움짝달싹 못한 채로 서라벌이 경북 일부와 경남 전체를 먹어버리는 것
을 보고만 있어야 했다.

구룡산

# 왜, 백제, 가야, 임나일본부를
# 꼼짝 못하게 한 『일본서기』 구례산수

고구려는 종발성을 8년 남짓 유지한 것 같다. 하지만 이는 전략 요충에 대한 거점 지배였을 뿐이고 인근 구야국이나 임나의 지배 구조에는 거의 손대지 않았던 듯하다. 그들로서는 몇몇 학자들의 가설처럼 가야연맹 전체를 초토화시킬 필요나 여유나 구상이 없었을 테니까. 그럼에도 지배자는 자기들에게 고분고분한 축으로 세웠을 테니 임나의 경우 왜계에서 변진계로 바뀌었을 가능성이 크다.

사상 처음으로 국가가 세워지던 당시에는 아직 지배 체계가 만들어지지 않아 정복을 해도 약탈 말고는 별 쓸모가 없었다. 관료제도 시스템이 나오려면 100년은 더 기다려야 했고 그들의 강제력을 뒷받침할 상비군이 생산에 종사하지 않아도 되는 잉여 경제력 마련 또한 요원한 시절이었다. 이는 동서양이 다르지 않았으니, 로마가 공화정 초기에 동맹국(정복지)의 지배 체제를 그대로 둔 채 전략 요충에 식민지 건설만 한 것 또한 같은 맥락이었다.

고구려가 서라벌의 요청을 받아 남정南征에 나선 이유는 1년 전의, 광개토왕비문에 나오는 '기해년 사건' 때문인 듯하다. 야마토가 백제와 화해하면서 서라벌을 침략, 성들을 부수고 세력권에 편입시키려 들자 이를 방치하면 안 되겠다 여긴 것이다九年己亥 百殘違誓與倭和通 王巡下平壤 而新羅遣使白王云 倭人滿其國境 潰破城池 以奴客爲民. 만에 하나 서라벌이 야마토 세력권에 든다면 그렇잖아도 야마토와 관계가 긴밀한 임나가라에다 백제까지, 삼한이 온통 반反고구려 판이 되어 남부전선 경영에 막대한 지장이 생길 우려가 있었다('야마토'는 '서라벌'과 같은 고유어로 초기에는 도시국가였다가 점차 통일국가로 발전한 세력이며 한자 표기는 '倭'도 되고 '日本'도 된다).

　'왕따가 된 서라벌 구하기'로 이름 붙일 수 있는 종발성 작전이 끝나자 고구려군은 얼마간의 수병戍兵을 남겨놓고 즉각 철수했을 것이다. 당시 고구려는 요동을 놓고 후연과 치열하게 다투는 중이었기 때문이다. 그렇지만 보급로, 교통과 통신 시설만큼은 최신식으로 정비해두었을 것이다.

　루트는 고구려령 남단 영덕에서 시작해 기계→경주→언양→물금→김해→종발성이었을 것이다. 지금 미군 보급창들이 부산→대구→왜관→평택→용산→의정부→동두천 2사단으로 이어져 있듯이. 그리고 서라벌에 한미연합사 같은 여라麗羅 통합 지휘소가 있었을 것이다.

　그렇지만 이런 운영 체계는 비용이 너무 많이 들었고 실익도 없었다. 고구려가 종발성을 유지, 서라벌의 방패가 되어줄 이유가 도무지 없었다. 붙어 있는 지역이라면 시나브로 고구려화할 여지가 얼마든지 있었을 테지만.

　근래 언론에서는 미군이 동아시아 전략 거점을 오키나와에서 괌

아라가야고분군의 이슬비 내리는 아침 풍경. 봉봉이 놓인 무덤들을 따라가면 낙남정맥 큰 산줄기로 들어간다.

으로 후퇴시킨다고 보도한 바 있다. 전투 행동반경 1200킬로미터의 전폭기 랩터(F-22)와 공중 급유기를 배치하면 1850킬로미터 저쪽의 일본, 오키나와, 필리핀, 인도네시아 비상사태에 얼마든지 대처할 수 있기 때문이라고 한다. 이런 전술 상황 변화가 있어서였는지 어쨌는지 모르지만 하여튼 고구려군은 대마도를 정벌하려다 중지하는 408년 무렵에 종발성에서 철수하는 것 같다(『삼국사기』에는 '대마도 정벌 논의'의 주체가 신라로 나오지만 당시 상황으로 보면 몽고군의 일본 원정처럼 신라 안의 고구려군, 여라 통합 지휘소였을 듯하다).

　문제는 그 이후였다. 초강대국 고구려가 종발성에서, 임나가라를 꼼짝 못하게 제압하던 저 대성大城에서 갑자기 철수하자 주변 이해 당사자들 간에 난리가 났다. 임나가라, 통합되기 전으로 보자면 임나와 가라에다 야마토, 서라벌, 백제까지 서로 먼저 깃발을 꽂으려고 눈에 불을 켜고 달려들었던 것이다.

서라벌은 지금의 다대포, 다다라多多羅로 군대를 진주시켰다. 야마토는 구마나리久麻那利, 웅천熊川만으로 상륙시켰다(구마=곰, 나리=내). 백제는 요충 구례산수久禮山戍부터 점령했다. 하나같이 믿을 수 없는『일본서기』에 근거한 것이지만 여기 외에는 어디에도 기록이 없다.

이 임나가라 쟁탈전의 결과, 승리는 뜻밖에도 객관적으로 가장 불리하던 '왕따' 서라벌이 차지했다. 구마나리의 일본부 행군원수日本府行軍元帥는 서라벌군의 세에 눌려 처음부터 전의를 잃었고, 백제군과의 긴밀한 합동작전을 못 해 타이밍을 놓쳤으며, 동맹군 간에 교전이 일어나면서 서라벌군에게 전략 요충 구례산수를 빼앗기는 일까지 발생했던 것이다.

『일본서기』에 따르면 다대포에 진주한 서라벌군은 3천 명, 당시 삼한 수준에서는 굉장한 병력이었다. 이들은 금관金官, 배벌背伐, 하다리下哆唎 안다安多, 상다리上哆唎 위타委陀를 쓸고 다녔다. 김해시, 진영읍, 한림면, 동읍 다호리로 비정되는데 이렇게 거칠 것 없이 다니면서 신기하게도 종발성으로는 들어가지 않았다.

이유는 들어가면 갇히기 때문이었을 것이다. 고구려 같은 초강대국의 군대는 존재만으로도 주변을 제압하는 효과가 있지만 약소국의 군대는 그냥 포위되어 꼼짝달싹 못하게 되었을 테니까. 그래서 호시탐탐 구례산수만 노렸던 듯하다.

다호리 서남쪽의 구룡산(432m)으로 여겨지는 구례산은 서라벌로서는 입에 딱 맞는 떡이었다. 임나가라의 서쪽, 안야국과 경계에 있으니 임나가라를 차지할 경우 밖을 지키면서 동시에 안, 임나의 핵심 길목 신풍고개를 통제할 수 있었다. 세 방면으로 산줄기가 뻗어가 포위될 염려가 없는 데다 발치에 대호大湖가 펼쳐져 있어 보급 여건 또한 더할 나위 없이 좋았다. 주남저수지 동쪽 일대 한림면소까지가 모조리 '낙동강의 허파꽈리' 호수였던 것이다.

게다가 어찌 된 일인지 야마토군 사령관 근강모야신近江毛野臣이 서라벌의 바람대로 배벌, 배평背評에서 백제군을 공격했다. 진영읍과 동읍 경계를 이루며 흐르는 '주산천 유역 들판'으로 보이는바 구례산수의 백제군은 구원을 위해 내려왔을 터였다. 그리고 그 틈을 이용해 서라벌군이 구례산수를 점령해버렸다.

이런 와중에 가장 속이 탄 것은 옛 임나 지배층이었을 것이다. 스스로는 병력이 없어 '조국 광복'을 야마토나 백제에 의존해야 하는데 둘의 쌈박질 가운데 제 땅이 서라벌 영토로 영영 굳어가는 것을 보고 있어야 했으니까. 『일본서기』를 지은 '소설가' 역시 이 대목에서 가장 분개하여 "임나를 서라벌에게 뺏긴 것은 모야신의 잘못 때문"이라고 적시할 정도다.

### 혼자 보기 아까운 주남저수지의 아침 풍경

구룡산. 야마토와 백제의 왜계 임나 재건 기도를 좌절시킨 빗장. 가야연맹까지 합한 대大연합 세력을 이후 150년간 꼼짝 못하게 틀어쥐고 있던 상투 꼭지. 그 신화를 찾아가는 날은 이상한 꽃샘추위가 기승부리기 시작한 첫날이었다.

느지막이 마산에 도착해 동읍행 버스를 탔고 밤길을 걸어 주남저수지로 향했다. 엄나무고개에 걸린 금줄이 대보름날이 머지않았다는 걸 알려주고 있었다. 저수지의 두루미들은 아직 있을까, 아니면 고향으로 갔을까?

다호리 삼거리에서 오른쪽 길로 들어 주남저수지와 동판저수지

동읍에서 다호리로 가는 중간에 있는, 천연기념물 엄나무로 유명한 엄나무고개. 대보름날을 사흘 남겨둔 때라 금줄이 쳐 있다.

사잇길을 걸어갔다. 달빛 받은 호수 여기저기서 오리들이 밤을 잊은 채 먹이를 찾아다니고 있었다. 고향으로 돌아갈 날이 멀지 않은 그들은 체력 비축에 한시가 새로운 듯했다.

어디선가 요란한 두루미 떼 소리가 들려왔다. 적어도 서른 마리는 됨 직한 무리가 질러대는 거대한 떼소리였다. 아직 안 간 모양. 하긴 시베리아 얼음이 녹으려면 멀었을 것이다.

저수지 방죽을 베고 잔 다음 날은 침낭 커버에 붙은 얼음 서리를 떼면서 시작했다. 철새들은 벌써 일어나 아침 비행을 하고 있었고 햇볕이 들면서 물안개가 피어오르자 김 줄기 사이를 헤엄쳐 다니기 시작했다. 혼자 보기 아까운 산수화였다.

동판저수지 쪽으로 자리를 옮겨 구룡산과 정병산 사진을 찍고 동읍으로 나갔다. 정육점을 겸하는 식당에서 아침을 먹으면서 구룡산 올라가는 길을 물었더니 용암마을 뒤쪽의 용주사 길을 가르쳐주었다. 식당 아줌마 고향인 데다 단골 절이라고 했다.

한적한 동네 뒷산 길은 희미하고 가팔랐다. 그렇게 주릉에 올라서니 산불방지 입산금지 기간 첫날임에도 꽤 많은 등산객들이 보였다. 저들도 산불감시원에게 절까지만 간다고 둘러대고 올라왔는가 싶었다.

정상에 이르자 사람 손으로 쌓았음이 분명한 성돌들이 무더기무더기 보였다. 7~8미터 상거의 두 봉우리에 걸친 것이었으니 성의 면적으로는 너무 좁았다. 20~30평? 이런 산꼭대기의, 보루라고 부를 수밖에 없는 작은 구조물이 도대체 무슨 소용에 닿을까 싶었다. 혼자 세워본 가설이라 확신을 가졌던 건 아니지만 구례산수로 보기에는 영 미흡했다.

주남저수지 일대의 드넓은 평야나 내려다보자 하고 개활지를 찾아 북릉을 따라 10미터쯤 내려갔다. 낙동강과 주남저수지 사이에, 왜정시대 초기까지만 해도 호수였던 들판이 질펀하게 펼쳐져 있었다.

단모음밖에 없었던 옛날에는 저 대호大湖를 '다호'라고 불렀을 수도 있다. 그렇다면 호숫가 마을 다호리는 언어의 화석? 듣는 이 없는 소리를 구시렁거리며 돌아서는데 위아래 경사가 뚜렷이 구별되는 토성의 끝이 눈에 들어온다.

그러면 그렇지! 길에서 한참 떨어진 성이 제 역할을 하려면 이 정도 규모는 되어야지.

정상으로 돌아온 뒤에는 서릉을 따라가 보았다. 성벽이 훨씬 분명하게 뻗어 있었고 끄트머리에는 성가퀴 흔적까지 남아 있었다. 감문산성에서 보았던 대로 사면斜面을 누운 삼각기둥처럼 보축해 성을 넓힌 부분도 있었다.

구룡산 주릉의 성벽 흔적. 둘레가 3킬로미터 이상으로 『일본서기』의 '구례산수'가 바로 이것인 것 같다.

남서릉으로는 성벽이 1.5킬로미터나 뻗어 나가고 있었다. 성의 규모는 얼추 잡아도 3킬로미터 둘레. 축성 기술은, 재료가 다듬기 좋은 퇴적암인데도 면 고르기를 하다 만 원시적인 수준이었다. 거기다 토석 혼합. 고구려 남정南征 무렵까지는 중요한 성이었으나 이후 전략적 가치가 없어진 남도의 여느 성들과 다를 바 없는 양식이었다.

'김녕 김공 지영의 묘'가 있는 봉우리가 남서릉 끝부분의 보루였다. 전망이 그만인 묘 주변은 성돌을 빼 석축을 했다. 발아래로는 신풍고개를 넘나드는 차량 행렬이 꼬리를 물고 있었다.

고구려군의 남정 이후 떠돌이 신세를 면치 못하던 임나 지배층은 결국 아라가야, 안야국安邪國으로 들어가 망명정부를 세웠다고 한다. 일본부 행군원수의 잔존병들 역시 같은 길을 걷는데, 둘이 한집

126

구룡산과 비음산 사이의 정병산. 낙남정맥 위에 있는 동읍(옛 이름은 창원 동면)의 진산으로 군부대와 인연이 깊어 이름에 '병' 자가 들어갔다.

에 둥지를 틀어 '임나일본부'라는 합칭으로 불린 듯하다. 그리고 안야국이 멸망할 때까지 150여 년을 '임나 부흥' 허울 아래 탁상공론만 되풀이하는 것이 『일본서기』에 실린 임나일본부 관계 기사의 대종이다.

그 탁상공론의 장을 찾으러 산을 내려간다. V 자 골짜기 건너 신풍고개 중간까지 꾸역꾸역 올라가 버스를 탄다. 내처 통술집 많은 신마산으로 가 아귀탕으로 저녁을 하고 깜깜한 밤이 되어 가야로 향한다.

임나일본부가 더부살이하던 안야국, 가야읍은 이 땅에서 가장 아름다운 고을 같았다. 이슬비가 부슬부슬 내리는 고분 공원을 걸어가노라니 세상에는 이렇게 아름다운 무덤들도 있구나 싶었다. 높지도

낮지도 않은 능선 위에 점점이 산을 이루고 있는 묘지들. 비 맞아 진 갈색이 된 둥근 봉분들이 아득히 낙남정맥으로 이어져 있었다.

그 풍경은 어디서 보았는지 딱히 생각나지는 않지만 세상 무엇보다 좋아했던 구도 같았다. 어린 시절 꿈속에서 본 듯하기도 하고 고향 동네 이발소에 액자로 걸려 있었던 것 같기도 했다. 어쨌든 보면 볼수록 편안한, 마술에 걸려 저항할 수 없이 빨려 들어갈 듯한 신비의 세계였다.

2~3시간을 아무 생각 없이 걸어간 것 같다. '파수공단 3km' 이정표를 보고서야 정신이 들었다. 그나저나 내가 지금까지 뭘 하고 있었던 거지?

지도를 보니 근처에 성산산성이 있었다. 그 방향의 야산 위 숲머리에 나무 사이를 가로지르는 수평선이 언뜻 눈에 띄었다. 목간木簡이 많이 나온 것으로 유명한 저 성을 찾아봐야겠다는 생각이 없었던 건 아니지만 현재로서는 우연히 발견한 것이었다.

수없이 날아오르는 꿩들과 풀숲에서 뛰는 노루를 쫓은 끝에 이윽고 산 위의 성 귀퉁이에 이르렀다. 돌성이었는데 축성 책임자가 "마음대로 쌓으라" 한 것처럼 제멋대로였다. 더욱 이해가 안 되는 건 한 길도 안 되는 성벽 안만이 아니라 밖까지 보축補築을 해 단면이 凸 자 모양을 이루고 있는 점이었다.

성안으로 들어가니 발굴을 하고 있는 중이었다. 남문 쪽이었는데 건물 터가 아니라 저수지였다. 목간이 많이 나온 이유를 비로소 알 것 같았다.

발굴지는 여느 저수지와 다르게 석축으로 구획이 져 있었다. 물을 가둬두는 용도라면 구획할 필요가 없었을 텐데 왜 저런 짓을 했지?

방수포로 덮어놓은 발굴지를 대충 촬영하고 둑 쪽으로 가니 단면

성산산성 안 저수지 발굴지에서 드러난 옛 성벽. 문경 고모산성 서벽과 같은 양식으로 △ 모양의 수구문이 막히면서 성안의 저수지로 변한 듯하다.

발굴을 해놓은 데가 있었다. 그런데 놀랍게도 석축 방식이 문경 고모산성 서문과 똑같았다. 벽돌 두께로 자른 퇴적암들이 시루떡 단면처럼 가지런하게 쌓여 있었던 것이다.

  발굴 범위를 넓혀보면 분명 고모산성 같은 △ 수구문이 나올 것이었다. 저 저수지가 석축으로 구획되어 있는 것은 그 역할이 침전지, 큰비가 올 경우 유량과 유속을 줄여 물이 작은 수구문으로도 질서 있게 나갈 수 있도록 하려는 의도였음이 분명했다. 그런데 무언가가 수구문을 막으면서 성안이 그냥 저수지, 성벽이 저수지 둑으로 바뀐 것이었다. 세상에! 이렇게 재미있게 옛이야기를 해주는 성도 있었다.

---

동읍 용강리 용강골[마을]−(1km 45분)→주릉 위 묘지−(1km 45분)→용천암−(1.5km 30분)→화양리 목암[마을][총거리 3.5km 소요시간 2시간]

고소성 아래의 섬진강 가에서 올려다본 백운산. 다분히 일본적인 이런 풍경이 『일본서기』 고사산, 고소성 근방에 있다는 사실이 우연이 아닌 듯한 느낌이다.

# 마한 남부 공동정벌한 야마토와
# 백제 맹약의 산봉, 『일본서기』 고사산

박경리 소설 『토지』의 배경인 하동 악양면에는 악양루岳陽樓와 동정호洞庭湖, 고소성姑蘇城과 한산사寒山寺가 있다. 다 중국에서 이름을 따온 것들로 앞의 둘은 고등학교 교과서에도 나오는 두보의, 뒤의 것은 장계의 시에 등장하며 조선시대 모화사상慕華思想이 극에 달했을 때 창씨개명을 한 것으로 보인다.

사대주의事大主義가 아니라 모화사상이라고 한 것은 조선의 숭모 대상이 당시 중국을 차지하고 있던 대국 청나라가 아니라 진작에 사라진 명나라였기 때문이다. 결과 조선은 망할 때까지 명나라 마지막 황제 연호를 따라 "숭정崇禎 기원후 이백몇십년……"이라는, 무한대로 뻗어가는 표기법을 사용한다.

조선 후기 집권 노론 세력들이 이런 정신병자 같은 작태를 보인 이유는 병자호란 패배의 악몽에서 영원히 자유로울 수 없어서였다. 잘하고 있는 광해군을 명분도 없는 인조반정으로 몰아낸 다음 외교

악양면의 이름을 낳은 정자 악양루. 조선 후기 모화사상의 유물이지만 소나기 내리는 들판과 강을 바라보며 술잔 기울이는 맛은 따를 데가 없다.

와 국방을 엉터리로 해 임진왜란 때도 안 한 항복을 했으니 나라 사람들에게 변명할 거리가 없었던 것이다. 그래 되도 않을 북벌론을 내세우며 나라를 군국주의 분위기로 몰아갔으니, 이 과정에서 숭정 연호 같은 시대착오적 무리수가 나왔다.

이런 소신을 갖고 있던 터라 악양을 지나갈 때면 언제나 찜찜한 생각을 떨쳐버릴 수 없었다. 외국인들이 알면 어쩌나, 혹시 중국인들이 와 보면 어쩌나 뒤통수가 간질간질했다.

"물도 없는 3천 평 남짓 되는 뻘밭을 동정호에 비겼어? 비교할 게 따로 있지. 아무리 스케일이 작은 나라 사람들이기로서니⋯⋯."

그러다 우연한 기회에 『일본서기』를 보게 되었다.

"신공 황후 49년 봄 황전별荒田別과 녹아별鹿我別 장군을 탁순국으로 파견, 신라를 치도록 하였다. 그런데 병력이 너무 적어서 백제에 원군을 요청, 목라근자木羅斤資, 사사노궤沙沙奴跪와 함께 신라

132

를 격파하였다. 이어 가라 7국을 평정하고 서쪽으로 진군하면서 비리, 반고, 벽중, 포미지의 항복을 받았다. 고해진에 이르러 북쪽에서 내려온 근초고왕, 왕자 귀수貴須의 군대와 만났으며 남만南蠻 침미다례 점령으로 합동작전을 완료한 뒤 벽지산辟支山에서 성공을 자축하였다. 나중에 고사산古沙山에서 또 한 번 맹약을 한바, 풀을 깔아 자리를 만들면 불에 탈까 두렵고 나무로 만들면 떠내려갈까 걱정되니 이렇게 반석에 앉아 천년만년 변치 않는 우방이 되자고 하였다."

처음 보는, 고사산이라는 지명이 매직아이처럼 떠올랐다. 고사산, 고소산, 고사성, 고소성…… 하동 고소성 이거, 고사산에서 나온 거 아니야? 모화주의자들이 아무리 장계張繼의 시를 좋아했다 해도 애초에 건덕지가 없었으면 고소성이라는 이름을 어떻게 갖다 붙였겠어? 그리고 고소성이 있는 산 성제봉(형제봉) 정상부에는 정말 반석으로 된 암봉이 하나 있잖아?

그러고 보니 백제와 야마토군의 진군로도 금방 추적할 수 있을 것 같았다. 고사산이 합동작전의 출발과 종료 지점이었으며 백제군은 섬진강을 거스르다 압록에서 보성강으로 접어들었고 야마토는 「계체기」 9년조 기사처럼 수군 500명이 연안을 따라가다 강진에서 백제군과 만난 것이었다. 따라서 항복한 네 고을 중 비리比利는 옛 이름이 비사比史 > 태강泰江이었던 고흥군 동강면 대강大江리, 반고半古는 분차分嵯 > 분령分嶺이었던 순천시 낙안면, 벽중辟中은 복홀伏忽이었던 보성, 포미지布彌支는 파부리波夫里 > 부리富里 > 복성福城이었던 화순군 동면 복암福岩리, 고해진古奚津은 강진 회진會津면, 탐미다례耽彌多禮라고도 하는 침미다례忱彌多禮는 강진의 옛 이름 탐진耽津이나 강진만의 다른 이름 칠량七梁바다로 비정하면 될 듯했다.

기사 앞부분에 나오는, 야마토가 백제군과 합동으로 서라벌을 정벌했다는 이야기는 그러나 근초고왕 때가 아니라 한 세대 뒤, 광개토왕비의 소위 '신묘년 사건'을 갖다 붙여놓은 것 같았다. "백제와 신라는 우리 고구려 속령으로 오래전부터 조공을 바쳐왔다. 그런데 신묘년에 왜가 사천만을 건너 백잔과 □□, 신라를 쳐부수고 제 신하, 백성으로 만들었다百殘新羅舊是屬民 由來朝貢 而倭以辛卯年 來渡泗破 百殘□□新羅 以爲臣民"는 한일 사학계 초미의 관심사를.

　여기서 사천만은 물론 경상남도 사천시에 둘러싸인 바다다. 전에는 '해海'로 읽혔던 글자를 근래 '사泗'로 보게 되면서 각광받고 있는 지명으로, 이를 건너 야마토가 쳐부순 백잔(백제)은 진주 즉 거타주居陀州의 백제 콜로니를 가리키고 □□는『일본서기』에 자주 등장하는 하한下韓, 아랫녘 변한으로 생각된다.

　야마토가 서라벌을 점령할 때 백제군은 처음에는「신공기」에 나오는 것처럼 협력을 하지 않았다. 그런데 야마토군 사령관이 백제 왕 아신(원문에는 개로)과 좌장左將 사두沙豆에게 사신을 보내 한 세대 전의 일을 들먹이면서 "정 여력이 없으면 거타주의 군대라도 보내라"고 강력 요청, 마지못해 응했던 듯하다. 그래 거타주의 군대가 탁순국으로 진군하자 야마토는 사천만으로 별동대를 파견, 거타주와 하한을 약탈한 것 같다.

　이로써 백제와 야마토는 아주 서먹서먹한 관계가 되었을 것이다. 그렇지만 다시 화친할 필요가 절실했던 것이, 백제는 5년 뒤 고구

고소성 성머리에서 내려다본 악양벌과 섬진강. 벚꽃 피어 있는 강둑길 오른쪽의 하얀 백사장에서 옛 이름이 다사였던 평사리가 유래한 듯하다. 방죽이 완성되기 전에는 솔동산 왼쪽의 동정호가 악양벌 거의 다를 차지할 만큼 넓었고 강과의 사이에는 좌우대칭의 백사장이 헛바닥처럼 뻗어 있었을 것이다.

려에게 위례성이 함락당했고 야마토는 "서라벌 점령으로 얻은 게 도대체 뭐냐?"는 내부 비난 때문에 2차 원정이 불가피했다. 1차 원정 당시 서라벌 상하가 피난으로 위기를 모면, 야마토군이 빈손으로 돌아갔기 때문이다(이런 상황이 아니었다면 『삼국사기』 기록처럼 야마토가 393년 다시 쳐들어오는 일은 없었을 것이다).

화해의 물꼬는 야마토가 백제에게 침미다례와 하동 등을 줌으로써 트인 것 같다. 근초고왕 때 합동작전의 이유가 백제는 전라남도 지역 편입이었고, 야마토는 서남해안 해로 개척을 통한 백제의 선진 문물 확보였던바 작전 참가의 대가로 얻은 중요 항구 몇에 식민지를 건설해두었을 것이다. 그리고 이제 그걸 백제에게 양도함으로써 옛날 관계를 회복하고 있으니 광개토왕비 기해년(399)조의 "백제가 맹세를 어기고 왜와 화통했다百殘違誓與倭和通"는 바로 이것을 가리킨다.

## 하얀 꽃길이 끝없이 이어져 있던 형제봉 가는 길

백제와의 관계 개선에 성공한 뒤 야마토는 즉각 서라벌 원정에 나선 듯하다. 이때 정황이 바로 신공 섭정 전기 9년의 것으로 보이는바, 수군 단독으로 전격작전을 편 모양새다. 그래 내물마립간으로부터 "하늘과 땅처럼 길이길이 마구간지기 노릇을 하겠습니다. 키가 마를 사이 없이 배를 띄워 말빗과 채찍을 바치겠습니다"라는 맹세를 받아냈으니……『삼국사기』에는 "임금의 애마愛馬가 무릎을 꿇고 슬피 울었다"고 씌어 있다.

야마토와 백제 화해의 땅 하동으로 가는 날에는 올 첫 황사가 환상적인 산수화를 그리고 있었다. 언제나 안개가 감고 있다는 중국 산수화의 본 계림, 황산을 비싼 돈 내고 갈 필요가 없었다. 거기다 흐드러지게 핀 벚꽃이, 분홍 바탕에 연두색 물방울무늬 박힌 어릴 적 순옥이 포플린 저고리를 떠올리게 하고 있었다.

바람이 불면 꽃잎들은 함박눈처럼 휘날렸다. 그 이파리 하나 차창을 타고 흘러내리니 CG로 만든 눈물 같다는 생각이 들었다.

때마침 화개장터 벚꽃축제가 열리는 중이어서 차들은 게걸음을 치고 있었다. 덕분에 하얀 꽃 터널을 산책하는 속도로 지나갈 수 있었다. 황사도 그렇지만 교통 체증도 꼭 나쁜 것만은 아니었다.

강 저편 광양 다압면 쪽은 그냥 '행화촌杏花村 가는 길'이었다. 남루를 부끄러워할 줄도 모르고 그대로 드러낸 백운산 자락, 끝이 없을 듯 이어져 있는 하얀 꽃길, 그 끝에는 분명 '샹그릴라'라는 이름의 살구꽃 피는 마을이 있을 것 같은 풍경이었다.

이른 봄의 동정호는 아프리카 사바나 모양을 하고 있었다. 길 반이나 되는 앙상한 갈대들은 기린 떼처럼 겅중거렸고 수렁 건너 듬성듬성한 버드나무 숲에는 지리산 갈가마귀들이 진을 치고 있었다. 가공架空의 최참판댁 앞에 관광버스가 몇 대씩 몰리는 날에도 찾는 이 하나 없는 태초의 모습이었다.

"우리 어렸을 때는 섬진강 둑이 완성되지 않아 동정호가 지금보다 훨씬 컸어. 겨울이면 날마다 거기서 썰매를 타고 놀았는데, 바람을 막아주는 게 없으니 악양루 쪽으로 갈 때는 꼬챙이질을 안 해도 씽씽 나갔지만 돌아올 때는 기를 써도 거리가 좁혀지지 않았지."

평사리 출신의 산악회 선배에게서 들은 얘기가 떠올랐다. 거기서 생각을 이어가 보니 아득한 옛날에는 동정호가 악양벌 대부분을 차지했을 듯했다. 그래 "하늘과 땅이 일야日夜에 떴도다" 했던 중국의 원조만큼은 못 돼도 아류로서는 손색이 없는 광대함을 자랑했을 것 같았다.

그때 강과 호수는 모래톱으로 경계 지어져 있었을 터였다. 사람들은 그걸 '많은 모래' 다사多沙, 아니면 대사帶沙로 불렀다. 『삼국사기』와 『일본서기』의 차이인데, 단모음밖에 없었던 옛날에는 둘 다 그게 그거였다. 이후 한자 쓰기가 귀족들의 일상사가 된 조선시대에 이르자 평사낙안平沙落雁의 평사로, 시적인 이름으로 바꾼 것 같다.

성제봉 기슭의 한산사는 정면 세 칸 대웅전에 달랑 요사채 하나

뿐인 한산한 절이었다.

중국의 원조도 이렇게 볼품이 없지만 장계의 시 때문에 사람들의 발길이 끊이지 않는다. 당대唐代의 기인 한산이 머물렀다는 절인데 그 한산, 달밤에 수백 길 빙벽을 오르내리는 미치광이 재주꾼이었다고 한다. 그런데 그걸 미국 사람 이본 취나드Yvon Chouinard가 어디서 읽었는지 그의 저서 『클라이밍 아이스Climbing Ice』에 인용하면서 한산을 '빙벽 등반의 전설'로 모셨던 게 기억났다.

마침내 고소성에 닿았다. 근래 복원한 성벽이 네모반듯하게 뻗어가고 있었다. 안내판에는 "해발 220~350미터의 지형에 3.5~4.5미터 높이로 쌓은 800미터 둘레의 성이며 가야시대의 것으로 여겨진다"고 씌어 있었다.

성돌은 벽돌보다 약간 큰, 납작한 2차 할석으로 되어 있었다. 마지막으로 쌓거나 보수한 때가 신라 말 아니면 고려시대였다는 이야기다. 그렇지만 그때는 이곳의 전략적 가치가 사라져버렸을 때니 역사 기록을 찾아볼 수 없어 어느 누구도 자신 있는 결론을 내리지 못하고 있다.

서문으로 내려가는 가파른 부분은 성벽이 계단식으로 쌓여 있었다. 발아래 강물이 새로 이은 양철 지붕처럼 반짝거렸다. 사람들이 왜 여기 성을 쌓았는지 물어볼 필요가 없는 상황이었다.

서문 자리를 지나자 성벽이 다시 능선으로 올라가고 있었다. 역시 계단형이었는데 중간에 재미있는 비석 하나가 있었다. '송강松岡 처사 김주金州 최공 명학明鶴의 묘'였는데 비석 뒤에 봉분이 아니라 바위 언덕이 바짝 붙어 있는 것이었다. 그 위는 약간 도도록한 풀밭이었는데 매장을 했는지 안 했는지, '처사'라고 자칭한 인생이 궁금하기 이를 데 없었다.

아프리카 사바나 모양을 하고 있는 이른 봄의 동정호. 갈대밭 사이의 버드나무 숲에서 어슬렁어슬렁 기린 떼가 나타날 듯한 풍경이다. 사진 오른쪽 멀리 악양벌의 명물 부부송이 보인다.

　수어장대가 있었을 것으로 보이는 능선 마루에는 석축단이 만들어져 있었다. 그렇지만 단 위의 나무를 자르지 않고 살려둔 채 복원을 해 관방關防 시설이라기보다는 바람 시원한 쉼터에 가까웠다.

　『일본서기』에 고사산 이야기가 나오는 백제 근초고왕 때에는 그러나 여기 성이 없었을 것이다. 그래서 반석에 앉아 맹약을 한 것으로 보인다. 기록에는 일본 측의 천웅장안天熊長安과 백제 왕이 주인공으로 되어 있지만 정황으로 볼 때는 일대를 관할구역으로 하는 백제 장군과 천웅장안, 성읍국가의 거수渠帥들이 참석했을 것 같다.

　성제봉 정상까지 가 구름다리가 걸린 신선대 전설의 반석에 올라봐야겠지만 오늘 중으로 상경해야 하는 까닭에 다시 한산사로 내려

계단을 이루고 있는 고소성 서문 일대. 가장 낮은 부분에 문 자리가 보인다. 성돌로 미루어보면 신라 말이나 고려시대에 마지막으로 쌓았거나 보수했을 것 같다.

갔다. 악양루에 들러 사진 몇 컷 찍고 하동으로 향하는데 강 풍경이 발길을 붙든다. 하동 쪽의 50리 포구도 그렇지만 상류인 구례 쪽의, 모시 올을 풀어놓은 듯한 백사장이 세상 티끌 쓸고 가는 바람처럼 상쾌하다. 강 건너편의, 벚꽃 그늘 아래서 올려다보는 역광의 백운산 또한 장관이었다.

---

평사리─(1km 45분)→고소성 북단─(1km 45분)→신선봉─(2km 1시간)→신선대─(1.5km 1시간 10분)→정상─(1km 30분)→수리봉─(1km 30분)→청학사─(1km 20분)→노전마을[총거리 8.5km 소요시간 5시간]

만리성에서 본 경주시 외동읍과 건너편의 치술령 일대. 영남알프스 너머로 황혼이 붉다.

# 박제상을 기다리다 돌이 된
# 여인이 있는 영마루

내물마리칸奈勿麻立干이 임금이 되면서 서라벌은 풍전등화風前燈火의 위기를 연속적으로 맞게 되었다. 이웃 나라들이 틈만 나면 쳐들어와 금성金城으로 육박하는 것이었다. 9년(364)에는 왜군이 명활산성 근방까지 와 진을 쳤고, 37년에는 고구려의 압력에 굴복, 위칸伊干 대서지의 아들(실성)을 인질로 보내야 했으며, 38년(393)에는 다시 왜군이 쳐들어와 금성을 닷새간이나 포위했고, 40년에는 말갈 기병대가 지금 포항시 흥해읍 실직의 들悉直之原까지 남하했으며, 45년(400)에는 "임금의 애마가 무릎을 꿇고 슬피 울었다".

결과 서라벌은 고구려의 식민지 '노국奴國'으로 전락, 반세기 이상 자주권이 없었다. 그래 다음 임금 실성實聖이나 그를 이은 누르치訥祗가 위에 오른 것 모두 고구려의 입맛에 따라 이루어졌고 중원(충주)에 주둔한 고구려 남부군사령부는 자기들 병력을 서라벌에서 충원했을 정도였다(중원고구려비에 나온다).

그런데 서기 417년 믿을 수 없는 일이 일어난다. 각각 고구려와 왜에 인질로 잡혀 있던 누르치마리칸의 동생 복호와 미사흔이 귀국한 것이다. 이 대단한 임무를 완수한 이는 저 유명한 박제상. 하지만 아무리 그가 전국시대 진晉나라의 재상 인상여 같은 용기와 언변과 지혜를 가지고 있었다 하더라도 외교 관계는 그렇게 호락호락한 것이 아닐 텐데…… 필요에 의해 붙잡아놓은 인질을 달란다고 순순히 내줄 리가 없는데 임금의 동생들은 거짓말처럼 돌아온다.

고구려야 약소국 서라벌에 선심 한번 썼을 수도 있지만 미사흔이 귀국한 뒤 박제상이 고문 끝에 죽은 경위는 이해가 안 된다. 왜왕이 부귀를 약속하는데도 그가 끝까지 신하 되기를 거절한 이유가 정말 제 임금에 대한 충성심 때문이었을까? 남자 대 남자로서 왜왕을 속인 데 대한 미안함도 있었을 텐데 서라벌의 개돼지가 될지언정 너의 신하는 될 수 없노라 했다고? 말도 안 되는 이야기다.

임금에 대한 충성을 사대부의 으뜸 덕목으로 내세운 유교 사상도 이 땅에 와서 변형된 것이지 원래는 안 그랬다. 무엇보다 서라벌은 처음 왕호王號를 쓰는 법흥왕 전까지는 공자가 누군지도 잘 몰랐다. 하물며 그 100년 전에 살았던 삽량주挿梁州 칸이라는 무관직 사나이가 사서삼경을 구경이라도 했을까?

온갖 상념에 싸여 박제상 유적지가 있는 울주군 두동면 만화리를 찾는다. 두서나들목에서 35번 국도를 벗어나 대곡호를 가로지른 다음 두동면소를 지나니 완만한 오르막 들길이 치술령 자락으로 향하고 있다. 길 양쪽이 온통 황금빛이다.

유적지 이름은 치산사鵄山祠다. '치술령 아래 자리 잡은 사당'이라는 뜻이겠다. 홍살문과 삼문, 그 뒤로 꽤 큰 기와집과 부속 건물들이 보인다.

모벌관성이라고도 하는 만리성의 안쪽 성벽. 윗돌을 들여쌓은 퇴여림 방식의 신라시대 양식이다. 맨 아래
층에 여염집의 그것과 다를 바 없는 모양새의 수구문이 보인다.

유물 전시관인가를 짓는 요란한 소리를 뒤로하고 삼문으로 들어
서니 가운데 대청이 놓인 네 칸 기와집이 맞는다. 관설당觀雪堂이라
는 편액이 걸려 있다. 눈을 바라보는 집. 무슨 뜻이지?

관설당을 돌아가니 축담 위로 사당 셋이 나란히 서 있다. 왼쪽부
터 성인문成仁門에 충렬묘忠烈廟, 망해문望海門 신모사神母祠, 효정문
孝貞門 쌍정려雙旌閭다.

둘은 살신성인을 한 박제상과 그가 떠난 바다를 바라보다 치술신
모가 된 부인을 모신 집이겠는데 나머지 하나는 아리송하다. '효도
효孝' 자가 들어간 걸 보면 자식인 모양인데 자식에 대한 기록이 있
었던가? 곰곰 생각해보니 부인이 치술령에서 망부석이 될 때 딸이
함께 있었다는 것 같다.

문화해설사 노인에게 물어보니 딸들의 이름은 아기阿奇와 아경阿
慶이고 호가 백결百結, 이름이 문량文良인 아들도 있었다고 한다. 백

145

박제상의 부인이 남편을 떠나보낸 후 목 놓아 울었다는 경주시 배반동의 장사 벌지지. 냇둑에 '長沙 伐知늪'라고 쓰인 유래비가 서 있다. 방죽 뒤 솔동산 가운데에는 벌지지가 "망덕사 문 남쪽 모래사장에 있다" 했던 『삼국유사』의 망덕사 당간지주가 있다.

결 선생이 박제상의 아들이었나요? 관설당은 박제상의 호며 부인은 금교 김씨인데 부부와 자식이 충절, 정절, 효절을 다 한 예는 세계 역사상 유례가 없을 것이라고도 한다. 그런데 역사책에서 본 적이 없는 이런 자료들은 어디서 나왔습니까?

혹 떼러 갔다가 하나를 더 붙인 심정이 되어 치술령을 오른다. 796미터의 높이인데 중턱의 법왕사에 차를 세우고 올라가니 정상

까지 50분밖에 안 걸린다.

정상 바로 아래 있는 경주 망부석을 찾았더니 5~6미터쯤 되는 벼랑이다. 산비탈에 기대 있다 바위가 된 듯한 모습이니 앞뒤는 맞지만 도대체 사람이 어떻게 바위로 변한단 말인가? 다 조선 후기의 유랑 이야기꾼들이 지어낸 얘기겠지.

바위가 향하는 방향을 가늠해보니 어제 찾아갔던 경주시 양남면 진리津里를 바라고 있다. 학자들이, 박제상이 배를 탔다는 율포栗浦로 비정하는 곳이다. 어떤 이들은 그곳에서 4킬로미터 남쪽의 울산시 북구 정자동이라고도 한다. 둘 다 여기서는 보이지 않는데 박제상이 넘어갔을 확률이 높은 만리성 북쪽 고개 일대에서는 진리와 그 남쪽의 수렴리만 보였다.

모벌관성毛伐關城이나 모벌관문이라고도 하는 만리성萬里城은 경주시 외동읍 모화리毛火里에서 양남면으로 넘어가는 고개를 지키는 테뫼식 돌성이다. 둘레 1.9킬로미터로 신라 때부터 조선시대까지 이용했는데 신라식 축성 기법이 꽤 많이 남아 있다. 소규모 포곡식抱谷式 부분의 수구문水口門이 특히 그러한데, 반달형 홍예가 아니라 네모꼴을 하고 있는 모양새가 정겹다.

치술령 남릉에 있는 울산 망부석은 세 개의 바윗덩어리다. 박제상의 부인과 딸 둘이 같이 바위가 되었다는 전설을 따라 사람들이 "이게 망부석"이라고 여긴 것일 터다. 하지만 이것이나 저것이나 어차피 전설에 기댄 것일 뿐이고 가장 신빙성 있는 근거 자료 『삼국유사』의 기록조차도 고려시대의 '전설 따라 삼천리' 채록에 다름 아닌

치술령 정상 동북쪽 기슭에 있는 경주 망부석. 박제상이 배를 탔던 곳이라는 진리를 향하고 있다.

데 울산과 경주 사람들은 서로 자기 것이 진짜라고 우기고 있는 듯하다.

이런 사람들을 만나면 쓸데없는 논쟁에 헛힘 쓰지 말고 경주시 배반동의 장사長沙 벌지지伐知늘나 한번 가보라고 권하고 싶다. 박제상이 왜나라로 떠났다는 소식을 듣고 부인이 쫓아가다 미치지 못하자 주저앉아 울부짖었다는 남천 냇가 모래밭이다.

박제상 일행은 이때 말을 타고 갔을 것이다. 부인은 달음박질로 따라갔지만 거리는 갈수록 멀어졌으리라. 그래 점이 된 남편의 모습이 산모롱이를 돌아 사라지자 그냥 쓰러져 땅을 치고 통곡했을 것이다.

왜나라로 가면 돌아오지 못하리라는 건 박제상도 부인도 모두 알고 있었을 것이다. 그래서 박제상은 집에 들르지 않고 바로 길을 떠났던 것이고 부인은 마지막으로 얼굴이라도 한번 보려고 달음박질로 쫓아갔을 것이다. 그러나 무정한 사내는 눈길 한 번 주지 않고 돌아오지 못하는 길을 떠났던 것 같다.

치산사에서도 치술령에서도 별다른 수확이 없어 마지막으로 삽량주, 양산을 찾아보기로 했다. 거기에 사적 97호의 신기산성과 98호의 북부리산성, 북정리고분이 있기 때문이었다.

그런데 길을 잘못 들어 산성은 구경도 못 하고 고분 사진만 찍고 끝내야 했다. 날이 어두워져 더 이상 촬영이 어려워졌을 때에야 거기가 북부동이 아니라 북정동이라는 사실을 알게 된 것이다. 한눈에 가야고분임을 알 수 있는 동산만 한 무덤 위에 앉아 지는 해만 하염없이 바라보았다.

저 남쪽 멀리 흐르고 있을 낙동강 너머는 서라벌의 주적主敵인 왜와 연결된 가야, 김해 땅이다. 그렇다면 여기 삽량주는 최전방, 서

울주군 두동면 만화리에 있는 박제상 유적지 치산사. 홍살문 뒤로 삼문과 관설당, 사당 셋이 있다.

라벌 최고의 장수를 파견해야 했던 곳이다.

'그래, 박제상은 서라벌 최고의 강골이었을 거야.'

생각이 여기 미치자 박제상의 최후가 장면 장면 떠오르기 시작했다.

### 왜왕의 제안 뿌리친 신라의 충신 박제상

미사흔을 빼돌린 일이 들통 나면서 박제상은 이내 왜나라 임금에게 끌려갔다. 오라에 묶여 있음에도 그는 눈 하나 깜짝하지 않았다.

왜왕은 놓친 미사흔보다 이 담대한 사나이가 훨씬 마음에 들었다. 야리야리한 저 귀공자야 담보 가치뿐이지만 이 서라벌 최고의 장수는 쓸모가 아주 많을 듯했다. 그와 함께라면 일거에 규슈九州를 영역으로 편입할 수도 있을 것이었다. 그래서 표정을 부드럽게 하여 물었다.

"그대는 어찌하여 나를 속이고 미사흔을 빼돌렸는가?"

"나는 서라벌 사람이고 벼슬아치요. 우리 임금이 동생 보기를 소원해 이뤄드렸을 뿐이오."

"엎질러진 물은 다시 담을 수 없는 것. 볼모는 가고 그대는 남았다. 그대 나이 이제 겨우 마흔, 앞날이 창창하다. 나와 함께 일본 천하를 통일, 사나이의 포부를 펼쳐볼 생각은 없는가?"

"다시 말하지만 나는 서

치술령 정상에 있는 신모사 유허비. 『삼국유사』에 "치술신모를 제사 지내는 사당이 지금도 있다"라고 되어 있으나 여기 있다고는 안 했는데 정상에 세워두었다.

라벌 사람이오. 임금은 지금 규슈를 말하나 언젠가는 분명 서라벌로 향할 것이오. 그때 나는 왜나라 군단의 선봉에서 내 가족, 내 족단, 내 나라 사람에게 활을 겨눠야 할 것이오. 서라벌의 개나 돼지가 될지언정 그 노릇은 할 수 없소."

'돼지'라는 말이 나오자 왜왕은 기분이 왈칵 상했다. 제상은 모르고 있었지만 왜나라에서 그건 절대 입에 올려서는 안 되는 말이었다. 왜왕은 눈앞의 사나이에 대한 호의적 감정이 일시에 사라지고 볼모를 빼돌린 기만행위만 떠올랐다.

"개나 돼지? 나의 신하가 개돼지밖에 안 된단 말인가?"

왜왕의 반응을 보고 제상은 직감적으로 아차 싶었으나 한편으로

박제상이 왜나라 가는 배를 탔던 율포로 비정되는 경주시 양남면 진리. 만리성 위에서 보이는 두 개의 포구 중 하나다. 방파제 뒤편 언덕에 박제상의 부인이 굳어 되었다는 종유석 모양의 돌이 있지만 국가 시설물 지역이라 들어가 볼 수 없다.

는 그로서도 비위가 상했다. 비유는 비유일 뿐인데 임금의 인품이 너무 냄비 같다는 생각이 들었다. 서라벌에 활 겨누는 역할을 맡기지 않을지라도 저런 위인 아래서는 어떤 일도 할 수 없을 듯했다.

"사나이는 자기를 알아주는 사람을 위해 목숨을 바치는 법이오. 우리 임금은 나를 믿고 서라벌의 배덕자背德者 역할까지 허락했소. 서라벌의 형벌을 받았으면 받았지 왜나라의 작록爵祿은 못 받겠소."

작록을 형벌에 댄다? 왜왕은 화가 머리끝까지 차올랐다. 곧 제상을 형틀에 묶게 하고 다시 물었다.

"네가 정녕 형벌을 원한단 말이냐?"

제상은 가소로웠다. 서라벌, 아니 세상 최고의 강골인 나를 위협으로 굴복시키려고? 야만스런 왜놈 같으니라고.

"그렇소. 왜나라의 벼슬을 하느니 차라리 이 한 목숨 버리겠소. 나의 나라는 서라벌뿐이오."

"저놈의 주둥이가 아직 살아 있다. 발바닥을 벗겨라."

좌우의 고문 전문가들이 발바닥 가죽을 벗겼다. 제상은 신음 소리 하나 내지 않았다. 왜왕은 이런 제상이 더욱 괘씸했다. 다시 국문鞠問을 했다.

"우리 나라 벼슬을 하느니 차라리 목숨을 버리겠다고? 그것이 진정으로 하는 말이냐?"

"그렇소."

"저놈을 일으켜 세워 갈대 위를 걷게 하라."

족쇄가 풀리자 제상은 좌우를 뿌리쳤다. 그리고 모판의 모처럼 키운 갈대 하나하나를 예리하게 벤 위로 하늘하늘 걸어갔다. 판은 금방 붉은 피로 물들었다. 왜왕은 제상을 장작더미 위에 올려놓고 불을 붙였다. 그리고 까맣게 탄 시체를 끌어 내려 목을 베었다. 섬나라 사람의 자격지심을 건드린 죄였다.

---

법왕사까지 차로 올라가면 치술령 정상까지는 50분밖에 안 걸린다. 남는 시간에는 반구대 암각화(국보 285호)와 천전리 각석(국보 147호) 찾기를 권한다. 35번 국도로 돌아나와 5km 남쪽 반구대 삼거리에서 좌회전, 2km가량 들어가면 나온다.

흥해벌에서 신광면으로 들어가는 길목의 용연저수지와 신광의 진산 비학산. 날개 벌린 매 같은 위용이 늠름하다.

비학산

# 고구려 변장 살해 사건의 현장

"자비마리칸 10년(467) 가을, 하늘이 붉어지더니 큰 별이 북쪽에서 동남쪽으로 흘렀다天赤大星自北東南流. 11년 봄 고구려가 말갈과 더불어 실직성을 습격했고 …… (서라벌은) 가을에 하슬라 사람을 동원, 니하泥河에 성을 쌓았다."

박제상이 고구려와 야마토倭의 두 인질을 구출, 외교상의 걸림돌을 제거한 눌지마리칸 다음 임금 때의 사건들이다. 그런데 하늘이 어쩌고 큰 별이 저쩌고 같은 구름 잡는 이야기도 그렇거니와 흔히 삼척으로 알려져 있는 실직悉直이나 강릉 하슬라何瑟羅가 그때 서라벌 영역이었다는 것도 이해할 수가 없다. 때는 장수왕이 백제의 한성을 함락시키기 6~7년 전, 이른바 고구려의 전성시대이기 때문이다.

눌지마리칸 34년(450)에 일어난 '고구려 변장邊將 살해 사건'은 더욱 이해가 안 된다. 아직 고구려의 반식민지, 노국奴國이 분명했을 서라벌의 하슬라성 성주가 독단적으로 실직의 들悉直之原에서 사냥하는 고구려 장수를 습격해 죽일 수는 없다. 그렇다면 임금의 지시를 받았다는 이야긴데…… 그럼 그게 서라벌 독립전쟁의 신호탄이었단 말인가?

사건의 열쇠가 되는 실직성을 찾으러『삼국사기』「지리지」로 들어가 본다. "삼척군은 원래 실직국인데 …… 영현領縣으로 죽령현竹嶺縣, 만경현滿卿縣, 우계현羽谿縣, 해리현海利縣이 있다"고 나와 있다.

죽령현은 아달라이사금 때 처음 길을 열었던 죽령, 나중의 죽장령이 있는 포항시 죽장면으로 생각된다. 만경현은 포항 전래 모심기노래에 나오는 "징개 맹개 너른 들"의 '맹개'일 터. 전라도 사람들이 김제, 만경을 '징게', '맹게'로 부르는 것과 같다. 우계현은 '깃 우'의 새김 '기'를 소리로 적은 포항시 기계杞溪면으로 여겨지고, 해리는 '날 리'가 나루로 변한 동해안의 수많은 진津들 중 하나로 보인다.

그렇다면 이들 고을 가운데 있는 고을은? 포항시 흥해읍 아니면 신광면이다. "원래 실직국인데"를 감안하면 실직곡국悉直谷國이었다가 파사이사금 때 서라벌에 편입된 신광면이기 쉽다.

세상에! 어처구니가 없어도 이렇게 없을 수 없다. 포항에 있는 것을 강원도에 갖다 놓다니? 김부식과 휘하 편찬팀이 이렇게나 무식했단 말인가?

한편으로는 그럴 수 있었겠다는 생각도 든다.『삼국사기』편찬팀은 당시 최고의 한문 실력자들이었겠지만 그래서 이두를 누구보다

신광면 남부의 원고개에서 본 신광분지. 처음에 실직곡국이었다가 서라벌의 실직주로 편입된 지역으로 서라벌 수도방위의 핵심 역할을 했다.

우습게 알았을 테고 이두로 쓰인 지명을 다루는 데는 일개 서리보다 더 미숙했을 테니까, 실직(삼척)이 경상도에 붙었는지 강원도에 붙었는지 알 수가 없었을 것이다. 게다가 지명이 사람을 따라 이사 다닌다는 사실은 꿈에도 생각지 못했으리라.

일단 미스터리의 현장 신광면으로 가본다. 1989년에 발견된 국보 264호 영일냉수리비가 있는 곳이다.

그 관문 흥해로 들어서니 탁 트인 벌판 끝에 야산들이 지렁이처럼 꿈틀거리고 있다. 동해안에서는 드문 광활함이다. '고구려 변장

'실직의 들'로 여겨지는 광활한 흥해 벌판. 누르치마리칸 때의 '고구려 변장 살해 사건'은 바로 여기서 일어났다.

살해 사건'은 틀림없이 실직의 들로 여겨지는 여기서 일어났겠다.

『삼국사기』「지리지」에는 흥해가 속현을 가장 많이, 여섯이나 거느린 고을로 나와 있다. 안강安康, 장기長鬐, 신광神光, 영일迎日, 기계, 원래 음지벌국이었다가 안강에 편입된 곳이다. 이 중 영일과 기계가 실직(삼척)의 속현 만경, 우계와 겹친다. 영일이 포항평야 가운데, 일월지日月池 근처의 고을일 경우 만경과 다를 바가 없을 것이기 때문이다.

이런 정황으로 보면 흥해와 실직(삼척)은 같은 지역에 설치된 다른 시기의 고을 이름 같다. 「지리지」에서도 흥해는 '양주良州 편'에 나오고 실직(삼척)은 '명주溟州 편'에 나오는바 전자에서는 주州의 최

158

북단이고 후자에서는 남단이다. 따라서 흥해는 고구려와 한참 다툴 때의 상황을 반영하고, 실직(삼척)은 통일 이후 "명주는 …… 선덕여왕 때 소경小京이 되어 사신仕臣을 파견했는데 하슬라 땅이 말갈과 닿아 있는 까닭에 태종왕 5년 경京을 주州로 바꾸고 군주를 보냈다 以何瑟羅地連靺鞨罷京爲州置軍主" 할 무렵의 일인 듯하다.

이 명주는 "본래 고구려의 하서량(하슬라)으로 뒤에 신라에 속하게 되었다. 가탐의 『고금군국지古今郡國志』에서는 지금 신라 북쪽 변방 고을 명주는 거개가 옛날 예나라 땅今新羅北界溟州蓋濊之古國"이라 하는 곳이다. 인근 네 속현―정선, 촉제, 연곡, 동산도 하나같이 "본래 고구려의 ○○현"이었다고 한다. 나아가 실직(삼척)의 속현들 역시 "본래 고구려의 ○○현"으로 시작하고 있으니 흥해 이북의 동해안 지역은 [동]예족들의 터전, 고구려의 영역이던 것을 서라벌이 시나브로 빼앗았다고 보아야 할 것이다.

멀리 야산 위로 날개 펼친 매 같은 산이 보인다. 신광의 진산 비학산(762m)이다. 그 기슭에 원효 대사가 법광사라는 절을 세웠다는 것을 보면 신광은 아주 중요한 고을이었고 비학산 또한 전 서라벌에 널리 알려진 유명한 산이었을 듯하다.

신라 이래 고을 이름이 퇴화退火>의창義昌>흥해興海로 바뀌어온 흥해는 원래 영일군 소속이었는데 영일군이 포항시와 합쳐진 뒤부터는 포항시 흥해읍이 되었다. 동시에 모든 게 포항 의존적으로 변해 시외버스 터미널도 없고, 사람들은 "포항 간다"고 해야 할 대목에서 "시내 간다"고 한다.

영일민속박물관 안내판이 보여 별 기대도 않고 찾아갔다. 그런데 웬걸? 삼문 안에 제남헌濟南軒이라는 옛날 동헌이 있고 옆에는 대원군의 척화비도 서 있다. 선정비도 여럿 있으니 명실상부한 '영

영일민속박물관 경내에 있는 흥해동헌 제남헌 앞에 세워져 있는 대원군의 척화비.

일박물관'이다. 그런데 왜 '민속'을 붙여 격을 떨어뜨렸는지 모르겠다.

"혹시 여기 어디 삼국시대 토성 같은 게 있습니까?"

"둘이나 있지요. 읍사무소 옆에는 북미질부성이, 남성초등학교 뒤에는 남미질부성이 남아 있어요."

미질부성이라면 드라마 〈태조왕건〉에 자주 등장하던 성 아닌가? 그러고 보니 『삼국사기』에서도 본 듯한데? 과연! 소지마리칸 3년(481)에 "고구려가 말갈과 함께 북변으로 쳐들어와 호명狐鳴 등 일곱 성을 빼앗고 미질부彌秩夫로 진군했다"고 씌어 있다. 그렇지만 벌써 날이 저물어 미질부성은 커녕 민속박물관 구경도 못 하고, 신광 가는 버스편도 물어보지 못하고 돌아가야 했다.

이튿날 찾아가 본 남미질부성은 둘레가 1832미터나 되는 대성大城이었다. 토성이라 1500년 세월에 성벽은 확인하기 힘들었지만 갈대 우거진 500~600평 연못 앞에서 양쪽 동산으로 이어진 성터는 어림짐작할 수 있었다. 부근에는 못안이라는 이름의 동네가 있었다.

야산을 낀 평지성이니 전략적 중요성을 갖지는 못했을 것 같다.

신광면소로 이사 간 냉수리비를 찾아 헤매다 만난 냉수리고분. 한강 이남에서는 가장 큰 횡혈식 고분이라 하니 무덤 주인 역시 대단한 사람이었겠다.

대군이 오면 단번에 포위되어 옴짝달싹 못했을 것이기 때문이다. 그래서 남북으로 성 둘을 쌓아 지형의 불리를 조금이나마 극복해보려 했던 듯하다.

　이 미질부가 『삼국사기』에는 딱 한 번 나온다. 한편 소지 다음 임금 지증마리칸 때는 미실彌實에 성을 쌓고 있는데, 둘이 같은 지명이 아닐까 한다. 음이 비슷한 데다 이때 같이 쌓는 성으로 실직(삼척)의 속현인 해리의 다른 이름 파리波利가 있기 때문이다.

　홍해의 「지리지」 첫 이름 퇴화退火는 이 둘의 연장선상에 있는 듯하다. 앞 글자 '밀 퇴'의 '밀'은 미질이나 미실과 같고 『삼국사기』의 서라벌 지명 어미로 가장 많이 나오는 '불 화'는 미질부의 '부'에 다

흥해읍 남성초등학교 부근에 있는 남미질부성. 둘레 1,832미터로 지증마리칸 때 쌓은 것이다.

름 아닐 것이기 때문이다('밀다'의 경상도 사투리는 '미씰다'이며 설악산 미시령도 현지 발음으로는 미실령이니 '바람이 미씨는 재'라는 뜻이리라). 뜻은 벌판이다.

**실직주는 서라벌 수도방위사령부 소재지**

성을 구경하는 동안 드문드문 있는 신광행 버스가 가버렸다고 해 택시를 불렀다. 면소까지는 만 원, 더 들어가면 1만 2천 원을 내야 한단다.

"냉수리 갑시다."

실직의 들에서 실직골로 들어가는 골짜기는 저수지가 가로막고

하슬라로 비정되는 포항시 청하면 월포리. 논증이 맞는다면 우산국을 정벌한 이사부의 전함들은 바로 여기서 출항했을 것이다.

있었다. 그 저수지를 다 지날 무렵 비학산이 골짜기 위로 나타났다. 장엄한 모습이었다. 저기를 한번 올라가 봐야 하는데…….

냉수리에 도착해 비각을 찾는데 아무리 보아도 없다. 물어볼 사람도 눈에 띄지 않아 애를 태우다가 꿩 대신 닭이라고 길가 고분 사진만 찍는다. 500년대에 만든 옆트기식돌방무덤橫穴式石室墳으로는 한강 이남에서 가장 큰 것이란다.

사진을 찍으면서 보니 저수지 물이 북쪽 신광이 아니라 남쪽의 기계, 더 나아가 안강으로 흐르고 있다. 아직 비석은 못 찾았지만 여기에 실직주, 실직군의 치소가 있었다면 분수령에서 기계·안강 쪽으로 넘어와 자리를 잡은 것이었다. 그래서 「지리지」에 나온 실직

영일냉수리비가 들어 있는 비각. 자동 감지 장치 같은 현대식 시설이 갖추어져 있다.

(삼척)의 네 속현에 안강 같은 것이 들어가지 않은 모양이었다. 거기는 신광, 흥해와 함께 실직의 직할령이었을 테니까.

당시의 실직은 짐작보다 훨씬 중요한 고을이었던 듯하다. 고구려의 동남단 영덕과 경주 사이의 모든 역량을 모아 남침 세력으로부터 경주를 방어하는 야전사령부의 소재지였을 테니까. 이 역할을 나중에 최전방이 저 북쪽으로 올라간 뒤 흥해로 넘겨줄 때조차 속현이 여섯이었으니 아직 방위사령부가 있었을 당시에는 하슬라까지 포함한 수도 방위 체제의 핵심이었으리라.

그렇다면 실직이 신광이라는 이 가설의 목줄을 쥐고 있는 하슬라는 어디인가? 단언하건대 그건 청하淸河다. 그것도 지금 포항시 청하면 소재지가 아니라 바닷가 월포일 것이다. 그래야 지증마리칸 13년에 김유신 이전의 서라벌 최고전략가 이사부가 우산국 정벌에 나설 수 있게 되니까.

면 단위의 작은 고을이라 어디에도 기록은 없다. 그렇지만 청천강淸川江=살수薩水=충북 청천면靑川面이라는 사실에서 보듯 청=살이니 청하=살하가 성립된다. 이 '살하'를 지명 변경의 가장 일반적인 방법, 앞뒤 글자 바꾸기 하면 '하살'이 되는데 여기에 들판을 가리키는 지명 어미 '라'가 붙어 하살라>하슬라다.

그럼에도 하슬라가 명주溟州, 강릉으로만 통용되는 이유는 월포에 주둔하고 있던 수군사령부가 진흥왕 때 강릉 지역으로 옮겨 간 뒤 쓸쓸한 어촌으로 변한 원原하슬라의 기록이 남은 게 없기 때문이다. 게다가 명주 같은 도청 소재지급 고을의 경우에는 말머리를 폼 나게 트느라 전사前史를 드러내지 않는데 이로써 하슬라와, 별칭이라는 하서량河西良이 구별되지 않아 더 그렇다. 둘이, 같은 고을이 아니라 별개의 두 지역일지도 모르는데.

이제 467년 사건으로 돌아가 보자. 하늘이 붉어짐은 혁명이라 일 컫는 미국독립전쟁 같은 것이 시작되었다는 뜻이고 "북쪽에서 동남 쪽으로 큰 별이 흘렀다"는 것은 운이 그렇게 돼 그게 성공했다는 의 미이리라.

『일본서기』에는 이 혁명 과정이 비교적 상세하게 묘사돼 있다. 고 구려 장군의 서라벌인 마부가 신라 식민지화 야욕을 엿듣고 나라 사 람들과 의논, 암호를 "집에서 기르는 수탉을 죽여라"라고 정해 결행 했다는 것이다. 암살 대상자는 아마 서라벌 안의 고구려 측 군사고 문단쯤이었을 것이다.

하지만 사실은 계획이 마부가 아니라 자비마리칸과 측근들로부 터 나왔던 것 같다. 『삼국사기』에는 그 전 누르치마리칸 때부터 같 은 처지의 백제와 (비공식적으로) 선물을 주고받았으며 하늘이 붉어 지던 해 봄에는 (비밀리에) 전함을 수리했다고 쓰여 있기 때문이다.

그런데 서라벌에 파견한 군사고문단이 모조리 암살당한 엄청난 사건이 터졌음에도 고구려는 문책군을 이듬해 봄에나 겨우 보내고 있다. 중국 아니면 몽고와의 관계가 일촉즉발이라 병력을 빼낼 수 없었기 때문이었으리라. 하지만 한숨 돌릴 여유가 생기자 장수왕이 친히 1만군을 지휘, 실직성을 습격한다.

「신라본기」에는 습격 사실만 나오지만 고구려 측 기록에 따르면 "공격해서 빼앗았다攻取"고 한다. 그럼에도 이해 가을 서라벌은 실 직성의 공동운명체 같은 인근 하슬라 사람들을 동원, 니하에 성을 쌓고 있다. 모르긴 해도 장수왕의 친정군이 물러가자마자 실직성을 회복했고 남침로에 관방關防 시설을 하기로 했던 모양이다.

니하의 성 쌓기를 유독 하슬라 사람만 한 이유는 그들이 실직성 공방전에서 직간접적으로 고구려 편을 들었기 때문이 아닐까 한다.

그래 자기 지역 방어 시설이 아님에도 불구하고 부역을 도맡는 '단체 기합'을 받았던 듯하다. 지금의 925번, 68번 지방도를 따라 45리의 팍팍한 산길을 걸어.

이 니하泥河는? '내'에서 고을 이름을 땄을 기계가 아니었을까 생각된다. '버들 기'의 '버들'이 '뻘 니'의 '뻘'과 왕래가 가능해 보이기 때문이다. 『삼국사기』에 수많은 전투 기록이 보이는 저 뻘내는 기계천이었다!

냉수리비가 면사무소 경내로 옮겨졌다는 사실을 알고 다시 택시에 올랐다. 국보는 면사무소 앞뜰 왼쪽 비각 안에 모셔져 있었다.

처음 보는, 궁궐 주춧돌만 한 크기의 돌덩어리는 보는 그 자체로 감격이었다. 해서와 예서 중간의 아담한 납작글씨는 서라벌의 소박함 그대로였다. 앞뒷면과 물매진 윗면까지 새겨진 글자들은 아직 돌을 판판하게 다듬는 기술이 없다는 사실을 숨김없이 보여주고 있었다.

절거리라는 사나이가 이웃의 누군가와 무언가를 가지고 다투자 지중마리칸을 비롯한 서라벌 핵심 권력자들이 와서 결론을 내려준 내용이라고 한다. 서기 103년 실직곡국이 서라벌에 합병될 때도 음지벌국과 무언가를 가지고 다투다가 중재자로 나선 서라벌에 먹혔는데 그 무언가가 400년 뒤에까지 해결되지 않았던 모양이다. 참 대단한 분쟁이다 싶었다.

흥해로 되돌아와 버스를 타고 월포로 향했다. 하슬라의 흔적을 찾기 위해서였다.

모래벌 중간에 용천수湧泉水 띠가 있는 한적한 해수욕장 월포는 집이 많이 들어차 예전 같은 자연스런 맛은 사라지고 있었다. 혼자서 동해 물금 따라 걷기를 했던 그 여름 무거운 배낭을 모랫바닥에

국보 264호의 영일냉수리비. 원래 냉수리에 있던 것을 지금은 토성리, 신광면사무소 앞뜰로 옮겨놓았다.

누이고 바닷속으로 키가 넘을 때까지 걸어 들어갔던 때와는 비교할 수 없을 만큼 변해 있었다. 변함없는 건 늦가을 빈 모래밭에서 세찬 바람을 피해 날개쉼을 하는 갈매기들뿐이었다.

---

비학산에서는 이렇다 할 사건이 일어난 적이 없으니 올라갈 이유가 없다. 대신 그 자락, 실직국의 흔적들을 살펴봐야 한다. 포항IC에서 시작, 흥해 미질부성, 청하 월포, 925·68번 지방도를 따라가 신광면소 앞의 냉수리비를 찾는다.

낙타고개에서 동남동쪽으로 쐐기처럼 뻗은 산성의 가장 낮은 부분. 성머리의 벚나무 아랫가지 둘 사이로 뻗어가는 성벽이 꼭 신작로 같다.

아차산

# 아차산성과 여덟 개의 보루성
# 품은 한강 지킴이

서라벌이 전성기의 고구려에게 하룻강아지 범 무서운 줄 모르고 덤 빈 것은 믿는 구석이 있어서였다. 일찍이 비슷한 처지의 백제와 공수동맹攻守同盟을 맺어두었던 것이다. 그래 고구려로 하여금 오른손으로 백제를 상대하게 하고 자기들과는 왼손으로만 치고받는 형국으로 끌고 갈 수 있었다.

서라벌이 독립을 선포한 해(467년)에 백제는 개로왕 13년을 맞고 있었다(고구려는 장수왕 55년). 당시 백제의 영역은 대략 경기·충청·전라도, 옛날과 달라진 게 별로 없었다. 일반적으로는 서기 400년 전후 광개토왕에게 박살 난 줄 알지만 그때 점령당한 부분은 임진강 북쪽 경기도─풍덕, 개성, 장단 정도였고 충청북도 동반부의 괴산, 음성, 충주, 청풍, 제천, 단양을 포로로 끌려간 아신왕의 동생과 대신 10여 명의 몸값으로 떼어줬을 따름이었다.

하지만 이 점령당한 부분이 백제로서는 터진 울타리였다. 그 전,

171

아차산성 성벽을 가까이서 찍었다. 원래는 시루떡처럼 가지런하게 쌓였을 텐데 복원하면서 이렇게 어긋어긋해진 듯하다.

임진북예성남정맥을 경계로 하던 시절에는 고개를 틀어막고 그 아래쪽의 길과 지형을 따라 관방關防 시설만 하면 되었지만 강을 사이에 두고 대치하는 지금은 적군이 언제 어디로 건너올지 알 수가 없었다. 강 통항권通航權과 제해권制海權이 저쪽에 있기 때문이었다. 게다가 국경이 서울과 너무 가까워져 버렸으니 백제는 어떻게든 국경을 임북예남정맥까지 밀어 올려야 했다.

그런데 저들은 임진강 변의 평야 지역에 벌써 호로고루, 당포성 등 난공불락의 돌성들을 쌓아두고 있었다. 뾰족한 돌파 방법은 땅속으로 군용열차가 다니는 프랑스의 마지노선을 피해 벨기에로 우회한 독일군식 작전을 펼치는 것뿐이었다. 그래 "개로왕 15년 가을에 고구려의 남경南境을 침범, 청목령靑木嶺에 대책大柵을 설치한 뒤 북한산성의 사졸士卒들을 보내 지키도록 했다".

청목령은 임북예남정맥 위, 토산兎山과 우봉牛峯 사이의 청석현靑

172

石峴으로 여겨진다(『신증동국여지승람』에는 우봉 북쪽 30리에 있다고 한다). 임진강이 정맥과 가장 가까이 붙어 흐르는 데로 근초고왕과 진사왕, 아신왕 때 기록에도 보이는 전략 요충이다. 썩 험하지는 않은데 '큰 목책'을 세웠다는 것을 보면 초기 모스크바처럼 통나무 요새를 지었던 모양이다. 그리고 쌍현성雙峴城 — 평강 동쪽 한북정맥 위의 양쌍령兩雙嶺에 있었을 것으로 추측되는 성을 수리, 안변에서 철령을 넘어 북한강 유역으로 들어왔다가 임진강 수계로 넘어오는 말갈족에 대비했다.

꼴뚜기가 뛰니 망둥이도 뛴다. 고구려가 볼 때는 서라벌과 백제하는 짓이 꼭 이런 모양새였으리라. 그래 '첫 번째 상대는 잽으로 응수해줬지만 두 번째는 아니다. 본때를 보여주기 위해서라도 KO 펀치를 날려야겠다' 마음먹었으리라.

고구려는 토끼를 잡는 사자만큼 공을 들였다. 작전 개시 6년 전에 벌써 승려 도림을 첩자로 보내 백제로 하여금 눈에 보이지 않는 소모전에 착수하게 한 것이다. 하여 백성이 수해를 당하지 않도록 강둑을 단단히 쌓고 궁궐과 성곽을 장려壯麗하게 지어 나라의 권위를 높이는 일을 사주했으니 어느 누가 그것을 첩자의 간계라고 보았겠는가?

원하든 원치 않든 언론을 통해 날마다 경제학 공부를 하는 우리는 그런 자원 쏠림이 공급 측면에 심한 불균형을 가져와 생산 시스템에 이상이 생기게 하고 그 결과 수요 측면에서 인플레 등을 야기, 경제 기조를 흐트러뜨렸겠다고 짐작할 수 있다. 그래서 대원군이 경복궁을 중건하면서 민심이 흉흉해진 까닭도 설명할 수 있고 4대 강사업에서 세인이 우려의 눈길을 떼지 않는 이유도 안다.

어쨌든 백제는 공급과 수요가 다 나빠져 "창고는 허해지고 인민은 가난해졌다倉庚虛竭人民窮困". 이 사이 고구려는 백제가 약한 기병騎兵 육성에 전력을 기울였을 것이다. 그래 디데이가 되자 남북전쟁 때의 탱크만큼 위력적인 철갑기병을 앞세워 칠중성(적성)→매성(양주)→북한성의 최단 루트로 거침없이 내려왔으리라. 동시에 장수왕이 직접 지휘하는 수군水軍이 밀물을 타고 곧바로 한성으로 항진한 듯하고.

하여 "고구려 대로對盧 제우걸루가 이끄는 병사들이 7일 만에 북[한]성을 함락하고 남성(한성) 공략에 합류했다. 이후 고구려군이 네 방면에서 공격을 했는데 한 군데서 바람을 이용해 성문을 불태웠다. 그러자 백제 왕은 어찌할 바를 모르다 수십 기騎를 이끌고 성문을 나가 서쪽으로 달리니 고구려 병사들이 추격, 아차성阿且城 아래로 압송해 죽였다".

### 여섯 개의 보루성

쌓이지는 않는 눈이 종일 내린 다음 날 아차산을 찾는다. 7호선 아차산역에서 내려 광나루고개로 올라 산으로 든다. 토요일이라 사람들이 많다.

산성은 낙타고개 남쪽 봉우리에 있다. 벽돌 크기의 돌을 가지런히 쌓은 삼국시대 축성 방식이다. 그런데 너무나 단정하다. 안내판에서 1999년에 발굴을 했다 했으니 그 이후 복원한 모양이다.

눈이 하얗게 깔린 성벽 위를 돈다. 장대將臺가 있었을 것 같은 가장 북쪽의 가장 높은 도리방한 부분을 돌아 동쪽으로 내려가자 갑자기 경사가 급해지며 덤불이 성벽을 덮고 있다. 마침 아까 장대지 근처에서 촬영하면서 렌즈 뚜껑을 빠뜨린 듯해 발걸음을 돌린다.

"……『삼국사기』의 아단성으로 추정되는 이 성 밑에서 고구려 평

용마산에서 본 서울의 지는 해. 중랑천이 붉게 물들며 한강과 합류하고 있다.

원왕의 사위 온달 장군이 신라군과 싸우다가 화살을 맞아 전사했다고 한다."

다시 마주친 안내판의 글귀가 귀신처럼 발목을 잡는다.

고구려 평원왕 때(559~590년) 여기가 신라 땅이었나? 당시 신라 임금은 누구였지? 진흥·진지·진평왕이잖아? 진흥왕순수비가 선 555년부터, 북한산주를 폐지하고 남천주를 설치한 568년(진흥왕 29)까지는 신라 땅이 거의 확실했을 것 같으니 온달을 패사敗死시킨 전투도 일어났을 것 같네. 그렇다면 저기 단양 영춘의 온달성은 뭐지?

나중에 집에 돌아와 『삼국사기』를 펼쳐보니 온달은 평원왕이 아니라 '평강왕平岡王'의 사위로 되어 있다. 그가 "계립현과 죽령 이서의 땅을 회복하지 못하면 돌아오지 않겠다"는 유명한 말을 한 것은 '양강왕陽岡王'에게다. 그런데 고구려 왕의 세계世系는 문자명왕→

아차산 제5보루에서 바라본 용마산과 그 뒤의 삼각산. 동쪽 풍경으로는 드물게 노적봉이 보인다.

안장왕→안원왕→양원왕(양강왕)→평원왕(평강왕)→영양왕 순으로 되어 있다. 양강왕 다음이 평강왕인 것이다. 어떻게 이런 일이……?

평원왕은 권좌에 32년이나 있었지만 업적은 없는 임금이다. 그냥 '고구려 말기의 대표적인 임금'이어서 「온달열전」에 등장했을 가능성이 크니 온달 미스터리를 파헤치기 위해서는 어느 임금 때 사건인지는 따지지 말고 예상 장소로 추적해 들어가는 게 오히려 빠를 듯하다.

이때 키워드가 되는 '계립현과 죽령'은 후대 지식인들이 이유 없이 믿어버리는 백두대간상의 고개가 아니라 아달라이사금 때 개척한 갑령과 죽장령이 아닐까? 독립선언 이후 서라벌은 내물마리칸 때 군대를 빌리면서 고구려에게 떼어준 땅(나중에 삭주에 속하게 되는 영주, 풍기, 순흥, 봉화)과 원래 고구려 영역이었던 예족濊族의 땅(내륙인데도

176

명주에 속하는 안동 임하면, 청송 안덕면과 진보면, 영양 청기면)을 소지와 지증마리칸이 야금야금 먹어 들어갔던바 이것들을 온달이 찾아가겠다고 주장할 근거와 여력이 충분하지 않은가? 그렇다면 온달은 두 지역이 신라에 넘어간 지 얼마 안 되는 때 등장해야 이치가 맞는다.

새로 즉위한 왕에게 맹세하며 내려왔다는 점을 감안하면 안장왕이나 안원왕, 양원왕 원년이겠다. 그런데 안장왕 전 임금 문자명왕 때는 고구려 국력이 넘쳐 땅을 뺏겼을 가능성이 작으니 온달을 사령관에 임명한 임금은 안원왕과 양원왕으로 좁혀진다.

한편 『일본서기』에는 "흠명천황 6년 고[구]려에서 대란이 일어나 수많은 사람이 죽었다"고 나온다. 안원왕의 제2, 제3비妃 친정아버지인 추군麤群과 세군細群이 궁성 앞에서 전투를 벌여 추군이 승리했던 것이다. 결과 세군파는 모조리 죽임을 당했고 사건 발생 나흘 뒤에는 임금마저 죽었다고 한다.

이 기사가 사실이라면 양원왕은 『삼국사기』에 보이듯 "안원왕의 장자로서 …… 재위 3년에 태자로 책봉되었고 …… 15년에 왕이 돌아가자 즉위"하는 순탄한 과정만 거치지는 않은 듯하다. 곡절 끝에 위에 올랐고 그런 까닭에 그를 옹립한 세력으로서는 여론의 향배를 돌릴 성공적인 군사작전의 필요성이 절실했던 것 같다. 온달은 바로 이런 상황에서 남정南征길에 올랐던 것이다.

3년 뒤에 고구려는 다시 남침에 나서 백제 독산성을 공격한다. 둘 다 실패는 했지만 안장왕과 안원왕 대의 수비 위주에서 이제 공세로 나가는 추세였다. 『일본서기』도 그렇거니와 「온달열전」의 '양강왕 때 일'이라는 것도 뚜렷한 이유 없이는 버릴 수 없다.

결론적으로 장군 온달 사건은 서기 545년(진흥왕 6) 고구려 땅 영춘에서 마아령 너머 처음 만나는 신라 땅, 순흥 비봉산성쯤에서 일

1999년에 발굴한 뒤 정비한 아차산성의 성벽. 너무 정리가 잘돼 있어 조경품 같은 느낌이 든다.

어난 것으로 추정된다. 거기가 '아단성阿旦城'이었을 수도 있고, 화살은 아단성에서 맞았지만 운명殞命은 야전병원이 있는 영춘 '을아차乙阿旦'에서 해 온달의 이름을 영춘의 성에 붙였을 수도 있다. 영춘은 정선, 영월, 평창, 주천과 함께 대대로 예족의 땅, 충청북도 동반부가 고구려에 편입되기 전까지는 단양과 함께 최전방이었을 테니 그런 시설이 있었을 가능성이 높다.

문제는 어떤 추론도 추측의 범위를 넘어설 수 없다는 점이다. 사실 자체가 본기에는 없고 전설 수준의 열전에만 보이는 데다 지명 또한 딱 맞아떨어지는 것이 하나도 없기 때문이다. 그럼에도 불구하고 "고구려의 혼이 살아 있는 광진구, 평강 공주와 온달 장군의 전설이 있는 아차산"이라고 가는 곳마다 벌여놓은 걸 보면 코웃음도 안 나온다. 온달 이야기는 차치하고라도 고구려군이 이 '아차성阿旦城'에 주둔한 기간이 700년 삼국시대 중 겨우 75년인데.

끝 부분을 쐐기처럼 뾰족하게 마무리 지은 성벽은 워커힐 주차장

바로 위에서 끝나고 있다. 희한하게도 지형과는 반대로 앉혀진 성이다 싶어 남쪽 성벽을 자세히 보니 비탈을 깎아 낸 신작로 같은 모양이다. 처음 쌓을 때는 토성이었다는 증거. 발굴 보고서도 드러내지 못한 백제의 흔적이었다.

다시 낙타고개로 돌아와 북서향 능선 길을 따르니 암반지대가 나타나면서 시야가 트이기 시작한다. '복원 공사 중'이라는 팻말과 함께 서까래만 한 통나무 울타리가 쳐져 있어 넘어가 봤더니 아차산 제1보루다. 바로 아래 해맞이 전망대가 있을 정도로 동쪽이 잘 보이는데 1개 소대면 지킬 만한 크기임에도 물탱크가 갖춰져 있었다고 한다.

산성에 있을 때 조선시대 괘불掛佛의 정수리구슬, 정상계주頂上髻珠처럼 보이던 것은 아차산 제5보루다. 그 정수리에 올라 산성 쪽을 바라보니 몽촌토성과, 백제 '한성漢城'으로 여겨지는 풍납토성이 연무煙霧 속에 희미하다. 산성에서는 잡목이 많아 시야도 좋지 않았고 또 성벽 살피느라 바라지도 않았지만 그 옛날 저기서 한성은 벌거벗은 임금님, 완전 '꼼짝 마라'였겠다.

그래서 장수왕은 서울 일대의 한강선, 37도 30분 이남으로 내려가지 않았구나! 그가 세운 광개토왕비에 보면 거기 와서 묘지기 노릇을 하는 지역이 대체로 이 선 위인데, 이유가 저렇게 옥야천리를 한눈에 감시할 수 있어서였구나! 개로왕의 아들 문주왕이 한성이 아닌 대두산성大豆山城─하남 춘궁동의 이성산성으로 보이는 데를 수리해 한강 이북의 민호民戶를 들인 것 역시 여기서 고구려군이 이렇게 내려다보고 있어서였구나!

제2보루에 이은 제3보루는 100미터쯤 되는 길쭉이. 보루 간 연결과 차단의 임계점을 찾기 위해 고심한 흔적이 역력하다. 양주 불

곡산 보루성들 사이에는 그래서 암릉 위에 차단 목책 기둥 홈이 파여 있던데 여기는 과연 어떤 시설을 했을까?

나무 울타리를 빽빽하게 두른 제4보루는 들어갈 엄두를 못 내겠다. 안내판을 보니 300미터 둘레의 유적지에서 모두 일곱 채의 건물 터를 발굴했는데 하나같이 쪽구들에 물탱크 시설이 돼 있고 어떤 것은 배수 시설까지 있었다고 한다. 거의가 군 막사로 추정된다니 요새로 치자면 상하수도 시설이 된 온돌방. 침상 마루에 '머리 박아' 하던 대한민국 육군보다는 나은 수준이었겠다.

최고봉인 용마산(348m) 정상 보루에 이르자 날이 저물어간다. 발 아래 중랑천은 붉게 물들며 한강과 합쳐지고 북쪽 멀리 삼각산은 손에 잡힐 듯 가깝다. 아차산성에서 시작, 목걸이 구슬처럼 늘어선 여덟 보루성은 바로 이 풍경을 위해 쌓인 것이었어. 산성에서 보이지 않는 북쪽을 감시하는 동시에 그걸 엄호하는 이 정치精緻한 방어 시스템은.

475년의 백제군은 그러나 여기 있지 않았다. 발굴 보고서에 따르면 보루들은 대부분 고구려 유적이고 용마산 3·6·7보루에서 신라 유물이 나올 뿐 백제의 흔적은 없었다. 개로왕이 죽은 해의 백제군은 북한성과 북한산성만 지키고 있었던 것이다.

4대 개루왕 때 처음 쌓은 것으로 나오는 북한산성은 이후 아차성으로 많이 불린 것 같다. 그렇지만 북쪽 한성, 북한성은 어디 붙어 있는지 짐작도 할 수 없다. 온조왕이 첫 수도로 삼았던 저 하남위례성河南慰禮城은…….

"야, 학계에서는 하남위례성이 어디쯤 있었다고 보냐?"

급할 때면 전화를 거는 국립중앙박물관 고고부장 친구를 찾았다.

"풍납토성이잖아?"

보루성 능선 위 전망 좋은 바위에서 본 용마봉과 그 어깨 너머로 살짝 보이는 삼각산. 송전 철
탑 위로 보현봉이 장엄하다.

　이 사람, 하남위례성의 '하'는 '패하'나 '칠중하'에서 따온 것인 줄
아직도 모르나? '한 리버the Han River'가 '한하'로 불린 적이 한 번이
라도 있었냐고. 『의정부 시정 40년사』처럼 하북위례성이라고 자의
적으로 바꾸지나 마라.
　"그 위례성 말고 강북에 있는 거."
　"중곡동토성이 유력했는데 알아보기도 전에 사라졌고⋯⋯ 어린
이대공원이나 건국대 캠퍼스 자리도 가능성이 있지만 도대체 그걸
누가 밝힐 수 있겠나?"

────────

아차산성을 답사할 때는 성도 중요하지만 주변의 보루성을 빼놓으면 안 된다. 본성 서남
쪽의 홍련봉보루 둘, 본성 답사 후 용마봉 정상보루로 향하면서 만나는 일곱 개의 보루
성을 훑어야 비로소 성의 역할과 역사가 잡히기 때문이다.

낙영산을 오르며 바라본 무영산. 일대에는 속리산, 백악산, 청화산, 대야산, 군자산 등 명산들이 많다.

낙영산

# 삼한 최초 회전 살수싸움
# 지켜본 중원의 명봉

백제를 녹아웃시키고 나자 고구려는 바야흐로 남부전선의 모든 역량을 서라벌 공략에 투입한다. 그리하여 소지마리칸 2년(480)부터 19년까지 18년 동안 무려 일곱 번을 쳐들어가기에 이른다. 주 침공로는 두말할 나위 없이 동해안 루트. 죽장령까지는 그냥 제 땅 달리기고 거기서 서라벌 금성金城까지는 48킬로미터, 120리밖에 안 되기 때문이었다.

1차 침공은 말갈족을 동원, 전력 탐색 정도만 한다. 하지만 이듬해 3월 그들을 앞세워 호명弧鳴 등 일곱 성을 빼앗은 다음 미질부彌秩夫로 진군하니 서라벌은 황급히 백제·가야군을 불러 연합전선을 형성한다. 백제 서울이 함락된 마당에 서라벌까지 같은 일을 당하면 그들도 큰 타격을 받을 것이기에 일사불란하게 뭉치는 모양새다.

484년에는 모산성母山城으로 쳐들어갔는데 백제군이 또 달려와 다음을 기약한다. 그렇지만 소지 11년에는 9월에 과현戈峴, 10월에

호산성狐山城을 함락시킨다.

494년부터 4년 동안은 스파링을 한 해도 거르지 않는다. 첫해에는 '살수의 들薩水之原'에서 서라벌군을 물리치고 견아성犬牙城을 포위했으나 백제군이 몰려와 퇴각, 둘째 해에는 백제 치양성雉壤城을 쳤더니 이번에는 서라벌에서 구원군을 보냈고, 셋째 해에는 서라벌 우산성牛山城을 공격했으며, 마지막 해에는 이를 점령하기에 이른다.

2차 침공 시의 호명은 호산성과 명산성의 합칭일 것이다. 바로 야시홀也尸忽 영덕과 우진야于珍也 울진이다. 야시는 '여우 호狐' 우진은 '울 명鳴'에 다름 아닐 것이기 때문이다.

'창 과戈' 자 과현은 영해에서 영양 석보로 넘어가는 창수령일 확률이 높으며 고을로는 영해다. 이 지역은 우시于尸>유린有鄰>예주禮州를 거쳐 해군기지라는 뜻의 영해寧海로 변한 것에서 보듯 이름들 사이에 상관성이 별로 없다.

두 번 등장하는 우산성은 처음에 고구려군이 니하에서 패하였다 하니 기계천 변에 있어야 한다. 그런데 지명으로서의 기계杞溪는 원래 우곡羽谷>우계羽谿였던 땅, '깃 우'의 음을 따르면 우산성의 '소 우牛'와 한가지가 된다. 게다가 사건이 일어나기 31년 전에 하슬라 사람을 동원, 니하에 성을 쌓은 사실까지 있다. 우산성은 분명 기계면, 아니면 기북면에 있었다.

그런데 『삼국사기』에서는 호명 등 일곱 성을 "지났다"가 아니라 "뺏었다"고 했다. 이유는 김부식과 휘하 편찬팀이 실직을 처음부터 끝까지 삼척으로 알고 있었기 때문이리라. 「지리지」의 "삼척군은 본디 실직국으로 파사이사금 때 항복해 왔다"를 전제로 깔고 본기를 집필했던 까닭에 "호명 등 7성"처럼 불필요하고 자신 없는 서술을

삼년산성 동문 가까이 있는 수구문. 입구와 마찬가지로 안쪽도 △ 모양을 이루고 있다. 바닥은 계단을 이루어 물이 잘 흘러나가게 되어 있다.

하게 되었던 것이다. 조선시대의 『신증동국여지승람』, 그걸 베낀 지금의 『삼척시지』, 『울진군지』, 『영덕군지』도 다 똑같다.

나머지 전적지 중 모산성은 문경 고모산성으로 여겨지는데, '살수의 들'이나 견아성은 감이 잡히지 않는다. 이럴 때는 막고 푸는 것이 최상의 방법. 당시 서라벌의 북쪽 국경이었으리라고 생각되는 고을들─문경, 예천, 영주, 봉화, 울진을 모조리 더듬어본다.

지금은 이들 모두가 경상북도지만 『삼국사기』「지리지」에는 문경과 예천은 상주尙州, 영주와 봉화는 삭주朔州, 울진은 명주溟州에 속한다고 되어 있다. 아울러 삭주는 원래 맥족貊族, 명주는 예족濊族의 땅으로서 고구려 영역이었다고 한다. 생각보다 복잡한 민족 구성이다.

이 다섯 고을에는 그러나 살수와 견아성이 없다. 그래 백두대간 너머의 괴산, 충주, 제천, 영월, 삼척을 살펴보는데 눈이 번쩍 뜨이는 구절이 나타난다.

"청천현淸川縣은 본디 육매현薩買縣이었는데 경덕왕이 고쳐 지금에 이르렀다."

'육' 자는 '풀 초艸' 아래 '뭍 육陸' 자다. 『삼국사기』 원본이, 낡아서 글자를 알아보기 힘든 필사본임을 감안하면 '살薩' 자로 볼 수도 있다. 바로 뒤의 '매買' 자가 '수水'와 통하는 예가 『삼국사기』에는 수없이 많기 때문이다(買忽>水城>水州>水原). 살수. 저 유명한 청천강이 여기도 있었던 것이다.

지도를 보니 괴산군 청천면소에서 동남동쪽으로 30리 거리, 상주시 화북면 장암리에는 견훤성도 있다. 같은 '견' 자 돌림이니 틀림없이 견아성일 것이다. 그런데 조선 후기 이야기꾼들이 같은 상주 관내의 이웃 가은에서 견훤이 태어났다는 사실 하나만으로 이름을 바꿨으리라. 전라도 순천에서 군인으로 입신해 광주를 점령하고 전주에서 후백제를 세웠던 그가 여기 왔다는 기록은 어디에도 없는데.

중부고속도로 증평나들목으로 나가 한남금북정맥을 넘는다. 청천면소에 도착, 달래강 가로 나가니 남쪽으로 넓지 않은 산골 들판이 펼쳐져 있고 그 가운데로 굽이굽이 강이 흘러들고 있다. 박대천이나 달천으로 많이 알려져 있지만 문인들은 '달래강'이라는 이름을 즐겨 쓰는 아름다운 개울, 조선시대에는 물맛이 으뜸으로 알려졌던 강이다.

1500년 전 서라벌군과 고구려군이 여기서 싸웠단 말이야? 산들은 턱 괸 훈수꾼처럼 느긋하고 들은 답답해하지 말라는 듯 펼쳐져 있는 가운데를 냇물이 굽이져 흐르는 이 그림 같은 풍경에서?

그런데 왜 하필 여기서 싸웠지? 고구려군과 서라벌군은 어느 루트로 왔고 어떤 전술에 따라 움직였으며 전투 방식은 또 어땠지?

정황을 살피기 위해 『삼국사기』를 펼쳐보니 "장군 실죽[등]이 살수의 들에서 고구려와 싸웠지만 이기지 못하고 물러나 견아성을 보전했다將軍實竹等與高句麗戰薩水之原不克退保犬牙城"고 한다. 들판에서 회전會戰을 했던 것. 진법陣法의 'ㅈ' 자도 몰랐을 서라벌군이 고구려군과 들판에서 맞붙었으니 지는 건 당연하고도 남음이 있었겠다.

방어에 급급한 처지의 서라벌군이 땅을 빼앗으려고 왔을 리는 없다. 그렇다면 고구려군이 이동한다는 사실을 알고 기습을 했을 것이다. 고구려군의 남부군사령부는 충주에 있었을 것이니 남쪽, 보은이나 옥천으로 가는 중이었겠다. 거기를 점령해 나제연합 고리를 끊을 속셈으로.

당시 보은에는 서라벌이 25년 전에 쌓아둔 삼년산성이 있었다.

상주시 화북면 장암리에 있는 견훤산성. 『삼국사기』의 견아성으로 추정되는 성인데 조선 후기의 동네 이야기꾼들은 가까운 가은이 견훤의 고향이라는 사실 하나만으로 여기다 견훤의 전설을 붙였고 그 결과 이름이 바뀌어버렸다.

고구려군의 1차 목표는 그것이었을 것이고 서라벌군은 "공격은 최선의 방어"라는 격언에 따라 선제 기습을 했던 듯하다. 그런데 난데없는 진법이 나오자 어쩔 줄을 몰랐고 허둥지둥 왔던 길을 따라 후퇴했을 것이다.

## 해발 800미터 산꼭대기에 쌓은 견훤산성

서라벌군의 퇴각로를 좇아 견훤산성으로 가본다. 박대천
에 걸린 강평교를 건너면서부터 협곡으로 들어가던 길이
갑자기 들판으로 나가자 GPS에서 "전방은 경상북도"라
는 안내가 나온다. 상주시 화북면 운흥리다. 어, 백두대
간이 아닌 도계道界도 있네?

백두대간 밤재를 넘어 장암리 삼거리에 이르자 남쪽
산꼭대기에 성이 보인다. 물어볼 필요도 없는 견훤산성.
시어동 들머리의 이정표를 따라 성으로 올라간다.

"산성은 높이 800미터의 산 정상부에 장방형으로 구
축되어 있다. 망대는 모두 네 개인데 동북쪽에 있는 말발
굽형의 것은 높이가 9~10미터에 이르고 바위를 기단석
처럼 이용해 쌓은 성벽은 무려 15미터에 이르러 화북면
소재지를 한눈에 조망할 수 있다. 성을 쌓은 방식이 충북
보은의 삼년산성과 비슷하며 둘레는 650미터 정도다."

해발 800미터 산꼭대기에 10미터 높이의 성을 650미
터 둘레로 쌓았다? 당시 성은 대개 200미터 전후의 야산
에 있었고 높이도 낮았는데 이 깊은 산중에 누가, 뭘 지
키려고 축성했는지 알다가도 모르겠다. 게다가 저렇게
쪽 고른 이빨처럼 돌을 다듬은 솜씨와 아직까지 무너지지 않게 쌓
은 기술은 또 어디서 왔는가?

이렇게 높은 지형에 이렇게 높다랗게 쌓인 성은 영춘 온달성이나
단양 적성 정도다. 모두 한때 고구려의 영역이었던 지역. 혹시 고구
려가 쌓은 것을 서라벌이 빼앗은 거 아니야? 백제를 멸망시킬 때 무
열왕이 머물렀던 백화산 금돌성도 20킬로미터 둘레에 높이는 4미

터밖에 안 되잖아?

삼년산성과 축성 방식이 같다니까 거기 가보면 답이 나오겠네. 그 전에는 토성밖에 모르던 서라벌 사람들이 고구려의 반식민지를 거치면서 어깨 너머로 배운 기술을 동원, 3년 세월 동안 쌓은 돌성. 보은 지나갈 때마다 눈을 떼지 못했던 관심사를 이번 기회에 한번 찾아가 봐?

하지만 이튿날 아침, 발걸음은 엉뚱하게 낙영산落影山을 향하고 있다. 살수의 들 주변에는 아무리 봐도 '『삼국사기』의 산'으로 내세울 만한 게 없어서다. 그래서 꿩 대신 닭으로 금왕 우리들산악회의 안성수 씨와 함께 청천에서 견훤산성 가는 도중에 있는 낙영산 (746m)을 찾았다.

산에는 바위도 많고 이름도 많다. 조봉산, 낙영산, 무영봉, 도명산에다 좀 떨어져 신산까지. 다른 데 같으면 산 이름이 하나밖에 없을 규모에 다섯씩이나 붙어 있는 것이다.

"여기도 성이 있습니다."

어제 견훤산성에 갔다 왔다고 하니까 안성수 씨가 능선 위의 돌무더기를 가리킨다.

"야, 정말이네. 대충 쌓은 것을 보면 몽고군이 쳐들어왔을 때의 피난성 같기도 하고……. 이것이 바로 그 유명한 도명산성이구먼?"

도명산(643m) 정상에는 사람도 많다. 썩 높지 않은 산이지만 바위와 소나무가 어우러진 풍광이 아름답고 주변 명산들 전망이 좋아 주말에는 언제나 이렇게 붐빈다고 한다. 역광 받은 검은 톱날 속리 연봉은 물론 백악산, 청화산, 대야산, 군자산, 장성봉까지 첩첩이 산물결이다.

산행이 생각보다 일찍 끝나 삼년산성으로 향한다. 보은읍 경계에

보은군청 언덕에서 본 삼년산성. 접시 모양 성벽 양쪽의 곡성曲城이 이후에는 왜 사라졌는지 궁금증을 자아낸다.

들어서니 뜻밖에 들이 넓다. 그 들 가운데 첫눈에 보은의 보물임을 알 수 있는 산성이 멀리서 빛나고 있다.

자비마리칸 13년(470) 저 성이 처음 쌓일 때 이 들판의 지배자는 누구였을까? 백제나 고구려였다면 한바탕 싸움이 있었을 텐데 기록이 없는 걸 보면 그냥 토박이 호족이 아니었을까? 삼국의 경계는 선이 아니라 백두대간처럼 상당한 폭을 가진 띠였고 산골 지역은 그냥 무국적자들의 땅이지 않았을까?

이윽고 산성으로 들어선다. 이집트의 대전문大殿門 파일론처럼 소슬한 정문(서문) 양쪽의 성벽이 높다랗다. 안내판 옆의 연못 아미지蛾眉池는 배수 시설이 흥미롭다. 물이 성문 턱을 넘어 나가게 돼 있는 것이다. 세상에! 어떻게 이런 천재적인 발상을 다 할 수 있지?

"소지마리칸 8년, 장군 실죽이 일선一善 지역 장정 3천 명을 동원하여 삼년산성을 개축하였다"는 『삼국사기』 기록을 읽었을 때는 틀

191

림없이 수구문水口門이 무너져 다시 쌓았을 것으로 짐작했다. 하지만 후대처럼 홍예문虹霓門으로 꾸미는 기술을 16년 사이에 발명했을 리는 만무하고, 도대체 어떻게 꾸몄을까 궁금하기 그지없었다. 그런데 와서 보니 이렇게 콜럼버스의 달걀처럼 단순한 방법으로 해결하고 있다.

정문에서 양쪽 산봉 중간의 곡성曲城까지는 복원을 해놓았다. 이 땅 어디에도 없는, 유럽의 성에서나 볼 수 있는 저 높다랗고 둥근 원기둥을 이후 성들에는 왜 만들지 않았을까? 효용은 유럽에서 증명된바 있고 만들 기술도 있는데 왜 두 번째 성부터는 생략했는가 말이다.

남문 쪽으로 올라가며 견훤산성과 축성 방식이 같은 부분을 찾는데 눈을 씻고 봐도 없다. 돌 크기도 고르지 않을뿐더러 '옆으로 나란히'도 제대로 하지 않았다. 한마디로 여염집 담 쌓기나 논두렁 방천防川 쌓기 수준을 넘지 않는데 천여 년간 무너지지 않은 것이 신기할 따름이다.

동문 옆에 △ 모양의 수구문이 있어서 들여다봤더니 저 안쪽 돌들도 모두 △ 모양을 이루도록 쌓았고 바닥은 물이 잘 내려가게 계단을 이루고 있다. 고모산성에서 처음 보았던 초기 수구문 형식. 정문 옆 성벽에도 처음에는 이런 모양의 수구문이 있었는데 홍수로 무너지자 아예 없애버리고 물이 문턱을 넘게 만든 것 같다.

삼년산성을 고쳐 쌓을 때 서라벌은 옥천군 청산면의 굴산성屈山城도 함께 수리했다. 당시 굴산성과 삼년산성 사이 보은군 마로면에는 모로성芼老城이 있었고 그 동쪽 상주시 화령(화동면)에는 답달비성答達匕城이 있었으며 2년 뒤에는 화령 남쪽 모동면에 도나성刀那城을 쌓았다. 그리고 다시 4년이 지나 살수싸움이 일어났으니, 근 한

세대 동안 서라벌이 서북부 국경지대에다 얼마나 많은 공을 들였는
지 알아줘야겠다.

---

공림사 주차장─(1.2km 50분)→도명산성 남문─(0.5km 15분)→낙영산─(1.8km 1시간)→도명
산─(1km 25분)→서문 터─(2.5km 1시간 20분)→공림사 주차장[총거리 7km 소요시간 3시
간 50분]

화왕산성 남문과 그 앞의 연못. 가야시대부터 시작, 신라·고려·조선 내내 성으로 기능했던 유서 깊은 산성이다. 사진 왼쪽 위 포클레인 옆에 창녕조씨득성지지 비석이 보인다.

 화왕산

# 이사부는 여기 올라
# 다라국 정벌 전략을 짰다

소지마리칸 다음 임금은 지증왕, 지도로마리칸이었다. 전 임금의 6촌 동생이었으니 임금 되기는 벌써 물 건너간 순번이었는데 무슨 수를 썼는지 하여튼 되었다(500년). "전왕이 돌아갈 때 아들이 없어서 위를 계승하였다" 하지만 예나 지금이나 믿을 사람은 아무도 없을 테고, 어쨌든 즉위하자마자 인기를 쑥 끌어올릴 필요가 절실한 처지였다.

예순넷이나 되는 늙은 임금으로서는 고민이 많았으리라. 소지 말기부터 소강상태라고는 하나 고구려의 원투 스트레이트에 정신을 못 차리던 서라벌. 어디를 침략해 땅을 늘리려 해도 여력이 없었다. 설혹 있다 하더라도 공수동맹을 맺은 백제는 넘볼 수가 없고…….

이때 약관弱冠의 젊은이 이사부가 지도로를 찾아온다(당시 몇 살이었는지는 모르겠으나 63년 뒤까지 죽 현역―대가야 반란 진압 책임자로 활약했던 것을 보면 스무 살을 크게 넘지 않았을 듯하다).

이사부가 다라국 정벌 전략을 짤 때 올라갔을 것으로 여겨지는 화왕산. 온통 바위로 덮여 꼭 불 난 산처럼 보이는 까닭에 '불 화' 자 '임금 왕' 자를 쓴 것 같다.

"임금이시여, 고구려라는 거인이 양어깨를 짓누르고 있어 우리 서라벌이 움치고 뛸 수가 없음은 저도 잘 압니다. 하지만 아무리 그렇더라도 백두대간 안쪽의 땅은 마음대로 할 수 있는 것 아닙니까? 많은 병력이 필요하지도 않습니다. 그런데 저걸 왜 가만두고 계십니까?"

가야를 치자는 것이었다. 뜻밖의 제안에 지증은 뱃속이 화해졌을 것이다. 아울러 같은 내물왕 후손인 5촌 조카 젊은이가 어떻게 저런 꾀꼬리 같은 생각을 했는지 기특할 따름이었을 것이다.

당시 가야연맹은 낙동강 서쪽에서 겨우 명맥이나 유지하는 정도였다. 나라라고 할 만한 것은 고령 대가야, 합천 다라국, 함안의 안라국뿐이었다. 초기의 열두 나라에 비해 4분의 1로 줄어든 셈이다.

"그래 무슨 좋은 방법이라도 있는가?"

"우선 저를 비사벌로 보내주십시오. 다라국을 우리 땅으로 만들

겠습니다. 세 가야 중 가운데 있는 다라국의 이빨이 빠지면 나머지 둘은 가만 놔둬도 흔들릴 것입니다."

"다라는 셋 중에서 기병이 가장 강한 나라다. 반면 비사벌에는 말을 기르는 소규모 병력밖에 없다. 그런데 무슨 수로 점령을 하겠다는 말인가?"

"저도 사실 뚜렷한 계책이 있는 건 아닙니다. 그건 현지에 가서 살펴본 다음에 세울 것입니다. 하지만 자신 있습니다. 임금께서는 저를 믿으시고 일단 보내주시기 바랍니다."

자신 있다는 데야 더 할 말이 없었다. 그리고 목마장牧馬將은 썩 중요한 직책도 아니니 젊은이의 말처럼 일단 맡겨보는 것도 괜찮을 듯싶었다. 나중에 알게 되겠지만 그는 서라벌 최고전략가의 한 사람, 로마의 카이사르에 비견할 만한 꾀주머니였다.

"지도로왕 때 연변관沿邊官이 되자 거도居道의 권모權謀에서 착안한 말놀이 속임수로 가라국을 빼앗았다."

『삼국사기』「이사부열전」에만 나오는 사건의 전말이다. 육하원칙도 갖추지 못한……. 엉터리도 이런 엉터리가 없다. '사국사기'가 아니라 '삼국사기'를 지으려 했던 김부식팀이 가야의 존재를 철저하게 무시한 결과다. 반밖에 알려지지 않은 열두 가야의 이름도 대개는 『삼국유사』를 통한 것인데 그것마저 우리는 언제 생겨 언제 사라졌는지는 도통 알 수가 없다.

『삼국사기』「지리지」에서는 아시량국이었던 함안군이 법흥왕 때, 대가야 고령은 진흥왕 때 서라벌 땅이 되었다고 한다. 반면 옥전고분군에서 굉장한 유물이 나온 합천에 대해서는 일언반구가 없다. 그런데 「이사부열전」에 "지도로왕 때……"가 나오니 이를 합천 쌍책면의 다라국으로 비정해볼 수 있을 듯하다. 서라벌의 응비기인 지증왕·법흥왕·진흥왕 때 가야연맹 세 나라를 하나씩 합병했으리라는 기대에서다. 일단 가보자, 합천으로.

며칠째 황사가 기승을 부려 출발 날짜를 계속 미루다가 비가 조금 온 뒤 갠다는 일기예보를 듣고 남녘으로 향했다. 아침에 안개 끼는 곳도 많겠다더니 해가 뜬 다음에도 오리무중이다. 농사철이 시작되어 비상사태 대응력이 가장 없는 경운기 만날까 겁난다.

옥전고분군은 합천박물관 뒤 야산에 있었다. 박물관 직원들이 출근도 안 한 이른 아침이라 고분부터 올라가 본다. 서서히 걷혀가는 안개 속에 크고 작은 무덤들이 셀 수 없이 많다.

사진 몇 컷 찍은 다음 내려와 보니 박물관 앞에 말투구를 쓴 청동 마상이 서 있다. 여기가 철갑기병 유물이 많이 나온 데던가? 안으로 들어가 보니 과연! "말투구는 동아시아 발굴품 열네 개 중 여섯, 말갑옷은 국내 아홉 벌 중 넷이 나왔으며 총 여덟 자루의 환두대도環頭大刀 중 네 자루가 M3고분 하나에서 발견된 것도 기록"이라고 한다.

철갑기병은 오늘날의 탱크만큼 위력적인 육상 전투의 왕자였다. 사람과 말 모두 쇠붙이로 단단히 쌌던 까닭에 당시 원거리 무기의 주류였던 활이나 투석에 끄덕도 하지 않았다. 이렇게 대단한 기병 군단의 나라를 약관의 이사부는 도대체 무슨 수로 점령했을까?

머잖은 곳 쌍책면사무소 뒤에 성산城山이 있다고 해서 찾아가 본다. 해발 40미터쯤의 나지막한 동산으로 옛날 다라국 국읍國邑 자리 같다. 밭두렁 언덕으로 변한 성벽에는 대나무와 잡목, 억새가 군락

창녕박물관 옆의 교동고분군. 창녕군에는 이것 외에 창녕읍의 송현동고분군, 계성면의 계성고분군도 있다.

을 이루어 흙성의 자취를 어렴풋이나마 짐작할 수 있게 한다.

평면이 직각이등변삼각형에 가까운 성의 빗변 부분에는 남향에다 소쿠리 지형, 굉장한 명당자리가 있다. 그 한편에 향교 같은 건물이 보여 찾아봤더니 관수정觀水亭이라는 정자다. "합천 이씨 소유로 찬성贊成 윤서의 현손 봉서가 세웠다"라고 되어 있다.

종1품 찬성 벼슬을 한 집안 거라고? 딱 가야 임금과 맞먹는 위상이니 옛날로 말하자면 이 정자가 다라나라 왕궁에 딸린 거라고 할 수도 있겠네? 성이야 난리가 났을 때 입보入保하는 데고 평소에는

쌍책면소 뒤의 성산토성에서 내려다본 명당자리 내리. 코앞의 덤불과 오른쪽 밭둑 위의 소나무, 비닐하우스, 대나무 덤불을 잇는 선이 성벽이다. 낙동강 가의 관수정과 그 위 또 하나의 정자가 향교처럼 보인다.

왕공 귀족이 이런 평지 명당에서 살았을 거 아니야?

마침내 의문이 풀렸다. 다라국 최후의 날에 대한. 이사부는 철갑기병만 믿고 있던 다라국을 안장도 없는 말을 타고 급습, 순식간에 초토화시켜버린 것이었다! 낙동강에서 여기까지는 겨우 8킬로미터. 시속 60킬로미터의 말을 타고 달릴 경우 8분이면 도착한다. 철갑기병 대군이 있으면 뭐하겠는가? 철옹성이 있으면 무슨 소용이 있겠는가?

아무리 그렇다 쳐도 다라국이 대비를 안 하지는 않았을 텐데 이사부는 어떻게 저들을 감쪽같이 속였지? 거도의 권모가 무엇이기에 눈 번히 뜨고 당했을까?

『삼국사기』「거도열전」에는 "해마다 국경 부근 장토의 들에 말 떼를 모은 다음 병사들이 타고 달리는 것으로 볼거리를 삼았다. 그래 서라벌은 물론 국경 저쪽의 우시산국, 거칠산국 사람들까지 구경에 익숙해져 항상 있는 일로 여길 즈음 불의의 습격을 해 두 나라를 멸망시켰다"고 되어 있다. 권모의 핵심이 경마였던 것이다. 경기 방식이 '마숙馬叔'이라고 특별히 이름까지 기록해놓은 것을 보면 보통 경마는 아니고 지금 헝가리 푸스타 평원에만 남아 있다는 서커스 경마, 안장 없는 네 마리 말을 몰면서 가운데 두 마리의 엉덩이 위에 서서 달리는 식이 아니었을까 싶다.

창녕은 조선시대의 내륙 목마장牧馬場 목마산성이 남아 있는 곳이다. 당시의 군마 목장들은 대개 해안 지방이나 섬에 있었는데 드물게 내륙에 있었으니 예로부터 말을 기르기 좋았거나 군마를 주둔시킬 필요성이 큰 고장이었을 것이다. 이사부가 지증왕과의 가상 대화에서 비사벌을 언급한 이유다.

연변관이 되어 비사벌로 부임한 이사부가 맨 처음 한 것은 낙동강을 따라가는 국경 시찰이었을 것이다. 다음 화왕산을 올라가 지형을 살피면서 시나리오의 얼개를 '거도의 권모'로 짰을 것이다. 임금과 5촌지간인 그는 서라벌 역사를 훤히 꿰고 있었을 테지만 저 460여 년 전 일을 외국인이나 서민들은 알 까닭이 없었을 테니 암호를 만들 필요도 없는 완벽 전술이었다.

## 갈빛 일색 억새 초원 나른한 화왕산성

그 이사부의 입장이 되어보기 위해 화왕산을 찾는다. 도성암 주차장에 차를 세우고 갈지자 소나무 숲길을 1시간쯤 오르니 갈빛 일색의 억새 초원 나른한 화왕산성이다. 해마다 대보름날 여기 불을 지르는 줄 알았는데 언제부터, 왜 중지했는지 모르겠다.

고스락에 앉으니 희뿌여나마 낙동강이 잡힌다. 5만분의 1 지도를 펴 정치定置를 해보니 쌍책면 성산은 화왕산과 소벌牛浦 북쪽 끝을 잇는 선을 따라가 있다. 그 가운데 상적포라고, 황강이 낙동강에 합류하는 데가 보이며 뒤를 두 겹 야산 줄기가 여미고 있다. 맑은 날이라 해도 성산이 보이지는 않았겠지만 이사부가 전략을 세우는 데는 충분했겠다.

이사부의 경마 코스가 땅 위에 그려진다. 읍내에서 20번 국도를 따라 낙동강 적포교까지, 다음 67번 지국도로 이방면소까지, 이후에는 1080번 지방도를 타고 창녕읍으로 돌아오는 것이다. 거리는 약 36킬로미터. 내내 '마숙'의 묘기를 부릴 수는 없었겠지만 강변 풀밭을 달릴 때는 관람객의 눈길을 상당 시간 붙들어놓을 수 있었으리라.

도강 지점은 이방면 현창리였을 것이다. 경마 코스의 강변 평지가 끝나는 곳으로, 쌍책에서 창녕 오면서 보니 건너편 적포리와의 사이에 모래가 쌓여 얕아진 지점이 있었다.

도강 직전에는 강변 둔지산에 숨어 있던 병사들이 빈 말에 올랐을 것이다. 그래 처음 출발할 때는 1개 소대밖에 안 되던 병력이 강을 건너면서는 중대, 나아가 대대급으로 불어나 다라국을 순식간에 쓸어버렸을 것이다(503년). 말 한 마리에 병사 두 명을 태움으로써 기병력 열세를 만회한 카이사르의 신출귀몰 싸움법처럼.

데뷔전에서 이렇게 능력을 보여준 이사부가 지증왕의 총애를 한 몸에 받았음은 두말할 필요가 없을 것이다. 그리하여 발령받은 다음 자리는 서라벌 최고 취약지면서 가장 중요한 군사 거점 실직의

이사부의 도강 지점으로 여겨지는 창녕군 이방면 현창리의 강변 평지와 낙동강. 강바닥이 얕아 어렵지 않게 건널 수 있는 물목이다.

군주軍主였다(505년). 지금의 수도방위사령관에 해당한다.

포항시 신광면 토성리에 치소治所가 있었을 실직주는 지금 포항 시내는 물론 기계·기북면·안강읍, 강동·대송·장기면, 구룡포·오천·연일·흥해읍, 청하·송라면까지 동원령을 내릴 수 있는 군관구軍管區였다. 이사부는 여기에 철통같은 방어 태세를 구축함과 동시에 관할 지역 여러 포구에서 이전과는 비교할 수 없는 큰 군선軍船을 만들기 시작했다. 최초의 범선帆船이었던 모양으로 이로써 서라벌은 대양 항해, 대량 수송이 가능해진 것 같다.

그러나 이사부로서는 성 쌓고 해자 파고 목책 세우기나 해야 하는 이런 자리가 따분하기 이를 데 없었을 것이다. 하지만 서라벌은 아직 고구려를 밀어붙일 만한 힘이 없었던 까닭에 조정은 북진을 허락하지 않았고 꾀주머니의 꾀는 썩어 거름이 되어가고 있었다.

합천박물관 안에 꾸며놓은 선사시대 생활 모습. 왼쪽의 쇠둑부리(제철소)에서 생산한 '가야의 철'을 바탕으로 황강을 통해 활발하게 무역을 하는 생활상을 재현해놓았다.

　이렇게 나른한 6년 세월이 지나고 7년 차를 맞던 어느 날 사령관이 자리를 털고 일어났다.

　"실직주의 모든 병선을 하슬라(청하)로 모아라."

　비사벌에서 경마를 시작한다고 할 때와 마찬가지로 사졸들은 서로 얼굴만 쳐다보았다.

　그 사이 사령관은 동해안에 대한 정보를 샅샅이 수집해두고 있었다. 그리고 해류를 따라 난바다로 가면 우산국이 있다는 것을 알았다. 독립국이라니 고구려 같은 나라와 외교상 분쟁이 있을 리 없고 손톱만 하다 하니 병력 동원이랄 것도 없이 그냥 날름 삼키기만 하

합천박물관 앞에 트로이의 목마처럼 우뚝 서 있는 청동 마상. 박물관의 자랑스런 유물인 말투구와 말 갑옷을 재현, 어린이들이 사진을 찍을 수 있게 꾸며놓았다.

면 될 듯했다. 나아가 그곳을 차지하고 있으면 동해안 어디로나 상륙이 가능, 전략상으로 엄청난 이익을 가져다줄 것이었다.

하지만 처음 해보는 해전海戰은 생각만큼 쉽지 않았다. 적과의 싸움보다 바다와의 싸움이 더 큰 문제였는데 이를 간파한 우산국 사람들이 험한 지형에 의지해 상륙을 저지하니 백 꾀가 소용이 없었다. 서라벌군의 피해가 커지자 이사부는 철수 명령을 내렸다.

두 달 뒤 이사부는 다시 우산나라를 향했다. 전에 격퇴한 적이 있는 서라벌군이 또 오자 우산나라 사람들은 기세 등등, 빗발처럼 활을 쏘아댔다.

대장선 다락에서 이를 물끄러미 보고 있던 이사부가 오른손을 들었다. 그러자 병사들이 군선 갑판 위의 광목을 걷었다. 거기에는 거대한 사자가 한 마리씩 앉아 있었다. 이사부는 목청을 돋웠다.

"이것은 사자다. 사람이고 소고 단번에 삼켜버리는 무시무시한 짐승이다. 이놈들은 서라벌을 떠나오면서 계속 굶었다. 항복해라. 짐승을 풀어놓으면 너희는 씨가 안 남을 것이다."

우산나라 사람들은 눈을 비비고 다시 보았다. 괴물들의 으르렁거리는 소리가 국수바위를 흔들었다. 서라벌군은 무섭지 않지만 저놈들에게는 어떻게 할 도리가 없을 듯했다. 장로들은 항복 결정을 내렸다.

사자는 나무로 깎은 것이었다. 으르렁거리는 소리는 병사들이 '어敔'라는 악기(범 모양으로 조각한 공명통 등줄기에 나무로 된 톱니를 붙이고 죽비로 훑어 소리를 낸다) 수십 개를 울려 낸 것이었다. 우산나라 사람들은 몰랐지만 향악이 성한 서라벌에는 이런 유의 음향효과 장치가 발달해 있었다.

진실을 안 우산나라 사람들은 어이가 없었다. 그러나 이미 무장은 해제됐고 상황은 돌이킬 수 없었다. 어쨌든 나무 사자는 볼수록 신기했다. 그래 기념으로 달라고 사정했고 이사부는 남서리 바닷가에 거대한 사자를 내려놓고 돌아왔다.

세월이 흐르면서 나무 사자는 삭아 없어졌다. 그런데 바닷가 바위가 파도에 부서지면서 사자 모양으로 되었다. 우산나라 사람들은 그 사자바위를 보며 서라벌군과의 싸움 이야기를 대대로 전해 내렸다. 지금까지도.

---

창녕여중고─(1km 40분)→도성암─(1.5km 50분)→정상─(3km 1시간)→관룡산─(1km 40분)→
관룡사─(1.5km 30분)→옥천리[총거리 8km 소요시간 3시간 40분]

함안 성산산성. 입구 마을 괴항의 이수정. '안쪽에 들이 있는 고을' 함안의 한바다들을 흐르는 내 둘이 모여 이룬 절경이다.

# 패러글라이더 요람이 된
# 임나 부흥의 청사진

천재적인 군사전략가 이사부는 그러나 지증왕 다음 임금에게 중용되지 못한다. 서라벌 최초의 행정기관 병부兵部가 설립되었음에도, 이사부 외에는 적임자가 없을 텐데도 우두머리에 오르지 못한다. 불교를 공인한 왕 법흥이 "당당하지 못하고 잔꾀나 부리는" 이사부의 성품을 달갑잖게 생각했던 듯하다. 『삼국사기』에 나와 있는 왕의 인물평은 "신장이 7척이나 되고 관대·후덕하며 사람들을 사랑하였다身長七尺寬厚愛人"다.

카이사르의 동시대인들도 대개는 카이사르를 싫어하였다. 여자들의 환심을 사기 위해 선물을 사고 로마 시민이 좋아하는 서커스를 개최하느라 빚이 눈덩이처럼 불어나는데도 계속 빚을 내 사치스런 생활을 하고 신성한 원로원에서 연애편지나 쓰고 있는, 입증된 능력도 없는 마흔 이전의 그를 동료 원로원 의원들이 좋아할 까닭이 없었던 것이다. 그럼에도 기회가 주어지자 카이사르는 갈리아 평정이라는 불멸의 업적을 이루어낼 뿐 아니라 군사, 정치, 경제, 문화 모든 면에서 로마, 아니 서양의 기틀을 세우게 된다.

서라벌이 천 년 왕국이 된 데는 이사부의 기여가 컸다. 진흥왕 때 서라벌이 한강 유역을 차지한 것은 순전히 병부'령슈' 이사부의 공로로 보이기 때문이다. 서라벌 웅비의 바탕, 중원中原과 동해안의 10군을 차지할 당시 진흥왕의 나이는 겨우 열여덟이었다.

그렇지만 이는 어디까지나 다음 임금 때 이야기. 이사부는 법흥왕 재위 27년 동안은 꿀 먹은 벙어리로 있어야 했다. 무엇보다 「법흥왕본기」에는 전쟁 기록이 없다.

기록이 남아 있는 것은 「지리지」와 국보 242호 울진봉평리신라비다. 먼저 「지리지」의 기록에 의하면 "함안군은 법흥왕이 대병大兵을 일으켜 아시량국(아나가야)을 멸망시키고 세웠다"고 되어 있다.

대병을 일으키려면 계기나 명분이 있어야 한다. 그런데 전쟁 기록 자체가 없는 법흥왕 때니 그런 게 나와 있을 리 없다. 억지로 찾은 것이 겨우 "4년 여름 처음으로 병부를 설치하였다" 정도다. 병부라는 칼을 마련했으니 호박이라도 찔러봤으리라는 생각에서다.

이런 눈으로 보면 이듬해인 "5년 봄 주산성侏山城을 쌓았다"는 기록도 수상하다. 뭔가를 빼앗았으니까 성을 쌓았을 것 같다는 추론에서다. 그렇다면 이제 그것이 함안에 있다는 증거만 잡으면 된다.

그런데 얼핏 떠오르기로 주산성은 고령에 있다. 이걸 점령한 때는 또 진흥왕 대다. 역시 「지리지」에만 나와 있어 정확히 언제인지는 모른다.

실망스런 마음으로 인터넷에서 '함안 성산산성'을 찾아보니 "일명 조남산성鳥南山城"이라고 되어 있다. '조'나 '주'나 음운학상으로

흙과 돌을 혼용하여 쌓은 대가야시대 산성이라는 고령 주산성 성벽. 주 통로인 동문 일대 가장 잘 남은 부분이다.

는 그게 그거 아닌가? 나아가 고령 주산성도 '주인 주主' 자를 쓰니 오십보백보다. 일단 함안으로, 가야읍으로 가보자.

'아시량국阿尸良國＝아나가야阿那加耶＞안라국安羅國＞함안咸安'은 안라국과 함안 사이에 '＞안나＝안함安咸＞'의 중간 과정이 있다고 가정하면 별다른 식견 없이도 이해가 된다. 아시량국의 '尸'를 사이 시옷으로 볼 경우에는 '良'과 '那'가 같은 '들'이니 '국'이 곧 '가야'라는 사실도 깨닫게 된다. '가야'란 학자들이 말하는 것처럼 연맹 중심국만 쓸 수 있었던 말은 아니었던 것 같다.

'안라＞안다'는 '다'의 유음화, '다＞라'의 역반응이다(라＞다). 이 '다'를 '다 함咸' 자로 쓴 '안함安咸'에 지명 변화 시 가장 일반적인 방법 앞뒤 바꾸기를 적용, '함안咸安'이 되었다. 뜻은 '안쪽에 들이 있는 나라[고을]'다.

납작하게 다듬은 모난 돌들을 수직에 가깝게 쌓은 성산산성 성벽. 안라국이 아니라 서라벌이 쌓은 것이다.

## 안쪽에 들어 있는 고을, 함안

성산산성 동문으로 들기 위해 괴산리 괴항마을로 가니 동구에 호수라고 해도 손색이 없을 만큼 큰 연못이 있고 가운데 섬과 기슭의 괴목들이 하늘을 가리고 있다. 섬으로는 다리가 놓여 있고 육모정 하나가 외롭다. 호숫가를 따라서 마산 진동[면] 가는 79번 국도가 빙 돌아 달리는데 길 건너 저쪽으로는 함안천이 흐른다. 괴항마을 앞으로도 작은 내가 흐르니 호수는 두 내가 만나면서 생겨났고 그래서 일대를 이수정二水亭이라고 부르는 듯하다.

두 내가 만나게 된 것은 그것들 동서쪽 산등이 호수께에서 붙어

버릴 것처럼 접근하고 있기 때문이다. 그 안쪽으로는 널찍한 한바다들이 펼쳐져 있으니 함안은 말 그대로 '안쪽에 들이 있는 고을'이다. 이름과 지형이 이렇게 들어맞는 데는 본 적이 없다.

괴항마을 골목길을 따라 올라가 본 산성은 확실히『삼국사기』의 주산성 같다. "성벽의 상부가 많이 허물어져 흙과 돌을 섞어 쌓은 것처럼 보였으나 1991년부터 4년간 진행된 조사에서 납작하게 다듬은 모난 돌들을 수직에 가깝게 쌓은 것이 확인되었다"고 했던 것이다. 흙과 돌을 섞어 쌓은 가야식이 아니라 서라벌식이다. 반면 예전에 가본 고령 주산성은 "흙과 돌을 혼용하여 쌓은 대가야시대 산성"이라고 되어 있었다.

그런데 도대체 뭐하러 주산성을 찾았지? 곰곰 생각해보니 서라벌이 안라국을 언제, 어떻게 멸망시켰는지 알아보기 위해서였다. 멸망시킨 다음에 무슨 짓을 했는지가 아니었으니 기껏 한 일이 헛짓이었던 것이다.

그렇다면 안라국 왕성은 어디 있었을까? 그걸 알아야 가서 보고 소설을 쓰든지 제사를 지내든지 할 텐데, 생각이 갈피를 못 잡고 헤매던 차 작년 이맘때 함안에 와서 에베레스트 남서벽 원정대 조형규 대장과 같이 만난 아라가야향토사연구회 조희영 회장이 떠오른다.

"아라가야 왕궁은 가야읍 가야리 266번지에 있었을 겁니다. 왕릉급 고분들이 몰려 있는 도항리·말산리와의 거리,『함주지咸州志』의 기록, 뒷산 삼봉산에 둘레 2킬로미터가 넘는 산성이 있다는 사실도 그렇지만 더 중요한 것은 우리 함안군 관내에 있는 거의 모든 성들이 거기를 방어하는 형세로 배열되어 있거든요."

망설임 없이 차에 올랐다. 곧 조형규 대장이 운영하는 중앙약국에 들러 길을 물어보고 아라가야향토사연구회의 『안라국 고성』을 빌려 가야리로 향했다. 공설 운동장 바로 뒤였다.

왜정시대 저습지 개간을 위해 둑을 쌓으면서 물길과 이름을 모조리 바꿔버렸다는 가야리 일대는 책을 한참이나 들여다본 뒤에야 옛 지형을 짐작할 수 있었다. 『안라국 고성』에서는 "높다란 두 둑 사이에서 동쪽으로 흘러 함안천과 합류하는 지금 가야천이 원래는 가야리와 공설 운동장 사이 북쪽으로 흘렀고 이름은 대문천大門川이었다" 하고 있었다. 왕성의 대문 앞을 흘렀기 때문이라는 주장. 증거처럼 그 자리에는 구하도舊河道가 남아 있다.

그 책에 따르면 마을 앞 둑은 원래 토성이 있던 자리라고 한다. 왕궁은 둑 오른쪽 동산의 소쿠리 지형에 있었을 듯하다는데 1996년 창원문화재연구소에서 시굴을 해봤지만 별다른 게 나오지 않았다. 어쨌든 구하도 이쪽저쪽에 죽 앉아 있는 낚시꾼들을 내려다보는 동네 앉음새 하나는 좋다.

여기가 안라국 왕도가 맞다면…… 서라벌에게 나라를 빼앗기고 안라에 빌붙어 사는 왜계 임나국任那國 지도층, 종발성의 고구려군이 철수할 때 임나를 되찾아주겠다고 현해탄을 건너왔던 일본부 행군원수日本府行軍元帥의 휘하 잔당, 둘이 한지붕 아래 살림을 꾸린 임나일본부도 저 성안 어딘가에 있었을 것이다. 다라국이 멸망한 뒤 안라국이 위험하다고 여긴 백제가 원原거타居陀 거창 주둔군을 전진배치한 거타주居陀州, 즉 진주의 백제군 장수들도 왔다 갔다 했을 것이다.

『일본서기』에 따르면 이들은 낙동강 이남의 서라벌군을 김해 쪽으로 밀어붙이려는 야심 찬 계획을 추진하고 있었다. 야마토, 대가야와 보조를 맞추었던 일로 서라벌군이 점령하고 있던 구례[륭]산

아라가야향토사연구회가 안라국 왕궁지로 보는 가야읍 가야리 266번지 일대. 뒤로 삼봉산이 우뚝 솟아 있다. 낚시꾼들이 낚시를 드리우고 있는 물이 대문천 구하도다.

(432m) 5성 가까이 성 여섯을 쌓고 거기 야마토군 3천 명과 백제군을 주둔시킴으로써 구례산 일대의 서라벌군을 압박하고 결국에는 그것을 빼앗을 속셈이었다. 나아가 창원함지의 임나를 부흥시키려는 것이었으니 이것이 성공했다면 서라벌은 낙동강 이남 경상남도의 근거지를 거의 다 잃었을 것이다.

그렇다면 백제와 야마토는 성 여섯을 어디어디쯤에 쌓으려 했던 것일까? 성의 숫자를 못박고 수비 병력도 3천 명이라고 명확하게 제시한 것을 보면 축성 계획이 아주 구체적이었던 것 같다. 전망 좋은 산에 올라 대략적인 위치 선정을 했음은 물론 백제와 야마토 장수가 짝을 이루어 현지답사도 했을 것이다. 그리고 그 성들은 대개는 기존의 성을 키우거나 방어 시설을 보충하는 식이었을 것이다. 전략 요충이란 누가 봐도 거기서 거기일 테니까.

안라국 방어, 나아가 임나 부흥이 목적이었으니 우선은 함안천 유역에서 광로천 유역으로 넘어가는 신당고개를 요새화했을 것이다. 다음 광로천 주변―내서읍, 칠원면, 칠서면의 요충들을 강화했을 것이다. 그리고 마지막으로 마산, 나아가 창원함지로 향하는 마재고개를 점검했을 것이다.

이런 생각을 가지고 지도를 들여다보니 가야읍과 신당고개 사이에 동지산성과 문암산성, 고개에는 포덕산성, 북으로 뻗은 능선에는 칠원산성과 안국산성, 광로천 변에는 무릉산성, 검단산성, 성지봉산성 등이 줄지어 있다(『안라국 고성』에 나온다). 나아가 이들 모두를 굽어볼 수 있는 위치와 높이의 산 꼭대기까지 도로 표시가 되어 있다. 자양산 401.8미터.

"자양산을 차로 올라갈 수 있습니까?"

조형규 대장에게 전화를 걸었다.

"박희택이가 패러글라이딩 하러 주말마다 가는 산 아이가? 거기는 뭐할라꼬?"

"일대가 다 보일 듯해섭니다. 올라가면 전망은 좋습니까?"

"좋다마다. 바람도 잘 불어 마산, 창원, 진동까지 날아간다던데."

자양산 오르막은 큰산성이라고도 하는 문암산성 돌아 한내실大川이라는 산골마을에서 시작하고 있었다. 꼭대기에 통신 시설이 있어 도로가 난 것인데 콘크리트로 포장되어 있었고 간간이 아스팔트가 덧씌워져 있었다. 더욱 좋은 것은 산불방지 입산금지 기간임에도 막는 사람이 없다는 점이었다.

216

김해시 주촌면에 있는 양동리 고분군. 대성동고분군과 달리 왕릉급이 보이지 않는 것으로 보아 전기 가야 연맹 맹주 지위를 잃은 때의 묘지들 같다.

한국통신 중계 시설 앞 주차장에 이르러 서남쪽을 보니 신당고개가 거침없이 들어왔다. 왼쪽으로는 천주산(641m)과 작대산(647.8m), 한 다리 건너 무릉산(565m)이 형제처럼 정답고 오른쪽으로는 준험하게 솟아오른 화개산(454.5m) 위로 낙남정맥 무학산(760m)이 상반신을 내밀고 있었다. 마재고개가 앞 야산에 살짝 가렸지만 그 옛날 방어 전략을 짜는 데는 부족함이 없었을 듯했다.

하지만 백제와 야마토가 주도하던 이 계획은 안라국과 임나일본부가 자신들의 독립성에 위협이 되는 거타주의 백제군을 먼저 철수하라는 주장을 굽히지 않으면서 흐지부지되어갔다. 나아가 백제 북쪽을 공격해달라고 고구려에 요청한 사실이 들통 나면서 백제가 손을 떼는 상황을 초래, 고립무원에 처했던 듯하다. 서라벌은 바로 이 틈을 이용해 어부지리를 챙겼다.

"서라벌이 대병大兵을 일으켜 안라국을 멸망시켰다"는 기록을 보

217

면 정벌은 확실히 꾀주머니 이사부가 관여하지 않고 법흥왕식으로, 신사적으로(?) 이루어졌던 것 같다. 이때 다호리의 강상수군江上水軍으로 하여금 의령 정암鼎岩나루 같은 데를 지키게 해 혹시 올지도 모르는 백제 구원군의 길목을 차단했을 것이다. 그랬으니 안라국 사람들로서는 삼봉산(304m)에 아무리 큰 성이 있어도 소용이 없었을 터였다.

이사부는 군사지휘권은 없었지만, 6년 뒤에 왕이 "남쪽 국경 새로 빼앗은 땅南境拓地"을 순수할 때는 틀림없이 수행했을 것이다. 루트는 창녕·합천·의령·함안·창원·진영·김해였을 테니 감회가 남달랐으리라. 자기가 빼앗았던 합천 다라국을 지나갔기 때문이다.

그리고 8년이 지났다. 서라벌과 『삼국사기』에서는 이상한 일이 벌어지고 있었다. "금관국 왕 구해가 가족과 함께 나라의 폐백, 보물을 가지고 항복해" 온 것이다.

도대체 이게 어찌 된 일인가? 원래 구야국이었던 금관국은 임나와 합병해 임나가라가 될 때, 아니면 고구려 광개토왕의 군대가 종발성까지 내려와 임나가라를 박살 낼 때 사라졌던 것 아닌가?

하도 어이가 없어 「지리지」를 들춰보니 "김해소경은 옛날 금관국이다. 시조 수로왕부터 시작, 10대 구해왕에 이르러 …… 백성을 거느리고 항복해 오므로 그 땅을 금관군으로 삼았다" 한다. 한편 고령군은 "본디 대가야국으로 시조 이진아고왕부터 도설지왕에 이르기까지 무릇 16대 520년을 내려왔다"고 되어 있다. 무릎을 쳤다.

일반적으로 구야국은 초기 가야연맹, 대가야는 후기 가야연맹 맹주로 알려져 있다. 시조를 비교하자면 수로왕이 이진아고왕보다 앞선 사람임이 분명할 터. 설사 동시대인이라 하더라도 마지막 임금

1988년에 발견된 국보 242호 울진봉평신라비. 법흥왕 11년(524)에 세워진 것으로 영덕과 울진이 언제 서라벌 영역이 되었는지 알려주는 유일한 자료다.

은 한 세대밖에 차이가 안 나는데 구야국과 대가야의 세계世系 차이는 여섯이나 나고 있다. 『삼국사기』 자체가 구야국의 멸망이 법흥왕 때가 아니라 그 훨씬 전이라고 웅변하고 있는 것이다.

따라서 법흥왕 때 서라벌로 온 사람은 마지막 왕에서 몇 대 내려온 후손이었을 것이다. 아울러 중요한 것은 "맏아들 노종, 둘째 아들 무덕, (그리고 김유신의 할아버지가 되는) 셋째 아들 무력을 데리고 왔다"가 아니라 "(가야)나라의 폐백과 보물國弊寶物"을 가져왔다는 대목이다. 이로써 이 몰락한 가야의 후손들에게 전무후무한 특급 대우—왕성王姓을 주고 진골 편입 허락을 해준 것이 하나도 아깝지 않은 일이 되었기 때문이다.

남강 가운데 솥뚜껑 모양의 바위가 있어 유명한 정암나루. 법흥왕이 "남쪽 국경 새로 빼앗은 땅"을 순수할 때 여기를 건너갔을 것으로 보인다.

　모르긴 해도 그 보물이란 '중국이 인정하는 삼한 유일의 합법 국가이며 북한까지 통치할 수 있는 대표자' 감투 같은 것이었으리라. 이것 말고는 서라벌 지배층이 그토록 흥분할 보물이 달리 없겠기 때문이다. 나중에 북제北齊가 진흥왕을 '사지절 동이교위 낙랑군공 신라왕使持節東夷校尉樂浪郡公新羅王'−부절符節을 지닌 동이족 방위대장에다 낙랑군 통치자 겸 신라국왕−으로 책봉한 것은 이를 갱신해준 것이고.

　이 대목에서는 왠지 모르게 이사부의 존재감이 강하게 느껴진다. 이 하찮은(?) 패찰 하나가 지배층의 희생적 헌신과 백성들의 단결을 얼마나 많이 끌어낼 수 있는지 예측할 수 있는 사람은 그 말고 달리 없을 것 같다는 생각에서다. 아울러 그것이 몰락한 구야국 왕가 후손의 장롱 속에 있다는 것을 알아낸 정보력, 그것을 얻기 위해 처음 순행 이후 8년을 한결같이 공들인 끈질김, 지배층을 설득해 특급 대우를 이끌어낸 위치까지 감안하면 막후 조종자는 더더욱 그뿐이라는 생각이 든다.

금현성이 있는 진천읍 근처 만뢰산 기슭의 보탑사. 근래 세운 3층목탑 때문에 일약 유명해진 절로, 같은
골짜기에 김유신 장군 탄생지가 있다.

# 두 국도 교차점의
# 진흥왕 웅비 효시

서기 540년 진흥왕이 위에 올랐다. 태어날 때 어머니, 여섯 살 되던 해 아버지 사부[지]갈문왕을 잃은 일곱 살 어린이였지만 "아름다운 덕이 빛나는 신묘한麗德光妙" 인물이었다. 큰아버지 법흥왕이 돌아가면서 임금이 되었으며 큰어머니인 법흥왕비가 통치를 도와주기로 했다.

신묘한 어린이 왕은 국가 안보를 가장 중요하게 여긴 듯 이사부를 병부령令에 앉히는 일부터 했다(541년). 이미 최고관등 위칸伊干에 올라 있던 이사부는 이로써 로마의 집정관 같은 위치, "나가면 군사령관 들어오면 재상"이 되었다. 경륜과 관록이 터져 고일 나이 예순쯤이었다.

그럼에도 이사부가 처음 10년 동안은 뭘 한 흔적이 없다. 전왕 법흥이 "대병大兵을 일으켜"놓았고 그 전왕 지증은 또 쟁기 보급을 시작, 농업 생산력을 비약적으로 발전시켰으니 기껏해야 서라벌 최초의 절인 흥륜사 낙성식에 참가해 박수나 치고 있었으리라(544년).

그런데 550년 봄, 중원中原의 움직임이 심상찮게 돌아가기 시작했다. 음력 정월에 백제가 고구려의 도살성道薩城을 빼앗더니 3월에는 반대로 고구려가 백제의 금현성金峴城을 함락하는 것이었다. 바야흐로 천 년에 하나 나올까 말까 한 천재 전략가가 움직일 때가 오고 있었다.

『삼국사기』에서는 진흥왕이 이사부에게 "두 나라 군사가 피곤한 틈을 타 두 성을 다 빼앗도록" 작전 지시를 내렸다고 한다. 물론 작전은 지시대로 이루어졌고 왕은 이듬해에 낭성娘城으로 순행을 간다(551년). 그해 하림궁에 머물며 우륵의 가야금 연주를 듣는데……. 어떤 연관인지는 모르겠으나 같은 해 거칠부 등이 고구려로부터 10군을 빼앗아 온다. 그리고 2년 뒤 7월에는 서라벌이 중원 일대로 여겨지는 백제의 동북 변방 획득지에 신주新州를 설치하고 있다. 나아가 10월에는 백제 왕녀가 진흥왕에게 시집을 온다(553년).

도대체 어떻게 이런 일이 일어날 수 있단 말인가? 뭣 대주고 뺨 맞는 일도 분수가 있지 엄청난 땅을 빼앗아 간 서라벌로 왕녀를 시집보냈다고? 그리고 하림궁河臨宮, 이 무협소설에나 나올 듯한 궁은 어디 있는 어떤 모양의 집이기에 거기서 음악 감상만 하고도 10군이 굴러들어 왔다고 하는가?

어떤 책에도 답이 나와 있지 않은 문제를 풀어보려 첫 단추 도살성으로 향한다. 충북 증평군 도안면 이성산성이다.

호법분기점을 지나 계속 중부고속도로로 가는데 GPS에서 "전방은 충청북도"라고 알려준다. 허허벌판 야산 사이에 육교 하나 걸쳐 있는 데로, 그것마저 없으면 도 경계인 한남금북정맥이 어디로 흐

무심천과 미호천이 만나는 청주 오잘들의 사적 415호 정북동토성. 둘레 675미터의 정사각형으로 이 남문과 북문 성벽이 어긋나게 만나 옹성甕城 역할을 한다. 네 모서리에 각루角樓, 각루와 네 문 사이에 치성雉城이 있었고 바깥에는 폭 25미터의 해자垓字를 둘렀다고 한다.

르는지 종잡을 수 없는 지형이다.

도안면소 뒤 산기슭에 이르러 안내판을 보니 여기 화성리보다 반대편, 증평읍 미암리 시화에서 오르는 것이 훨씬 가깝다고 해 다시 차에 오른다. 거리가 500미터 대 2킬로미터였다.

동네 가운데 느티나무 아래에서 차비를 하고 대지배고개로 오른다. 고갯마루까지는 완만하더니 남쪽 능선으로 방향을 틀자 약간 가팔라진다. 큰 산이 아닌 탓에, 우려했던 '산불 조심' 경고판이나 감시원이 없어 다행이다.

맨 처음 닿은 북성北城은 성이라니까 성인가 보다 여길 정도로 흔적이 희미하다. 그러나 400미터 저쪽, 잘루목 건너 남성南城은 성벽은 물론 곡성曲城과 치성雉城 같은 흔적까지 잘 남아 있다. 희미하긴 하지만 동문께는 성벽을 이중으로 쌓은 것 같다.

해발 187.8미터의 이성산 남봉과 북봉 정상부에 성이 쌓여 있어

도살성 남성 성벽의 높이와 경사를 가늠할 수 있게 해주는 산책로 밧줄 난간. 길고 가파른 왼쪽이 성 밖이다.

이성산성二城山城이라고 하는 도살성은 34번(진천~괴산)과 36번 국도(충주~청주)의 교차점에 위치, 전략 요충이 안 될 수가 없다. 괴산이나 충주와의 사이에 한남금북정맥이 지나니 금강 수계水系의 지킴이. 언제 고구려에게 빼앗겼는지 모르겠으나 백제로서는 눈 안의 다래끼처럼 성가신 존재였겠다. 그래서 치밀한 계획을 세워 공략을 했고 예상대로 성공을 했으리라.

그러자 고구려는 꿩을 놓고 봉鳳을 채 간다. 지금 중부고속도로가 지나는 생거진천生居鎭川의 금현성. 그 옛날에도 필요하다면 얼마든지 고속도로를 낼 수 있었을 옥야천리沃野千里 한가운데다. 북으로는 서울 한성, 남으로는 청주와 대전 이르는 길에 가로막는 게 없는 데다 7킬로미터 동쪽의 덕산면 석장리에 백제 최대의 철광산까지 있었으니 말을 주고 차를 먹은 장기판이 아닐 수 없다.

## 대모산성이라고도 하는 금현성은 야전사령부가 있는 어미성

학자들이 금현성으로 비정하는 진천읍 성석리에 이르러 안내판을 찾아보니 이름이 '대모산성大母山城'이다. 모산성, 고모성과 함께 '야전사령부가 있는 어미성'이라는 뜻. "최근 외성 밖에서 4~5세기 것으로 추정되는 백제의 저장 구덩이와 움무덤, 신라의 돌방무덤이 조사되어 산성의 역사를 이해하는 데 도움을 주고 있다" 한다. 번지수 한번 제대로 찾은 것 같다.

해발 100미터라고 하지만 주변과의 상대높이로 보면 기껏해야 10미터 정도밖에 안 되는 밋밋한 야산이다. 이런 지형에 내성과 외성의 이중 성을 쌓은 것을 보면 지정학적 중요성이 비할 바 없이 높았던 듯하다.

내·외성의 겹성 시스템은 일반적으로 외성의 안이나 뒤쪽에 내성이 있는 모양새다. 출입이나 공격 역시 외성을 거쳐 내성으로 하게 되어 있는데 여기는 나란히 붙은 두 삼태기 지형의 쌍둥이성 형태니 본성과 곁성이라고 부르는 것이 차라리 나을 듯하다. 못 보던 형태다. 더 많은 병력이 주둔할 필요성이 생기면서 방 한 칸 늘리듯 성을 하나 늘렸을까?

내성이라고 하는 본성 쪽부터 돌아본다. 가운데의 밭 둘레, 성둑으로 숲이 이어져 있어 전모가 한눈에 들어온다. 흙성의 좋은 점이다. 전라북도 무장토성의 경우에는 허물어진 성벽이 시누대밭 띠를 이루고 있다.

정문이었을 남문 터를 살펴보고 성벽이었을 밭둑으로 올라선다. 다음, 숲을 따라 외성 남문 터에 이르렀는데 성둑의 흔적조차 별로 안 남아 있다. 본성보다 훨씬 넓은 안통에는 또 논밭이 많으니 중요 시설은 내성에, 민간 시설은 주로 외성에 있었을 것 같다.

문득 금현성이 쌍둥이성으로 된 건 도살성 때문이 아니었을까 하는 생각이 든다. 『삼국사기』「고구려본기」는 성왕 원년(523)이던 안장왕 5년 "군대를 보내 백제를 침범했다"고 하는데 이때 고구려는 도살성을 빼앗았고 백제는 6.5킬로미터 남쪽의 북이면 광암리에 성재산성을 쌓는 한편 서북서로 16킬로미터 거리에 있는 이 금현성의 방비를 갑절로 강화하지 않았을까 싶은 것이다. 도살성이 '2성 산성'이 된 이유도 다를 바가 없었고.

어쨌거나 어떤 대가를 치르더라도 금현성을 탈환해야 하는 백제로서는 일단 동맹국 서라벌에 원군 요청을 했을 것이다. 그리고 이를 수락하면서 이사부는 '때가 왔다'는 듯 입가에 희미한 미소를 지었을 것이다. 이어서 파견 장수를 불러 두 가지 비밀 지침을 내렸으리라.

하나, 백제와 더불어 성을 함락한 뒤 백제군을 급습하여 모두 포로로 만들라. 둘, 포로가 된 백제군의 옷을 입고 도살성으로 이동, 기다리고 있는 아군과 함께 성을 탈취하라.

사태의 결말은 서라벌이 고구려와 백제의 성 하나씩을 차지한 것뿐이었다. 백제는 맥이 많이 풀렸겠지만 고구려에게는 남부전선 방위에 영향을 거의 미치지 않은 사건이었다. 그럼에도 이사부는 이를 지렛대 삼아 하늘도 놀라고 땅도 놀랄 엄청난 방략方略을 세운바 진흥왕 때 서라벌 영토가 어마어마하게 늘어난 것은 바로 이것이 성공했기 때문으로 보인다.

이사부의 방략이 처음 모습을 드러낸 건 하림궁에서였을 터다. 『삼국사기』는 거기서 진흥왕이 음악 감상만 한 것처럼 쓰고 있으나 사실은 그 자리에 백제 성왕과 가야 도설지왕이 함께 있었으며 초청 음악가 우륵과 이문은 진흥왕이 아니라 도설지왕이 데려왔을 가

김유신 장군이 태어날 때 아버지 서현이 성주로 있었던 만뢰산성 입구 마을 하수문과 만뢰산. 산불방지 입산금지 으름장이 하도 무시무시해 산성까지 올라가 보지는 못했다.

능성이 크다.

　모임의 논제는 때가 때이니만큼 '백제, 신라 양국의 경계 정하기'였을 것이다. 가야가 보증을 서는 모양새니 애초에 가야가 회담 주선을 했을지도 모른다. 그렇지만 '가야 무시하기'로 일관한 김부식이라 이를 전혀 쓰지 않은 것 같다.

　회담장 하림궁은 도살·금현성과, 가까운 백제의 군사거점도시 사이였을 것이다. 당시 백제 수도는 부여였으니 그 거점은 남쪽의 것이기 쉽고 유력한 도시로는 청주가 짚인다. 그래 지도를 펴보니 청주 시내를 흐르는 무심천이, 도안과 진천 물을 받아 흐르는 미호천과 만나는 어귀의 사적 415호 정북동토성이 눈에 띈다.

　바로 이거야, 하림궁은! 위치상으로도 정황으로도 이렇게 들어맞을 수가 없잖아? 게다가 '물 하河' 자 '임할 임臨' 자를 이만큼 충족

논이 꽤 많은 금현성 곁성 안통. 성의 정문 자리 앞에 트럭 한 대가 있다. 성벽은 트럭 위쪽 밭두렁에서 삼포 끝으로 건너뛴 다음 왼쪽 솔밭 언덕으로 이어진다. 옛날에는 오른쪽에 길게 늘어진 숲에 본성과 경계를 짓는 성이 쌓였을 것이다.

시키는 구조물이 달리 어디 있겠어?

흥분한 상태에서 득달같이 달려간 정북동토성은 놀랍게도 가로 세로 170미터쯤의 정사각형이다. 옛날에는 어땠는지 모르겠으나 지금 모습은 강둑과 어슷하게 앉혀져 있으니 방어용은 아니고, 동서남북향 성벽으로 보면 종교 행사용 같다. 지게꾼 몇천 명을 동원해 열흘 정도만 작업하면 뚝딱 만들 수 있었을 시설. 서라벌과 백제, 가야 임금이 하늘에 제사 지내고 회담할 장소로는 더할 나위가 없었을 듯하다.

이 하림궁 국경 회담을 준비하면서 이사부는 백제 측에 논제 확대를 제안한 것으로 보인다. 동시북진 끝의 고구려 남부 분할과 결혼 동맹이다. 그리고 미끼로 도살·금현성을 백제에게 반환하겠다는 뜻을 피력하지 않았을까 싶다.

이윽고 회담일이 되자 세 나라 임금은 하림궁으로 모였을 것이

금현성의 중요 시설들이 있었을 본성 안. 성은 진천 LPG 충전소 바로 옆 야산에 있다.

다. 그리고 가야금 음률이 흐르는 가운데 국경 비정과 동시북진 합의를 하고 백제 왕녀와 진흥왕의 약혼식을 거행했을 것이다. 2년 뒤 대례大禮를 올릴 때 도살·금현성을 반환할 것을 맹세하면서.

이 과정에서 서라벌이 백제를 속인 바는 하나도 없었다. 이후 약속을 어긴 일 또한 한 번도 없었던 것 같다. 그럼에도 백제는 엄청난 손해를 보게 되고 서라벌은 유례없는 영토 확장을 하게 되는바 국면 국면의 손익계산은 진흥왕도 이해하지 못했을 것이다. 그건 바로 이 사부의 머릿속에만 있었던, 적성이라는 변수와 타이밍이었다.

지금 단양으로 불리는 적성赤城은 맥족의 땅 삭주朔州로 분류된다. 원래는 백제 영역이었는데 광개토왕 18년(408) 고구려한테서 포로를 인수하는 대가로 떼어준 "독산禿山 등 6성"의 하나로 보이니 140년 넘게 고구려 통치를 받고 있었고 550년 아니면 551년에 서라벌 땅이 되었다.

남한강 가의 높다란 고구려식 성을 자랑하는데 그 안에서 1978년 단양신라적성비가 발견되었고 곧 국보(198호)로 지정됐다. 그런데 파손이 많이 돼 세워진 해와 달을 모르니 진흥왕 때의 영토 확장 과정이 아직도 명쾌하게 밝혀지지 않고 있다.

비문에서 가장 중요하게 언급되는 사람은 적성 유지 야이차也尒次다. 당시 이미 죽은 사람으로 성의 함락을 돕다, 혹은 성을 쌓다 죽었다고 해석이 구구한데 둘 다 증거는 없다.

야이차가 서라벌군의 적성 함락을 돕다 죽었다면 이사부와의 관계를 생각하지 않을 수 없다. 몰락한 구야국 왕족의 후예에게 8년 공을 들여 "나라의 폐백과 보물"을 바치게 한 끈질김을 여기서도 발휘했을 가능성이 크기 때문이다. 그리고 그때가 하림궁 회담 이후, 공동북진 본격화 전이라면 서라벌의 한강 유역 차지 시나리오는 하나부터 열까지 모두 이사부의 계산에서 나왔다고 보아야 한다.

나제 양국은 고구려 공격 시점을 7월에서 9월 사이로 잡고 있었을 것이다. 유연柔然을 격파하면서 초원의 패자로 떠오르고 있던 돌궐이 이때 고구려의 백암성과 신성을 공격하고 있는바 그 정보를 사전에 입수했을 것 같기 때문이다.

백제군은 협약대로 그 시기에 북으로 쳐올라가 임진강 서북부의 경기도를 회복하고 평양(평산)까지 진격한다(평산에 있는 平那[山]＝平壤). 『일본서기』에 나오는 내용으로 이 작전에 가야(임나)군도 참가하는 까닭에 하림궁 회담장에 가야 왕이 있었으리라고 보는 것이다.

이때 서라벌군은 계속 '국내'에서 머뭇거렸던 것 같다. 야이차의 신호를 기다려야 했기 때문이다. 그리고 적성 공략이 끝난 뒤에도 병부령 이사부와 주력 3장군은 계속 중부전선에 있었으니 "죽령竹

嶺 이외以外 고현高峴 이내 10군"을 점령하는 작전은 비차부를 비롯한 장군 셋이 적성을 떠나 경주의 예비 병단과 만나면서 비로소 시작될 수 있었다(적성비에 나오는 장군은 총 일곱이다).

이때 이사부는 충주 독산성의 고구려군 남부군사령관에게 계속 항복을 종용하고 있었을 것이다. 원래 남부군의 보급은 동해안 명주溟州의 주치州治 강릉에서 백두대간 서쪽의 내륙 명주 고을들(정선, 영월, 영춘, 평창, 주천)을 경유하여 이루어졌는데 그 길목이 차단되었으니 뭘 가지고 싸울 것이냐, 이런 논리였으리라. 그래 결국 그들의 항복을 받아냈으니 이사부는 화살 한 대 안 쏘고 중원 네 군, 나아가 내륙 명주 다섯 거점을 빼앗은 셈이 되었다.

이해의 『삼국사기』 본기는 그러나 어찌 된 일인지 영토 확장의 일등 공신이 거칠부인 듯 기록하고 있다. "왕이 거칠부 등에게 고구려로 쳐들어가라는 명을 내리매 전쟁에 승리, 10군을 빼앗았다" 하고 있는 것이다.

한편 「거칠부열전」을 보면 파진찬 거칠부가 대각간 구진, 각간 비태, 잡찬 탐지와 비서, 파진찬 노리부와 서력부, 대아찬 비차부, 아찬 미진부와 함께 작전을 했다고 되어 있다. 거칠부는 9장군 중 서열이 5~7위, 중간도 못 되는 위치였던 것이다. 그럼에도 본기가 그를 대표적 영웅처럼 내세운 것은 알지 못할 이유로 김부식이 "잔꾀나 부리는" 이사부를 깎아내리고 『국사』를 편찬한 문무겸전文武兼全 거칠부를 띄우려 했기 때문인 것 같다.

---

『삼국사기』의 도살성으로 알려져 있는 이성산성을 답사할 때는 먼저 청주에 들르는 게 좋다. 우암산성과 부모산성, 신봉동 백제고분군을 찾으면 백제에 대한 기본 지식을 쌓을 수 있기 때문이다. 다음 북으로 가면서 정북동토성, 마지막에는 진천중 뒤의 금현성까지 찾는다.

차탄교 건너에서 본 '수레여울' 차탄천車灘川과 군자산성. 정상에 군사 시설이 있어 올라갈 수 없는 저 산성이 『삼국사기』의 혈성穴城으로 여겨진다.

장미산

# 광개토왕이 확보한
# 고구려의 중원 거점

일등 공신(?) 거칠부가 혼자 빼앗은 듯 서술된 10군의 위치 비정 역시 문제가 있다. 열전에서는 그 범위가 "죽령 이외 고현 이내"라고 했는데 대다수 현대 학자들은 이를 "영주 죽령 이북 '높은 재' 철령 이남"이라고 자의적으로 해석, 영동과 영서를 통튼 강원도 전체로 보고 있다. 역사부도에 나오는 '신라의 전성기' 그림의 근거다.

서라벌군이 영서 중북부에 처음 발을 들여놓는 것은 그러나 78년 뒤, 진지·진평왕 지나 선덕여왕 때다. 그럼에도 이렇게 무리한 해석이 주류로 통하는 이유는 이때 확실히 서라벌 땅으로 된 영동 지방의 군이 다섯(삼척, 강릉, 양양, 간성, 고성)밖에 안 돼서일 것이다. 고현이 고성임이 불을 보듯 뻔한데도 엉뚱하게 철령에 갖다 붙인 까닭이다.

10군에서 빈 다섯, 이것은 중원에서 찾으면 된다. "독산 등 6성"에서 적성을 뺀 것으로 이사부가 화살 한 대 안 쏘고 고구려로부터 빼앗은 고을들이다. 그러면 10군이 확실히 "죽령 이외 고현 이내"

『삼국사기』「백제본기」 성왕조에 나오는 '오곡의 들'로 여겨지는 전곡들. 멀리 진시황릉처럼 장중하게 솟은 것이 감악산, 그 왼쪽 두 번째로 높은 것은 마차산, 오른쪽 야산은 군자산 줄기인데 이 산들에는 지금도 삼국시대와 다름없이 군사 시설이 있다.

에 든다.

　다만 여기서 죽령은 당시 서라벌 동북단이던 죽변 북쪽 고개로 보아야 할 것이다. 울진봉평비가 증명하듯 법흥왕 때 동해 4읍(영덕, 영해, 평해, 울진)을 영역화할 때 '국경의 고개' 죽령도 저 북쪽으로 올려버렸기 때문이다. 『신증동국여지승람』에 따르면 "삼척도호부에 고죽령현古竹嶺縣이 있는데 본디 고구려의 죽현현竹峴縣으로 경덕왕 때 죽령현으로 고쳐 삼척군 속현으로 삼았다" 한다. 아울러 "전해오기로는 옥원역沃遠驛이 이 현의 옛터"였다 하니 지금 임원 근처겠다.

반면, 551년에 백제가 빼앗은 고구려 땅은 여섯 개 군이었다. 『일본서기』에만 나와 있는 내용으로 성왕이 "친히 군사를 지휘했다親率衆及二國兵" 하기도 하고 태자 여창餘昌이 총사령관이었다 하기도 한다. 어쨌든 결과적으로 "한성 일대를 회복하고 더 나아가 평양을 쳤다獲漢城之地 又進討平壤"고 되어 있다.

그러나 백제의 [북]한성 일대 회복은 사실은 50년 전인 무령왕 원년(501) "달솔 우영이 5천 병력을 거느리고 고구려의 수곡성水谷城을 습격"할 때 이미 이루어졌던 것 같다([남]한성은 장수왕에게 함락된 이후에도 계속 백제 땅으로 남아 있었다). 여기서 수곡성은 『삼국사기』「지리지」에 나와 있는 황해도 신계가 아니라 옛 조종(深川>淺水>朝宗), 지금의 가평군 현리에 있었으리라 여겨지는 성으로 이 작전 성공 후 백제군은 남북 양동작전을 펴 북한성北漢城을 점령하고 마홀(馬忽=抱川)의 마수책馬首柵, 철원 구읍께의 고목성(高木城=功木達) 등지로 진격한 듯하다. 그래서 『삼국사기』에 이런 지역에서의 전쟁 기록이 보이며 무령왕 말년(523)에 추가령 바로 아래 양쌍령에 쌍현성雙峴城을 다시 쌓게 되는 것이다.

쌍현성은 개로왕이 고구려 장수왕에게 패사敗死하기 7년 전에 수리했던 성이기도 하다. 따라서 백제는 이제 26년 전의 비극적 패배를 딛고 그때와 거의 같은 정도로 국력이 커졌다 할 것이다. 그래 양梁나라에 사신을 보내 "고구려군을 수차례 쳐부술 정도로 강국이 되어 비로소 (그대 나라와) 우호를 통할 수 있게 되었다稱累破高句麗 始與通好 而更爲強國"고 자랑하기도 했다.

하지만 이런 가설은 무령왕 12년에 고구려와 다툼을 벌이는 원산성圓山城과 가불성加弗城, 성왕 7년(529)의 혈성穴城, '오곡의 들五谷之原'이 이 무렵의 신점령지임을 입증해야 설득력을 얻는다. 수곡성이나 고목성, 평양성(평산)의 위치 비정이 다 혼잣속으로 이루어진 것이기 때문이다.

원산성, 가불성, 혈성, 오곡의 들…… 이 중에서 위치 비정 확률이 가장 높아 보이는 데는 오곡의 들이다. 다섯 골짜기가 모이는 곳에 들판이 펼쳐져 있기만 하면 되기 때문이다.

「지리지」에는 오곡의 들은 아니지만 오곡군五谷郡은 나와 있다. "오관군五關郡은 본래 고구려의 오곡군으로서 경덕왕이 고친 이름인데 지금은 동주洞州"라고 되어 있는 것이다. 하지만 위치가 황해도 서흥—평산 서북쪽이어서 사실과 맞지 않을뿐더러 좋은 지도를 입수할 수도 없는 북한 지역이라 다섯 골짜기가 모이는지 흩어지는지 알 도리가 없다.

오곡의 들, 오곡의 들, 오곡의 들, 오곡의 들…… 하릴없이 「지리지」만 뒤적이고 있노라니 "이런 지명도 있는데 뭐가 뭔지 모르겠다" 싶은 것들을 모아놓은 「지리지」 권4 '한산주 편'에서 눈이 번쩍 뜨이는 글자가 튀어나온다. 오곡군의 다른 이름이 '궁화운홀弓火云忽'이라는 것이다.

궁화운홀>궁불은홀>활불은홀>활벌성? 궁화운홀의 '화'를 '불>벌'로 읽으면 궁벌성이나 활벌성이 된다. 그런데 연천 청산면에는 궁평리弓坪里라는 지명이 있고 희한하게도 일대가 오곡五谷의 모양새며 넓은 들까지 펼쳐져 있다. '활 궁弓' 자를 이루며 흐르는 한탄강의 유입 부분과 유출 부분, 거기 합류하는 영평천, 차탄천, 신천이 '다섯 골'을 이루고 있는 것이다!

장미산성 북문께의 성벽 복원 부분과 성내 유일한 사찰 봉학사. 장미산성은 해발 337.5미터의 산에 2.9킬로미터 둘레로 쌓인 대성大城이다.

　보물 찾으러 가는 소년처럼 아침에 눈뜨자마자 연천을 향한다. 가면서 생각해보니 연천군 전곡읍의 '전곡'이라는 이름이 '오곡'이 변해 된 게 아닐까 하는 생각이 든다.

　오곡의 '5'는 백제인들이 완전수로 여겼던 것. 그래서 백제의 탑은 모두 5층으로 되어 있다. 완전함은 한자로 '온전할 전全'이다. 따라서 오곡이 온곡이 되었다가 전곡全谷으로 표기되지 않았을까 하는 추론이다.

　이른 아침의 전곡평야는 햇빛 반짝이는 미루나무 이파리 같았다. 열흘쯤 전에 모를 낸 논물이 하늘을 담은 가운데 남쪽 멀리 감악산이 진시황릉처럼 장중하고 왼쪽의 마차산, 오른쪽 떨어져 파평산이예 오늘 다름없이 임진강을 지키고 있었다. 3번 국도 평화로가 지나는 V 자 골짜기 동쪽으로는 또 소요·칠봉·왕방산이 풀잎처럼 서로를 베고 누워 있다. 목가적인 초여름 풍경이었다.

　연천군청에 들러 『관광 연천』을 받아 보니 호로고루, 당포성, 은

중원고구려비가 있는 가금면 누암리의 사적 463호 누암리고분군. 석실봉토분石室封土墳인데 고구려인의 흔적인지 신라 것인지 의견이 분분하다. 석실은 위로 올라갈수록 좁아진 끝에 원형 궁륭穹窿 모양으로 된다고 하는바 해설문에서는 "가장 큰 무덤의 주인공은 진골 신분이었을 것으로 보인다" 하고 있다.

대리토성, 대전리토성 등 책에서만 보았던 유명 성들이 주르르 나온다. 그 가운데 군자산성이 있다.

군자산성? 군자산에 있는 성이겠지, 뭐.

처음에는 대수롭지 않게 넘겼다. 연천읍 서쪽 327.8미터 높이의 산에 있는 성이 주목받을 이유가 없기 때문이었다. 있다 하더라도 군사 시설 때문에 올라가 볼 수도 없었다. 그래 차를 돌려 서울로 돌아오는데 자꾸만 고개가 그쪽으로 돌아가는 것이었다.

군자산성 저거 혹시 혈성穴城과 관계있는 거 아니야? '구멍 혈'의 '구멍'을 옛날에는 '굼'이라 했으니까 그게 '군'으로 변하긴 쉽잖아? 나아가 글깨나 한 유지들이 '자' 자를 하나 더 써 그 산에 '군자'

돌팍제 소쿠리의 가장 깊숙한 부분. 돌팍제가 고구려 남부군사령부의 평지성이었다면 여기 사령관 숙소나 무기고가 있었을 것이다.

칭호를 붙여줬을 수도 있잖아? 그리고 무엇보다 오곡의 들과 가깝잖아?

"성왕 7년(529) 10월 고구려 안장왕이 친히 군대를 거느리고 내려와 혈성을 함락시켰다. (그러자 성왕은) 좌평 연모에게 보기步騎 3만을 주어 보내 오곡의 들에서 막도록 하였으나 패배, 2천 명이 죽임을 당했다"는 기사와 부합하려면 혈성은 꼭 오곡의 들과 가까이 있어야 한다. 그런데 지도를 보니 군자산성은 오곡의 들 한가운데 있는 전곡읍사무소에서 딱 5킬로미터 떨어져 이 조건을 완벽하게 충족시키고 있었다.

"만세" 소리가 차 지붕을 찔렀다. 즉각 차를 돌려 연천 읍내로 향

장미산 중턱에서 본 남한강과 흐르늪, 가금면 일대. 정면의 소나무가 가리는 강변 수풀 사이에 탑평리 7층석탑이 있다. 누암리고분군은 그 뒤 야산 너머에 위치한다.

했다. 차탄교 건너 현충탑공원 아래 차를 세우고 다리를 다시 건너와 산성 사진을 찍었다.

현충탑공원 안쪽 마을 고샅길을 지나니 산성 가는 오르막이 보였다. 그런데 '출입금지'였다. 국방부 허가를 받아 오기 전까지는 결코 올라갈 수 없다는 것이었다.

서라벌과의 공동북진이 성공적으로 마무리된 성왕 29년 백제가 차지한 여섯 군은 신계, 평산, 개성, 송악, 풍덕, 장단이었던 것 같다. 임진강 서쪽 경기도의 경우 무려 155년 만의 수복. 그리고 황해도 동쪽 3군은 근초고왕 때와 개로왕 때 일시적으로 점령한 이후 세 번째 진출이었다. 백제인들은 너나없이 제2전성기가 도래한 것처럼 우쭐대기 시작했다.

나제 협공으로 엄청나게 많은 영토를 빼앗긴 고구려는 당연히 두 나라에 '내 땅 돌리도' 사절을 보냈다. 그러자 백제는 "저 평양성(평산)은 우리 (비류백제) 시조 우태가 처음 나라를 세운 대방 땅"이라며 일고의 가치가 없다고 했다. 그러나 서라벌은 "너희 땅 무단히 빼앗아서 미안하다. 하지만 우리도 피땀 흘려 얻은 것, 그냥 내줄 수는 없는데…… 너희가 이러저런 조건을 받아들이면……" 하면서 묘한 여운을 풍겼다. 뒤에는 천 년 꾀주머니 이사부의 약빠른 계산이 있었다.

백제와 고구려는 당장 죽는 한이 있어도 손잡는 일이 없을 것이다. 그런데 고구려는 지금 지푸라기라도 잡고 싶은 외로운 처지, 누구든 손을 내밀면 앞뒤 가리지 않고 덥석 잡을 것이다. 체면치레를 해주고 거기다 약간의 이득까지 얹어준다면 감읍하고야 말 것이다. 이후 사건 전개는 우리 서라벌 마음대로 된다.

간덩이가 부은 백제는 서라벌에게 "독산 등 6성"의 연고권도 주장했다. 하지만 서라벌은 콧방귀도 뀌지 않았을 뿐 아니라 비밀리에 고구려와 접촉, 지금 안성천인 곰내(熊川＝錦江＝안성 금광면)를 경계로 백제 나눠 먹기를 하자고 꾀었다. 그때까지 가장 많이 내려가야 한강~남한강선이었던 고구려로서는 사상 처음으로 남부 경기를 영역화할 기회였다.

"독산 등 6성"이 『삼국사기』에 처음 등장하는 것은 광개토왕 18년(408) "나라 동쪽에 독산禿山 등 6성을 쌓고 평양의 민호를 옮겼다" 할 때다. 백제 수도 한성을 함락한 지 12년 뒤의 일로 평이한 서술이지만 실상은 "한성 함락 시 포로로 잡아온 아신왕의 아우, 대신 10여 명, 백성 천 명을 돌려보내면서 대가로 받은 땅을 요새화했다"고 읽어야 할 것이다. 원래 백제 땅이었다가 고구려로 넘어가 140여 년을 보낸 다음 서라벌령이 된 지역으로, 충청도 사람들의 눈

1979년에 발견된 국보 205호 중원고구려비. 충주 일대가 한때 고구려 영역이었음을 알려주는 유일한 자료다.

치와 행동에 대한 속담의 근거 지이기도 하다.

그 중심 독산성은 충주 가금면 장미산성으로 생각된다. 1979년에 발견된 국보 205호 중원고구려비와 가장 가까운 성이라는 것이 이유다. 남한강 서쪽에 자리했으니 '원래 백제성'이라는 사실과도 맞아떨어진다. 일단 가보자.

**2.9킬로미터 둘레의 장미산성**

충주박물관에 들러 길경택 학예연구실장에게 장미산성에 대한 정보와 자료를 얻어 산으로 향했다. 장미산마을 안으로 들어가 콘크리트 길을 계속 따라가니 이윽고 성벽이 보이고 봉학사라는 절이 나왔다.

해발 337.5미터의 산에 2.9킬로미터 둘레로 쌓인 장미산성은 남북 방향의 주릉과 동남향의 가지능선을 뼈대 삼아 구축한 포곡식 성이었다. 복원하지 않은 부분도 흔적이 비교적 잘 남아 있는 돌성으로 서쪽은 주릉에 거의 붙여 쌓았고 동쪽은 지릉의 사면을 한참 내려가 성벽이 둘려 있었다. 그쪽에 남한강이 있어 적이 공격하기 어렵기 때문인 것 같았다.

가장 남쪽, 성이 끝난 지점에 이르자 장미산 남릉의 끝이 어딘가 궁금해졌다. 탑평리가 저 남쪽에 있으니 중원고구려비가 세워질

탑평리 옹골마을 근처에서 본 장미산과 흐르늪. 정면 터진 부분이 돌팍제 입구이며 고구려비가 있는 입석 마을은 왼쪽 산모퉁이를 돌아가면 있다.

당시의 고구려인들이 유사시에 이 남릉을 타고 성안으로 들어왔을 것이기 때문이다. 봉학사에 있는 차를 가지러 가는 것은 나중 문제였다.

살짝 두 번 꺾여 강가로 내려서는 남릉은 별 시설을 안 해도 통로 기능을 충분히 할 수 있을 만큼 양쪽이 가팔랐다. 하지만 강변으로 내려서기 직전에는 뭔가 시설을 했던 듯 돌들이 여기저기 보였다. 성도 대단하지만 접근로 역시 못지않게 신경을 쓴 듯했다.

강변으로 내려선 다음에는 두 개의 소쿠리 지형을 지나야 탑평리 선돌마을 중원고구려비에 이른다. 그런데 두 번째 소쿠리 지형에 있는 동네 이름이 돌팍제였다. 돌팍제, 돌팍제, 돌팍제?

'돌팍'은 '돌'의 사투리다. 제천(奈吐>奈隄>提州>堤川)의 예에서 보듯 '토'와 '제'는 바꿔 쓸 수 있다. 그렇다면 "의자왕 9년(649) 가을 왕이 좌장군 은상에게 정병 7천을 거느리고 신라의 석토石吐 등 7성을 치도록 해 빼앗았다"는 『삼국사기』 기사의 석토성이 이거 아닌

충주박물관 옆에 있는 국보 6호 중원탑평리7층석탑. 통일신라시대 것으로 중앙탑이라 일컫기도 한다.

가 하는 생각이 든다. 돌팍제는 말뜻으로 보면 소쿠리 지형과 강 사이에 쌓인 돌로 된 성벽 겸 둑이며 독'산성'과 짝을 이룬 평지성 전체를 뜻하는 것 같기 때문이다. 하지만 길경택 실장은 평생을 뒤져 보았지만 성의 흔적은 발견하지 못했다고 했다.

하트 모양을 하고 있는 돌팍제 안통과 남한강 변 호수 흐르늪 사이로는 599번 지방도가 지나고 있다. 왜정시대에 둑을 쌓아 신작로를 냈는데 마을 노인 이인기 옹(81세)의 말로는 당시 거기 어떤 구조물도 없었다고 한다.

그럼에도 불구하고…… 북한성의 흔적이 서울 어린이대공원이나 건국대 자리에서 나오지 않았다고 거기를 북한성의 유지遺址 후보지에서 제외할 수 있을까? 고구려 방어 시스템의 기본이 산성과 평지성의 기각지세掎角之勢라지만 둘 다 남아 있지 않아 평지성이 어떤 양식인지 보여주는 유적이 하나도 없으니 평지성이 토성이었는지 울타리였는지 짐작할 수가 없는데.

옛날에 홍수가 나면 남한강 물이 돌팍제마을로 해일처럼 밀려들어 올 때도 많았다고 한다. 그래서 "원래는 열 집이 넘었지만 91년인가 92년 홍수 때 집들이 물에 잠겨 엎어지면서 다 떠나고 두 집만 새로 지었다" 한다.

이런 일이 일어날 경우 성 겸 둑 역할을 하던 돌담불은 가랑잎처럼 쓸려 내려가 버렸을 것이다. 그런데도 한 어리석은 나그네 가능성이 거의 없는 돌팍제의 흔적을 찾아 소쿠리의 운두를 오전 내내 돌아다니고 있다.

---

중원고구려비-(1.5km 22분)→장미산 남릉 초입-(1.5km 1시간)→정상-(1.5km 40분)→장미산동[마을][총거리 4.5km 소요시간 2시간 2분]

백제의 수도 한성으로 비정되는 풍납토성. 지금은 높이가 2~3미터밖에 안 되지만 원래는 15미터쯤 되었으리라고 추정한다. 오른쪽이 성안인데 보시다시피 연립주택과 아파트가 이렇게 많이 들어차 있다.

# 한성 버리고 웅천까지 후퇴한
# 백제 북부군사령부의 거점

고구려, 백제, 신라는 700년 삼국시대 중 400년 이상을 평화롭게 지냈다. 따라서 오랫동안 국경이 거의 변하지 않았으니 이때 형성된 문화지도가 오늘날까지 이어 내려온다. 강원도와 황해도 이북은 고구려, 경기·충청·전라도는 백제, 경상도는 신라였던 것이다.

그렇지만 민족 구성은 다소 복잡했던 듯하다. 이것이 반영된 것이 통일신라시대 9주[5소경]인바 한주漢州, 삭주朔州, 명주溟州가 각각 부여·고구려·백제 문화권, 전통 맥족貊族 문화권, 예족濊族 문화권으로 보인다.

이 평화 구도가 깨진 건 서기 391년 고구려에 광개토왕이라는 영걸이 등장하면서부터다. 중국과의 끊임없는 투쟁을 통해 철갑기병이라는 막강 공격력, 성城 시스템이라는 난공難攻의 방어력을 키운 그들이 백제로부터 임진강 서쪽의 경기 북부, "독산 등 6성"으로 일컬어지는 충청북도 동북부를 빼앗고 서라벌에서 왜군을 쫓아준 대가로 경상북도 북부의 맥족 거주 지역—순흥, 풍기, 영주, 봉화를 할양받게 되니 이후 3국은 바람 잘 날이 없게 된다.

9주에서 가장 넓은 한주의 임진강 상류는 강원도지만 백제 문화권이었던 듯하다. 온조 세력의 남하 루트면서 근초고왕, 개로왕, 무령왕 때처럼 국세가 뻗칠 때면 금방 제 영역으로 편입시키는 지역이기 때문이다. 삭주 소속의 맥족 문화권도 38도선 이남—춘천, 가평, 홍천, 횡성, 원주, 제천, 청풍, 단양은 백제 영역이었는데 이 중 제천, 청풍, 단양, 나아가 충주(독산성), 괴산, 음성의 6성을 고구려가 차지하고 서라벌이 보은, 영동 등 충청북도 남부로 진출하면서 3국의 항쟁이 치열해졌다.

551년(진흥왕 12)의 나제 협공으로 고구려는 두 나라에게 열여섯 군을 잃었다. 하지만 영서 지방에서는 아직도 장수왕 때의 확장 범위, 한강기맥선(37.5도)을 유지하고 있었던 것 같다. 그래서 언제든지 반격이 가능했고 바로 이것이 『삼국사기』에 나오지 않는 격변, 552년의 중부 지방 정세에 묘한 영향을 미친 듯하다.

고구려의 '내 땅 돌리도' 사절이 물러간 뒤 백제 측이 "독산 등 6성"의 기득권을 주장하자 서라벌은 고구려에 밀사를 보냈을 것이다. 그리고 다음과 같은 제안을 했을 것이다.

"백제 영역은 지금 수곡성(황해도 신계)에서 탐라까지, 오뉴월 쇠불알처럼 늘어져 있다. 잘 들지 않는 칼을 대도 금세 두 동강이 나고 말리라. 우리가 지난번에 점령한 금현성과 서해 사이는 또 겨우 50리, 개미허리만큼 가는 외통수 길이다. 여기를 경계로 백제를 나눠 먹자."

'백제 이분지계二分之計'를 꾸민 병부령兵部令 이사부는 나아가 사방으로 간첩을 풀어 이 사실을 퍼뜨린다. "고구려와 서라벌 놈들이

올림픽파크텔 옆 수변광장에서 본 몽촌토성과 해자. 88올림픽 직전에 졸속 발굴을 해 공원으로 꾸며놓았다. 당시 이 해자에서 엄청난 유물이 나왔지만 조경 공사를 맡은 회사가 쉬쉬한 채 모두 난지도에 갖다 버렸다. 안압지나 월성 해자 출토 유물이 신라의 생활상을 알리는 데 얼마나 큰 기여를 했는지 생각하면 정말 가슴을 칠 일이다.

백제 나눠 먹기를 한단다." 한성 지역에 특히 많은 인원을 파견했으니 일대 민심은 '지구 최후의 날'처럼 뒤숭숭했다.

백제 조정에서는 난리가 날 수밖에 없었다. 한 나라도 상대하기 버거운데 두 나라가 함께 쳐들어오면 하루아침에 멸망할 게 불을 보듯 뻔했다. 하여 사직 보존을 내세운 온건파가 태자 여창餘昌을 비롯한 강경파의 주장을 일축하고 웅천(안성천) 방어선까지 후퇴하기로 결정을 내린다.

이런 경천동지할 사실을 알려주는 자료는 그러나 우리 역사 어디에도 없다. 「거칠부열전」에 "백제와 함께 고구려를 침략, 백제 사람들이 먼저 평양성을 깨뜨렸다與百濟侵高句麗 百濟人先攻破平壤"고 한마디 나올 뿐 과정이 어떠했고 이후는 또 어찌 되었는지 일언반구가 없다. 그리고 뜬금없이 553년에 신주를 설치했고 555년에 진흥왕이 북한산을 순행했다 하고 있다.

몽촌토성 안의, 꿈속에서나 보았을 것 같은 풍경. '꿈 몽夢'자 몽촌토성은 둘레 2.7킬로미터의 대성大城이지만 성안에서 별 유물이 나오지 않아 풍납토성에서 길 하나 건너 있는 여기에 왜 이렇게 큰 성을 쌓았는지 알 수가 없다.

한편 『일본서기』를 보면 태자 여창이 황해도 장단군 백학면으로 여겨지는 백합야白合野에서 고구려군을 물리친 상황이 자세하게 나와 있다. 「흠명기」 13년조에는 백제군이 갑자기 후퇴한 이유도 밝혀져 있다. "고구려와 신라가 밀통, 힘을 합쳐 우리(백제)와 임나를 멸망시키려 한다高句麗與新羅 通和幷勢 謀滅臣國與任那", 그래 "백제가 한성과 평양을 버리니 이를 틈타 신라가 한성으로 들어갔다百濟棄漢城 與平壤 新羅因此入居漢城"며 『삼국사기』의 공백을 메워주고 있다.

"한성과 주변 방어 시설을 모조리 파괴하라. 언젠가 우리는 돌아오겠지만 그때까지 적들이 돌멩이 하나, 나무토막 하나 이용할 수 없도록 하라."

백제군 사령관은 이렇게 명령했을 것이다. 그렇지만 병사들은 명령을 제대로 이행하지 않았을 것이다. 대부분이 여기서 나고 자란 그들로서는 전쟁에 진 것도 아닌 상황에서 고향의 집과 공공시설을 파괴하고 퇴각하라는 것은 받아들이기 어려운 일인 데다가 그러기에는 시일 또한 너무 촉박했으리라.

## 백제 북부군사령부가 있었던 성, 위례산성

마른장마가 일주일째 계속되는 날 그 버려진 성 한성을 찾는다. 학자들 대부분이 그러리라 여기는 서울 송파구 바람드리風納洞의 풍납토성이다.

지난겨울에 이어 두 번째 길인데 또 헤맸다. 8호선 지하철이 다녀 찾기 쉬운 몽촌토성을 둘러본 뒤 성내천과 나란히 뻗은 큰길을 건너 직진, 샛길로 30분 가까이 걸어갔는데도 성둑이 보이지 않았던 것이다.

앞에 '천호대교' 이정표가 나타나자 겨울에 왔을 때와 똑같은 시행착오를 했음을 깨달았다. 그래 다시 9시 방향의 골목길로 꺾어 하염없이 갔더니 '결판내자 주민 생존권 / 문화재 보호' 현수막이 토성을 찾는 나그네를 맞는다. 고고학자들이 뼈아파 하는 60년대 최고 실책, 풍납토성 안 사적 미지정 후유증이었다.

조선시대 이래 경기도 광주에 속했던 일대는 1963년 서울시로 편입된다. 그때 둘레 3.5킬로미터, 밑변 30~40미터, 추정 높이 15미터인 성둑만 사적으로 지정했던 까닭에 성안에는 연립주택은 물론 아파트까지 들어섰는데 1997년 아파트 재개발이 이루어질 때 엄청난 유물이 발견, 26만 평 전체가 개발제한구역이 되었고 이후 주민과의 마찰이 끊이지 않아왔다.

최근 《한겨레신문》이 추정한 바에 따르면 토성 내 토지보상비는 8조에서 10조 원에 이른다고 한다. 그러나 문화재청의 관련 분야

위례산 정상 공터에 있는, 무엇인지 알 수 없는 석조 유물. 운용리 동구의 안내판에는 "비석의 대좌臺座인 듯한 석재가 반파半破되어 있지만 위례산성보다 시대가 떨어지는 것으로 판단된다"고 쓰여 있다.

연간 예산은 고작 200억 원. 그래서 기사의 제목이 "풍납토성 복원 토지보상만 500년 걸릴 판"이라고 뽑혔다.

백제에게 버림받고 대한민국에서도 버림받아 냇둑만큼 얕아진 이 토성은 이사부의 '백제 이분지계'로는 고구려가 차지해야 맞았다. 그런데 고구려는 무슨 까닭에선지 비어 있는 성으로의 진격을 계속 미적거리고 있었던 것 같다. 용문기맥 북쪽의 홍천에서 출발하면 금방일 텐데 군대를 보내지 않았던 것이다. 그러자 이사부, 중원 5군 점령 이후 계속 독산성에 머물면서 정세를 주시하고 있던 그가 장군 무력에게 한성 전격 점령을 지시한다.

"한성에는 지금 개미 새끼 한 마리 없다. 개인 무기만 지니고 최고 행군 속도로 달려가 즉각 입성하라. 보급은 바로 배를 띄워 해주겠다."

254

서기 555년 진흥왕이 순수를 와 비석을 세우고 간 삼각산 비봉. 가장 높게 보이는 암봉으로 저 뒤쪽의 보현봉에서 시작한 이 비봉 능선이 당시 고구려와 서라벌의 국경이었던 듯하다.

이사부의 전격작전은 그가 이 땅의 지형을 누구보다 잘 파악하고 있었기 때문에 가능했다. 경동지괴傾東地塊라 외길인 동해안은 죽령(죽변)을 지키나 고현(고성)을 지키나 매한가지. 추가 방어 병력이 필요 없고 한강 남쪽의 한성은 또 남한강 서쪽의 독산성보다 방어가 쉬웠다. 게다가 15미터 높이에 폭 30~40미터의 토성은 세월 말고는 허물 수 있는 게 없었으니 한성은 도살·금현성 수비 병력 정도면 충분히 지켜낼 수 있는, 덩굴째 굴러 들어온 호박이었다.

평양(평산)과 한성을 버리고 후퇴한 백제가 북쪽 국경으로 설정한 웅천은 온조왕 때 백제의 남쪽 끝으로 묘사되는 곳이다. 학자에 따라서는 이를 금강으로 보기도 하지만 이때 같이 등장하는 국경 지역이 동쪽은 주양(走壤=달양>달전[리] 가평읍), 서는 대해大海, 북은 패하(임진강)라 안성천으로 비정하는 것이다. 백제가 천안 일대에 있었으리라 여겨지는 마한을 병합하기 전의 일이었다는 점도 이 견해에 힘을 실어준다.

웅천은 표기는 '熊川'이지만 읽기는 '곰내', 아니 '곰강'이었을 것 같다. 안성읍 동쪽에 있는 금광면의 존재 때문이다. 이후 백제의 영역이 남쪽으로 넓어지면서 곰강이라는 이름이 저 아래 충청도 강에도 붙여졌는데 세월이 흐르면서 처음 것은 사라지고 나중 것만 남은 듯하다. 나중 것은 음운변화나 '시적 표현으로 바꾸기' 과정을 거쳐 금강錦江이 되었고.

웅천을 국경으로 삼았다면 백제의 방어 시설은 안성천과 삽교천이 만나는 아산시 인주면에서 시작, 영인산(363.9m)~금산(286.1m)~국사봉(222.5m)~둔덕산~연암산(292.7m)~용와산(238.4m)으로 이어지는 야산 줄기, 성거산(579.1m)~엽돈재 사이의 금북정맥, 만뢰산(611.7m)~덕유산(412m)~환희산(402.3m)~국사봉(360m)~목령산(228.7m)으로 내려가는 동남맥에 집중되었을 것이다. 아산이나 천안, 목천읍에 있는 수많은 성터나 발굴 고고 유물이 그 증거다.

이 방어선의 중심적 위치를 차지하면서 일대를 아우를 수 있는 요충지는 성거산이다. 방어상 취약한 야산 연봉과 금북정맥의 접점에 위치한 데다 서라벌군이 성을 쌓고 있는 동남맥의 만뢰산을 견제할 수 있는 높이와 거리를 유지한 유일한 산이기 때문이다.

지도를 보니 성도 하나 있다. 이름도 특이하게 위례산성, 엘도라도였다.

『삼국지』「위서-동이전」에서는 부여 사람들이 성을 '예성'이라 부른다고 했다. 캐슬castle의 보통명사가 예성인 것이다. 여기에 '위'가 붙어 '위례성'이 되었으니 이는 사령부가 있는 성, 서라벌로 치면 모산성母山城이었다.

동서남북향 네모에 가까운 위례산성 동북쪽 모퉁이의 장대지將臺址. 장대나 망루를 쌓는 데 이용됐을 돌들을 모아 누군가가 돌담불을 쌓아놓았다.

비봉을 오르는 등산객들. 정상의 비석은 1972년까지 여기 있었던 국보 3호 북한산 신라진흥왕순수비를 본떠 2006년 10월 문화재청이 세운 실물 크기 모조품이다. 글자가 진품과 똑같음은 물론 총탄 자국까지 새겨놓아 비석이 왜 두 동강이 났는지 알 수 있다.

그러면 저 버리고 온 위례성은 무엇인가?

『삼국사기』「백제본기」에 '위례성慰禮城'은 딱 세 번 온조왕 때만 나온다. 아직 강남으로 서울을 옮기기 전의 일인데 옮긴 이후에는 수도가 언제나 '한성漢城'으로 표현되었다. 4대 개루왕 때는 '북한 산성'을 쌓았다 했는바 강북에 산성을 쌓아 방위를 강화한 듯하고 10대 비류왕 때는 반란 세력이 "북한성에 웅거했다" 했으니 반란군 이 평지성에 본부를 둔 것이다.

이런 사실들로 볼 때 강북에 있는 평지성은 처음에는 위례성 나중에는 북한성, 강남은 한성이라고 했던 듯하다. 이와 짝을 이루는 산 성은 강북의 것이 아차성(북한산성), 강남은 대두산성이었는데 「백제 본기」에 북한산성이 아차성보다 먼저 나오는 것을 보면 북한산성은 『삼국사기』를 쓴 자들이나 그들의 조상인 서라벌 사람들의 표현이 고 백제인들은 아차성, 북한성의 경우 위례성으로 불렀던 것 같다.

백제 북쪽 방어선 사령부가 있었던 위례산성으로 간다. 천안까지 는 전철을 타고 시외버스로 입장면에 다다른다. 다음 택시를 불러 수리재(지도에서는 부수문이고개)에 내리니 마른장마 한낮 더위가 삐 조지매미 소리처럼 쨍쨍하다.

'위례산 2.4km' 팻말을 따라가다 보니 이런 날씨, 평일 한낮에 이 산을 찾을 사람이 하나나 있을까 싶다. 그래 웃통을 벗어젖히자 없 는 바람이 일어나는 느낌이다.

1시간이 넘게 걸려서야 성에 닿는다. 정확히는 성 북벽과 동벽이 만나는 모퉁이. 장대將臺를 이루었을 돌들이 흩어진 가운데 한 길 남 짓한 돌담불이 쌓여 있다.

서남쪽 700미터쯤에 있는 정상에는 표지판도 하나 있다.

"……위례산 정상을 둘러싸고 있는 테뫼식 산성으로 둘레는

950미터 정도다. 토석혼축과 석축으로 되어 있으며 석축은 주로 경사가 급한 구간에 40미터쯤 남아 있다. 이 성을 백제 도읍지 위례성으로 보기도 하나 조사 결과 도읍성이라기보다는 국방을 위한 시설로 보이며……."

바람 한 점 없는 데다 전망도 없어 계속 앞으로, 거의 정남쪽으로 나아간다. 처음에는 성벽이 능선 오른쪽에 있는 듯했는데 다시 보니 왼쪽 같기도 하다. 하여튼 양쪽이 가팔라 테뫼식 성을 쌓을 수가 없는 지형. 그런데 어떻게 테뫼식이라는 거지?

마침내 성 끝에 다다른다. 성벽이 과연 어디로 뻗어 나갈까? 왼쪽 지릉으로 나아가고 있다. 그렇다면 성안이 주릉의 동쪽이고 성은 포곡식抱谷式일 수밖에 없는데 어느 구실아치가 머리테 모양의 테뫼식이라 했다. 나중에 운용리 입구에서 본 안내판에는 또 산정식山頂式이라 했으니 오십보백보. 엉터리도 이런 엉터리가 없다.

동남향의 지릉을 500미터쯤 따르다 보니 방향이 동북동으로 꺾인다. 주릉은 남향, 지릉은 동남향이다가 동북동향, 지도를 보니 건너편 능선은 남북향. 평지성도 아닌데 와! 세상에 이렇게 훌륭한 성 입지가 또 있을까?

이윽고 수구문 자리가 나온다. 서문을 겸한, 성벽을 어긋하게 쌓은 곡성曲城인데 주변에 흔적이 꽤 남아 있다. 안내판에서 봤던 "경사가 급한 구간에 40미터쯤"이 바로 여기인 듯한바 산성 전체 둘레는 2킬로미터쯤 되겠다.

이 위 '예성'은 백제가 멸망할 때까지 북부군사령부 역할을 훌륭히 수행했던 것으로 보인다. 그래 579년(위덕왕 26) 백제가 발아래 송술성松述城, 안성천 변에 웅현성熊峴城을 쌓자 서라벌은 성환 사산성蛇山城으로 보이는 산산성蒜山城, 안성 미양면 마산리쯤 있었을 마지

위례산성 안의 물이 빠져나가는 동남쪽 모퉁이께의 성벽 흔적. 산 정상 안내판의 "경사가 급한 구간에 40미터쯤 남아 있다"가 바로 이것을 가리키는 듯하다.

현성麻知峴城, 그리고 안성(內兮忽>白城>安城)이 분명한 내리서성內利西城 가는 길이 막혔다고 한다. 624년(무왕 25)에는 또 백제가 각각 염치鹽峙읍, 아산 물한산(284m)의 꾀꼴성, 연기燕岐군, 천안 봉서산성과 관련 있는 것으로 보이는 서라벌의 속함速含·앵잠櫻岑·기잠岐岑·봉잠峯岑 등 6성을 빼앗는바 이때 이들보다 북쪽에 있는 위례성의 위상은 가히 절대적이었을 것 같다.

임도를 따라 큰길까지 나오니 운용리다. 다시 택시를 불러 입장으로 돌아오니 해가 뉘엿뉘엇 넘어간다. 오늘 안성 비봉산성까지 가야 하는데⋯⋯. 해도 다 됐지만 땀으로 물텀벙을 한 몸 또한 도무지 말을 듣지 않는다.

---

수리재(부수문이고개)-(2.4km 1시간 10분)→위례산성-(0.7km 20분)→정상-(2km 45분)→위례산성 동문-(2km 45분)→운용리[총거리 7.1km 소요시간 3시간]

경부고속도로 옥천톨게이트 진입로에서 본 재건산. 둥글넓적한 산 정상부에 관산성이 있다. 그 아래로
흐르는 서화천이, 서산성이 있는 맨 왼쪽 동산과의 사이 오금께에서 금구천과 만나 사진 오른쪽으로 흘
러간다.

재건산

# 성왕과 백제군 몰살의 현장
# 관산성

"(서기 554년) [성]왕이 신라를 습격하려 밤에 보기步騎 오십을 거느리고 구천狗川에 이르렀다. 그런데 도리어 신라 복병을 만나 싸우던 중 난병亂兵의 해를 입고 돌아갔다."

『삼국사기』「백제본기」 내용이다.

세상에! 어떻게 이런 일이 있을 수 있단 말인가? 왕조시대의 핵인 국왕이 50명밖에 안 되는 병사를 거느리고 움직인다는 것이 말이 되는 일인가? 그것도 밤에…… . 신라를 습격하려고 그랬다고? 정말 말도 안 되는 소리다.

결과 성왕은 자기 생명은 물론 장관급의 좌평 네 명, 사졸 29,600명, 몇 필인지 모르지만 말 전부를 신라군의 제물이 되게 한다. 하여 『삼국사기』「신라본기」 찬자纂者로 하여금 "29,600명을 베어 한 필의 말도 돌아가지 못하게 하였다"고 의기양양하게 쓰게 한 것이다.

하지만 전투란, 협곡에 갇힌 사단 병력을 양쪽에서 기관총으로 갈겨대도 사상자는 몇백, 몇천 명밖에 나오지 않는 그런 것이다. 그런데 이런 연사連射 무기도 없는 옛날 백제군은 전군全軍에 가까운 병력이 몰살, 재기불능이 되어버렸다. 이는 또 도대체 어떻게 된 불가사의란 말인가?

미스터리를 풀러 본격적인 여름휴가가 시작되는 7월 마지막 날 관산성管山城으로 향한다. 옥천군 옥천읍 양수리, 재건산(303m) 소재. 옥천은 전라북도 동부에서 발원, 충청북도 남부로 북류하다 서쪽으로 방향을 트는 금강 중류 일대에서 강 서쪽에 있는 유일한 충청북도 영역이다.

관산성 주변에는 서[정리]산성, 환평리산성, 백골산성, 이백리산성, 할미산성, 숯고개산성, 성치산성, 곤륜산보루 등 수많은 옛 성들이 남아 일대가 1500여 년 전에 '철의 삼각지대'였음을 증거하고 있다. 백제로서는 금강방어선의 동쪽 마지노선이었을 것이며 신라는 그 방패를 뚫을 전진기지를 두었을 데다.

양수리 아랫수정마을 당산 아래 차를 세우고 카메라만 챙겨 산성으로 향한다. 한적한 시골 동네 뒷산이라 웃통을 벗고 가는데 초장부터 날비를 맞으며 뛰듯 땀이 흐른다. 그럼에도 등산로가 잘 다듬어져 있어 경사가 꽤 되는데도 힘들지가 않다.

2년 전 초등학교 5학년짜리 아들을 데리고 처음 찾았을 때 생각이 난다.

구진베루와 서화천이 직각으로 만나는 어귀에 있는 논배미. 바로 여기서 성왕 근위대의 마지막 병사가 쓰러지고 성왕은 사로잡혔을 것이다.

"경사가 급하지? 이런 데 성을 쌓아야 지키기가 쉬워. 아래에서 위를 향해 활을 쏘면 잘 안 맞지만 위에서 내려다보고 쏘면 누워서 떡 먹기이기 때문이야."

"스타크래프트에서도 아래에서 위로 쏠 때는 회피율이 있어요. 3분의 1은 맞지 않거든요."

정상부 개활지에 서자 옥천읍이 한눈에 내려다보였다.

"저기 경부고속도로와 철도, 4번 국도가 보이지? 이런 데를 교통

재건산 팔각정에서 내려다본 옥천역 일대. 철로변에 쌓여 있는 컨테이너들과 줄 맞춰 세워놓은 농기계들이 1500년 전 백제군의 보급기지를 연상시킨다.

의 요지라고 해. 교통의 요지는 전략 요충이고…… 그래서 여기 성을 쌓은 거야."

여느 초등학생 고학년이 그렇듯 게임 마니아인 아들은 전략 개념을 금세 알아들었다.

"백제 왕이 저 아래 어디서 죽었어. 그때 무려 29,600명이 함께 몰살됐던 까닭에 이후 백제는 신라에게 대항할 능력이 없어져 100년쯤 뒤에 망한 거야."

"왕은 원래 전쟁에 나서지 않는데……?"

"맞아. 그래 그때도 가지 말라는 신하들이 많았을 거야. 그런데 말을 듣지 않고 갔다가 자신을 망치고 나라를 망하게 한 거야. 왜 그랬는지는 모르지만."

## 샘이 별로 없는 관산성

900미터 둘레의 성은 얕은
물목으로 올라온 붕어의 등
모양, 테뫼식의 전형이다.
성안에 좋은 샘이 있을 것 같
지 않은 지형이니 포위를 당
하면 그날로 항복 프로그램
을 짜야 했을 것 같은 판이
다. "갑사甲士 천 명을 두어
지켰다"는 도살·금현성의
예로 보면 수비 병력은 그만
큼도 안 됐을 것이고.

구진베루와 그 옆을 흐르는 서화천. 옥천군수와 경찰서장 명의의 수영금지 안내판이 서 있을 정도로 물살이 빠르고 깊다.

성 끝쯤에 전에 없던 통나
무 팔각정이 보여 쉬었다 간
다. 보는 이 없으니 양말을 벗어 발도 식히고 허리띠를 풀어 거풍도
한다. 그러면서 옥천읍 전경도 몇 장 찍는다. 전망이 더할 나위 없
이 좋다.

이 작은 성을 백제군이 3만 대군을 동원해 공격한 까닭은 전해의
사건―진흥왕이 "백제에서 빼앗은 동북쪽 변두리에 신주新州를 설
치하고 백제 왕녀를 맞아 소비小妃로 삼았다"―과 무관하지 않은 듯
하다. 울화통이 터져도 백 번은 터질 경우를 당한 백제였으니 왕자
여창餘昌을 비롯한 매파가 이내 득세했을 것이고 전쟁의 북소리가
방방곡곡을 진동시켰을 것이다.

군서면 쪽에서 본 말무덤고개. 관산성은 오른쪽 산비탈로 올라가면 있다. 왼쪽의 햇볕이 훤한
비탈은 신국도를 위한 절개지다.

백제군은 경부고속도로를 질주하는 자동차들처럼 파죽지세로
서라벌에 쳐들어갈 계획이었던 것 같다. 신라군의 주력이 신주와,
3년 뒤에 설치하게 되는 비열홀주의 최전방에 집중되어 있는 사이
안마당을 초토화시키려는 작전이다. 그리고 관산성은 그 첫 단추
였다.

여창은 백제가 고구려에서 여섯 군을 빼앗을 때 보여주었듯 군사
적 능력이 뛰어났던 인물이다. 그래 관산성을 물샐틈없이 포위한
끝에 성왕에게 장계狀啓를 올렸을 것이다.

"아바마마, 신라군을 독 안에 가둬놓았으니 부디 왕림하셔서 항
복 문서 조인을 하시기 바랍니다."

268

관산성 중심부에 있는 작은 웅덩이. 샘이라야 고작 이 정도뿐이었을 관산성은 포위당하면 속수무책이었을 것인데 그 불리함이 오히려 성왕과 백제군 전부를 몰살시키는 계기가 된 듯하다.

성왕이 근위대 50명만 이끌고 온 이유겠다.

한편 『삼국사기』 「신라본기」는 "백제가 관산성을 공격해 오니 각간 우덕, 이찬 탐지 등이 맞아 싸웠다. 형세가 불리하게 되자 신주 군주軍主 김무력이 주병州兵을 이끌고 달려갔는데 비장裨將인 삼년산군의 고간高干 도도가 백제 왕을 급습해 죽이니急擊殺百濟王" 하면서 도도를 특기特記하고 있다.

삼년산군은 보은이다. 보은 성주였을 것 같은 도도는 일대 지리에 누구보다 밝았을 테니 백제군의 연락 루트가 부여→황산[벌]→탄현(대둔산 부근 백령산성 일대)→금산→옥천임을 잘 알고 있었으리라. 알고만 있었던 게 아니고 그물까지 쳐놓은 듯한데 거기 백제의 밀사가 걸린 것 같다. 『일본서기』에 나오는 것처럼 "진중陣中에서 오랫동안 고생하고 있는 왕자를 위로하기 위해 성왕이 방문한다"는 특급 정보를 지닌.

관산성벽의 가파른 쪽(옥천읍 쪽)은 마루금 가까이 쌓여 있지만 북쪽(군서면 쪽)은 많이 내려가 있다. 북쪽 지형이 그만큼 완만해서인데 그 산 발등으로 37번 국도가 지나간다. 국도는 양쪽이 물매진 고개를 넘어가는데 고개 이름이 범상치 않게도 말무덤고개다.

『일본서기』에서는 이때 "성왕이 친히 온다는 정보를 입수한 신라가 모든 병력을 동원, 길을 막고 쳐 깨뜨렸다新羅聞明王親來 悉發國中兵斷道擊破"한다. 말무덤고개 상황을 이야기하는 듯한데 『삼국사기』기록까지 더해 보면 이 작전에서 도도가 중심적 역할을 했을 것으로 생각된다.

말무덤고개는 군서면 쪽은 가파르고 옥천읍 쪽은 완만하다. 4차선 신국도를 내는 중이라 고갯마루가 많이 깎였지만 산줄기는 북쪽으로 계속 뻗어 구릉을 이루면서 발아래 서화천을 Ω 모양으로 돌아가게 만드는데 그 굽이 저쪽 끝이 벼랑으로 되어 있다. 이름은 역시 범상치 않은 구진베루.

고개를 내려가 서화천에 걸린 다리를 건너 월전리로 향한다. 마을 가운데를 지나 들길로 해서 구진베루에 이른다. 냇물이 소리쳐 흐르는 여울 위로 벼랑을 드러낸 야산과, 거의 직각으로 만나는 냇둑 사이의 논벼들이 거름기가 올라 거무스름하다.

바로 이 논배미에서 성왕이 죽었다고? 아닐 거야. 왕을 어떻게 그렇게 함부로 죽일 수 있나? 그리고 죽여버렸다면 어떻게 백제군 29,600명을 잡을 수 있었겠어? 생각이 여기까지 미치자 성왕 최후의 날이 영화 속 장면처럼 그려지기 시작한다.

관산성벽 중에서 비교적 잘 남은 부분. 부근에는 말무덤고개와 통하는 문 터도 있었다.

성왕 일행이 고갯마루에 도착하는 순간 함성과 함께 사방에서 화살과 갈고랑쇠가 빗발쳤을 것이다. 이어 근위병이 하나둘 쓰러지면서 왕을 에워싼 벌 떼는 뒷걸음치며 밀려갔으리라. 서화천 가에 이르자 그들은 좁은 오솔길 퇴로가 아니라 내 건너 월전리들 쪽으로 쫓겨 갔을 것이고 구진베루에 이르러 더 물러날 데가 없는 상태에서 마지막 근위병이 죽자 왕은 사로잡히게 되었으리라.

한편, 이런 상황을 까맣게 모르고 있던 여창의 본대는 옥천읍 쪽에 있었을 것이다. 『삼국사기』의 '구천'이 변해 된 듯한 금구천 유역으로 일대에서 3만 대군이 머무를 만한 공간은 거기밖에 없기 때문이다.

신라군은 포로가 된 성왕을 데리고 백제군 본영으로 가 항복을 받아냈을 것이다. 다음, 진秦나라 장군 백기가 조나라군 포로 40만을 묻어 죽인 것처럼 백제군을 몰살시켰을 것이다. 당시에도 분명 있

북동-서남향인 관산성의 서남쪽 끝. 아랫수정마을에서 올라갈 경우의 들머리며 문 터이기도 하다. 누군가 성돌들을 모아 돌담불을 쌓아놓았다.

었을 '제네바협정'을 무시한 채. 29,600명의 죽음은 이런 시나리오가 아니고서는 결코 설명이 안 된다.

　이 사건의 결과 신라는 삼한의 확실한 패자로 올라선다. '국내'에서는 그때까지 명맥을 유지하고 있던 [대]가야를 일거에 쓸어버리고 엉성하기 짝이 없던 백두대간 이북의 방어 울타리들을 차근차근 만들어나간다. 성왕 사망 이듬해 비사벌에 완산주(비사벌주?)를 설치하고 진흥왕이 북한산을 순행, 국경을 확정하고 온 것이다.

　그렇지만 3만 남짓한 병력으로는 아무리 영웅적으로 잘 싸워도 한계가 있었다. 그래 서기 568년 방어선을 전격 재조정하기에 이르니, 서북군사령부 북한산주를 폐지하며 광주 남종면 우천리에 남천주를 두고 비열홀주(안변)의 동북군사령부를 달홀주(고성)로 후퇴시킨다. 전략상의 이유도 있었겠지만 무엇보다, 들떠 있는 신라군을 추스르려는 이사부의 결단이었을 것이다.

---

아랫수정[마을]—(0.5km 30분)→관산성—(0.5km 20분)→말무덤고개—(1.5km 20분)→구진베루[총거리 2.5km 소요시간 1시간 10분]

고령 지산리고분군. 가장 먼 데 있는 가장 큰 고분이 금림왕릉이라고 전해온다.

# 화랑 사다함이 활약했던
# 대가야 토벌전의 현장

백제군이 뜻하지 않은 사건으로 몰살되자 서라벌군은 해이한 분위기가 역력해진다.

"이제 싸울 일이 없잖아? 모두 고향으로 돌아가 논밭이나 갈고 마누라 엉덩이나 두드리며 살자고."

이런 분위기는 장교들에게도 퍼져가기 시작했다. 아니, 관산성전투에 참가한 부대만이 아니라 전군에 전염되었다. 병부령 이사부에게는 심히 우려스러운 사태였다.

"자만심과 방심은 군 기강 최대의 적이다. 우리 서라벌 국경은 개이빨처럼 들쭉날쭉해 언제 어디가 터질지 모르는데 전군이 저렇게 들떠 있으니…… 뭔가 특단의 조치를 취하지 않으면 관산성의 백제군 짝이 나고 말 것이다."

서라벌은 이제 수비에 전력해야 할 국면이었다. 그 수비는 지금 영남 지방 '국내'를 기반으로 할 수밖에 없는데 당시는 '국내'조차

275

온전히 서라벌 땅이 아니었다. 대가야가 아직껏 명맥을 유지하고 있었던 것이다. 나아가 그 영향 아래 있는 거열(거창)과 속함(함양), 지품천(산청)도 서라벌의 말을 듣지 않았다.

이사부는 관산성전투에 참가했다 서라벌로 돌아가는 각간 우덕에게 비밀 임무를 부여한다. "대가야를 점령하라." 그와 이찬 탐지는 관산성이 위험에 처했을 때 전방부대를 뺄 여력이 없자 서라벌의 예비군을 이끌고 달려왔던 참이었다(신주 군주 무력보다 지위가 훨씬 높은 이들이 관산성전투에서 무력보다 먼저 등장하는 이유다).

관산성에서 몰살한 29,600명 중에는 몇백 혹은 몇천 명의 대가야 군사가 포함되어 있었다. 거의 전군이었을 것으로 보이는바 『일본서기』는 관산성전투가 백제·제諸가야 연합군과 서라벌군 사이의 싸움이라고 쓰고 있다(여기에다 안라국이 멸망하면서 대가야에 와 있었을 임나일본부 왜신倭臣들의 요청으로 바다를 건너온 유지신有至臣의 군대가 합류했다고 한다). 대가야는 지킴이 하나 없는 허깨비 나라였던 것이다.

우덕과 탐지는 점령이 아니라 그냥 입성을 했을 것이다. 다음, 왜정시대 헌병분견소 규모의 병력을 남기고 돌아갔을 것이다. 하릴없이 항복한 가야인들은 통한의 눈물을 쏟았을 것이고(554년).

그렇지만 대가야인들은 싸울 병력이 없어서 한 항복을 받아들이기 어려웠다. 그래 서라벌에 반기를 들 기회를 호시탐탐 노리고 있었는데 마침 계기가 찾아온다. 진흥왕의 창녕 순수 때였다(561년).

『삼국사기』에는 없고 순수비에만 보이는 이 거둥의 목적은 6년 전에 군사령부를 설치한 비사벌주(창녕)로 왕이 대병을 이끌고 행차, 회맹會盟함으로써 점령한 지 58년이 안 된 세 가야─다라국(합천), 안라국(함안), 대가야 지배 체계를 확고히 하고 날로 수요가 많아지는 군수 조달을 원활히 하기 위함이었다. 대가야, 다라국의 철

주산 위 고분군에서 내려다본 고령읍. 회천다리 건너 금산을 갈지자로 올라가는 금산재가 보인다. 이사부가 대가야 반란을 진압하기 위해 넘어온 고개다.

과 평야가 넓은 안라국의 곡식을 노렸던 것이다.

사태가 여기에 이르자 대가야인들은 즉각 반발했다.

"나라도 거저 내줬는데 이제는 판장쇠마저 공짜로 가져가겠다고? 그렇게는 몬 한다. 죽어도. 한 줌밖에 안 되는 저 서라벌 군인들만 없애버리면 우리는 다시 옛날처럼 살 수 있는 거 아이가?"

그래 '헌병분견소'를 습격, 병사들을 죽이거나 쫓아내고 '광복' 선언을 한 듯하다.

이에 서라벌 조정은 긴급 대책 회의를 열었을 것이다.

"반란군 병력이 800명이라고도 하고 천 명이 넘는다고도 하오. 천 명으로 보면 진압군은 3천에서 4천 명이 필요하오. 그런데 아시다시피 우리 병력은 모두 북방에 있고 이 서라벌에는 예비군밖에 없소. 그것도 60세까지 박박 긁어모아야 천 명이 될까 말까 하오. 무슨 좋은 방도가 없겠소?"

읍내 공원으로 되어 있는 주산의 산책로. 대개 성벽 위로 나 있다.

다들 꿀 먹은 벙어리였다. 그때 이사부가 앞으로 나섰다. 회의장 안의 6부 귀족들은 이 판국에 이사부라고 별수 있을까 싶었다.

"실전 경험이 있는 늙은 병사는 천 명이 안 되지만 경험 없는 젊은 예비군은 수천 명을 헤아리오. 그들을 동원하면 되오."

화랑도를 가리킨 것이었다.

"싸움이란 세 명의 경험 있는 병사에 한 명의 무경험자가 끼어야 일반 전력을 유지한다는 게 상식. 그런데 병부령은 반대의 비율로 군대를 편제하겠다는 것 같소. 그들을 데리고 정말 싸울 수 있다고 생각하는 거요?"

"단언코 가능하오. 이 몸 여든이나 먹은 늙은이지만 지휘권을 맡겨준다면 반란을 깨끗하게 진압하고 돌아오겠소."

그의 열전과 「신라본기」의 기록을 참조, 그가 다라국을 병합한 지도로마리칸 때를 최소 나이 스무 살로 잡아도 이사부는 벌써 여든 살의 상노인이었다. 그럼에도 힘이 아닌 꾀로 평생 전쟁을 해왔던 그는, 변호사들처럼 혀만 돌아간다면, 얼마든지 군대를 지휘할 자신이 있었다. 화백회의는 이사부를 진압군 사령관에 임명했다.

열여섯 살의 화랑 사다함을 부장副將으로 삼은 이사부는 대가야를 향해 히말라야 캐러밴처럼 천천히 갔다. 그러면서 적당한 장소만 나오면 단체 싸움을 가르치기 시작했다. 칼 쓰기, 창 쓰기 같은 각개전투 능력은 화랑이나 휘하 낭도들이 평소의 단련을 통해 어느 정도 갖추고 있었기 때문이다.

횡대를 지어 돌진할 때는 적의 열列 네 걸음 앞에서 일단 멈췄다가 적들이 주춤하는 사이 함성을 지르며 공격한다. 공성攻城 사다리 부대는 성벽 3미터 전까지 세 번, 1미터 전까지 한 번 접근하기를 네 번 반복해 적이 성벽 위의 돌과 화공을 거의 소모했을 즈음 번개

다라국이나 안라국 성과 달리 돌성으로 되어 있는 주산성. 토석 혼축으로 쌓였다.

같이 사다리를 걸친다. 사다리 위 돌격병은 고리로 된 삿갓형 방패 안에 모자를 엮어 붙여 자유로워진 양팔을 이용, 전속력으로 사다리를 뛰어 올라간다. 이때 궁수부대와 투석부대는 일제히 성벽 위 적을 공격, 돌격병을 엄호한다.

처음 맞닥뜨리게 될 전투의 불안에 떨던 낭도들은 훈련이 거듭될수록 두려움이 사라져갔다. 나아가 무패 장군 이사부의 훈화에 점점 물들어 자기들이 저 노장과 백전을 같이해온 전사라는 착각에 빠지기 시작했다. 이사부의 지휘 능력은 이렇게 겁쟁이를 단시일 내에 베테랑으로 탈바꿈시킬 만큼 뛰어난 것이었다.

그렇게 달구벌을 지나고 낙동강을 건넌 진압군이 마침내 대가야에 이르렀다. 가야인들은 평지성을 버리고 산성에서 농성을 하고 있었다. 날씨 좋은 주말, 그 산성 주산성株山城으로 가보았다.

고령나들목을 빠져나가 지산리로 접어들자 오른쪽 산등성이 고분들이 먼저 눈에 들어온다. 덕곡재 넘어 대가야박물관 앞에 차를

지산리고분군 45호분 표석.

세우고 들메끈을 바투 한 다음 고분군을 향해 오른다. 4시 반이나 된 시간이라 태양이 빛을 잃어가고 있다.

한 떼의 마을 사람들이 산 위에서 내려오고 있다. 고분 벌초를 한 듯 손에 손에 낫이며 갈퀴, 예초기를 들고 있다.

'왕들도 명절을 쇠는구나.'

고분 사진 구도를 잡기 좋은 가장 위쪽 봉분으로 올라서자 서북쪽 낮은 능선 너머로 파마머리 실루엣 같은 산이 나타난다. 보나 마나 가야산일 터. 그런데 저 산이 이렇게 가까운 데 있었나?

지도를 보니 가야산 안통 물이 내리는 안림천이 고령읍에서, 가야산 북쪽 물을 모두 모아 흐르는 회천과 합쳐지고 있다. 같은 수계. 그렇다면 대가야 때는 철산지로 유명한 저 합천 야로면治爐面이 대가야령이 되고도 남았겠다. 이렇게 보니 가야산은 '대가야의 산'이라는 뜻 같다.

반대편 고령읍 쪽을 보니 26번 도로가 꼬불꼬불 금산재를 힘겹게 올라가고 있다. 가야 역사의 권위자인 홍익대 김태식 교수가 사다함의 대가야 공격로로 비정한 고갯길이다(그는 이때를 반란 진압이 아니라 첫 정복으로 보았다). 그 너머로 현풍 비슬산이 희미하게 떠 있다.

주산성은 해발 311미터의 정상 일대에 테뫼식으로 쌓여 있었다. 다라국이나 안라국 성들과 달리 돌성으로 되어 있는데 함락 후 허물어버렸을 것이라 원래 높이는 알 수 없지만 둘레가 1352미터나 되는 큰 성이다. 내·외성을 갖췄고 망루가 여덟 군데나 있었다 하니 과연 후기 가야연맹 맹주의 아성牙城답다.

## 서약 군대의 시초, 사다함과 낭도들

『삼국사기』 열전에서는 사다함이 귀당貴幢 소속 기병 5천 명을 거느리고 전단량(문)으로 짓쳐 들어가 대가야를 멸망시켰다고 한다. 그런데 귀당이 창설된 것은 문무왕 13년(673)이니 앞뒤가 영 안 맞는다. 그리고 이때 서라벌에 남아 있는 기병이 이렇게 많았다는 것 또한 믿을 수 없는 이야기. 열전은 역시 소설이다.

서라벌의 군 편제는 장군 두 명이 지휘하는 1개 병단에 보병대대감이 둘, 기병대대감이 셋 있었다. 보병대대감 아래에는 다시 중대장 격의 보기당주步騎幢主, 부중대장 보기감監이 둘씩 있었고 그들 휘하에 다섯 명씩의 흑의장창말보당주黑衣長槍末步幢主가 있었다. 보병의 주 무기가 장창이었고 각 당주는 사졸을 100명쯤 거느렸던 것 같으니 병단의 보병 사졸은 2×2×5×100=2,000명이었다.

기병대대감 아래에는 중소대장 격의 착금기당주著衿騎幢主뿐이었다. 기병이 기동성을 잘 발휘할 수 있게 한 편제 같으며 휘하에 150명쯤 있었던 듯하다. 대대당 여섯이었으니 기병 사졸은 3×6×150=2,700명. 이런 지휘 계통을 바탕으로 군사당주, 화척火尺 같은

지산리고분군의 산책로. 둥근 고분과 외로운 소나무가 묘한 앙상블을 이룬다.

특수 보직을 배치해보면 병단의 병력이 모두 4,831명으로 잡힌다. 직관지職官志 무관 항목에 4두품 이상, 장교의 수만 나와 있고 1·2·3두품이었을 사졸에 대한 언급이 없어 1개 병단 병력이 정확히 얼마인지는 알 수 없지만.

한편 서라벌군의 주력 대당大幢은 진흥왕 5년(544)에 창설되었다. 552년에는 상주정上州停, 이듬해에는 신주정新州停을 두었는데 모르긴 해도 대당 병력을 갈라 배치하고 현지 장정들을 모집, 보조 요원으로 썼을 것이다. 당시 총병력은 3만쯤이었던 것으로 보이는바 서라벌은 통일전쟁 때도 5만 이상을 동원할 수 없었다.

다시 읍내를 내려다보니 읍성의 범위가 어림된다. 남산 끝자락과 현충탑이 있는 언덕을 잇는 평지성을 쌓아 국읍으로 삼았을 것 같다. 우덕과 탐지가 입성한 데는 바로 거기였을 터다.

죽음을 무릅쓴 반란군은 읍성에 근거하지 않고 이 산성에 진을 쳤을 것이다. 그렇다면 사다함의 5천 기병은 설사 있었다 해도 쓸모

대가야박물관의 반룡사 다층석탑. 경상북도 유형문화재 118호로 쌍림면 용동에 있던 것을 옮겨 놓았다.

가 없었으리라. 추측으로는 기병이 아니라 총병력이 5천이었을 것 같은데 사다함이 그 일부를 이끌고 성문을 점령, 함락에 결정적인 공을 세웠던 것 같다.

대가야 반란을 진압함으로써 이사부의 실험은 절묘하게 성공했다. 그것은 열여섯 전후의 소년들을 데리고 반란군을 토벌한 것 이상이었다. 병력 부족에 시달리는 서라벌의 새 병력 충원 돌파구 마련이었던 것이다.

신라 때는 물론 고려 때도 귀족은 모두 무인이었다. 그들은 전쟁에 나가 활약상을 보여야 출세를 하고 권한을 유지할 수 있었다. 노블레스 오블리주는 당연지사였던 것이다(이걸 모르고, 이것이 조선시대 들어 어떻게 변형되는지 살펴보지 않은 지식인들이 '귀족의 의무'를 자꾸 들먹인다).

따라서 당시 전쟁에 나가는 것은 귀족의 권리요, 의무였다. 그리고 참전하면 응당의 대가가 지불되었을 것이다. 바로 이 문제 때문에 인구가 아무리 많아져도 병력은 쉽게 늘릴 수 없었다.

사다함과 휘하 낭도들은 서약으로써 참전한 첫 집단이었던 것 같다. 서약 군대, 서당誓幢의 시초였던 것이다.

그 서약은 참가자들이 "국가에 충성" 어쩌고 한 것이 아니라 반대로 국가가 "몇 회 참전, 몇 년 복무하면 부대를 정규군으로 인정해준다"는 약속이었을 것이다. 전쟁에 나갈 권리를 갖는 집단의 양산이다. 그랬으니까 어린 나이의 사다함이 참전 허락을 받아내자 "따르는 무리가 많았"을 터다. 사다함의 대가야 토벌 참전은 모름지기 이런 맥락에서 이해되어야 한다.

이런 기막힌 기획을 하고 성공적인 결과를 이사부가 보여주자 서라벌은 소년병을 제도화하기 시작한다. 14년 뒤인 진흥왕 37년(576) 화랑제도를 공식화한 것이다. 이렇게 청소년 예비군을 기른 뒤 7년 뒤인 진평왕 5년(583) 진짜 서당을 창설하기에 이른다. 나아가 이듬해 사천당四千幢, 경오종당京五種幢, 이절말당二節末幢, 만보당萬步幢, 605년에는 기동타격대 급당急幢, 625년에는 순수 소년부대 낭당郎幢까지 만듦으로써 통일전쟁 대비 5만 병력을 확보한다.

이사부의 대가야 점령은 단순한 반란 진압이 아니었다. 그것은 새 병력 자원 충원의 실험이었다. 이는 멋지게 성공했고 이로써 서라벌은 통일로 나아갈 수 있었다.

---

대가야 왕릉전시관—(1.5km 1시간)→정상—(1km 30분)→고령군청[총거리 2.5km 소요시간 1시간 30분]

경부고속도로에서 본 안성천 해넘이. 바로 이 내가 552년 백제가 한성을 버리고 전략적 후퇴를 한 이후
서라벌과의 국경이었는바 당시에는 지평선 부근에 보이는 들판이 모두 갯벌이었다.

금강산

# 서라벌 3성을 무력화시킨
# 백제 웅현성의 소재지

관산성의 비극 이후 백제는 한동안 군사 활동을 하지 않았다. 아니, 할 수 없었을 것이다. 하지만 신라 진흥왕이 돌아가고 둘째 아들 진지왕이 즉위한 뒤, 관산성의 몰살 이후 23년이 지나면서 움직임을 보이기 시작한다. "진지왕 2년 겨울에 백제가 서변西邊 주군州郡을 침범하니 이찬 세종이 일선군 북쪽에서 3,700명을 죽이거나 사로잡았"던 것이다(577년).

백제군 총사령관의 의도는 그러나 서라벌 땅 뺏기가 아니라 신병들 실전 경험 쌓기에 있었을 것이다. 관산성에서 떼죽임당한 장병의 아들들이 장정이 되자 피나는 훈련을 시켜 실전에 투입한 것이다. 그리고 어디로 국경을 넘었는지는 모르지만 여러 고을을 점령한 끝에 일선군一善郡, 지금의 선산까지 진출할 수 있었다.

하지만 아직은 전력이 정면 대결을 하기에는 역부족이다 싶었으리라. 사망·실종자가 3,700명이나 되었으니. 결과 작전의 방향을

287

다른 쪽으로 돌리기 시작한다.

한편 서라벌로서는 드디어 올 것이 왔다 싶었을 것이다. 23년 전과 마찬가지로 병력은 모두 북방에 있는데 백제군이 허리를 질러 쳐들어왔으니까. 하여 그때와 다를 바 없이, 이찬이라는 최고위직이 예비군을 이끌고 출전한다. 대가야 반란을 진압하며 '서약 군대' 서당誓幢 실험은 성공했지만 아직은 새로 창설된 부대가 하나도 없었던 것이다.

아군은 병력 충원이 없는데 적은 없던 병력이 엄청나게 생겼다? 이런 상황에서는 방어 시설 보완이 상책이다. 그래 서라벌은 가장 취약한 방어선에 내리서성內利西城을 쌓는다.

이에 백제는 절묘한 포석으로 내리서성을 무력화시킨다. 2년 뒤 "웅현성熊峴城과 송술성松述城을 쌓아 내리서성과 마지현성麻知峴城, 산산성蒜山城 가는 길을 막"은 것이다.

이 성들은 도대체 어디에 있는 것들인가? 이걸 알아야 구라를 풀든 소설을 쓰든 할 텐데 과문寡聞인지 몰라도 아직은 밝혀놓은 논문이 없다. 그래 임시변통으로 서라벌 국경 취약 지대가 어디인지 살펴본다.

당시 고구려와 서라벌의 주경계는 한강기맥과, 오대산 이북의 백두대간이었다. 서쪽은 안산에서 안양 수리산, 수리산과 의왕 백운산 사이의 한남정맥, 백운산에서 관악산 거쳐 동작동 국립묘지 뒷산으로 이어지는 선과 한강이었는데 경계가 비교적 뚜렷하고 무엇보다 고구려가 남방 경략에 뜻이 없어 평온한 상태가 지속되고 있었다.

금광산성이 있는 금강산. 금광산성은 금광면에 있는 산성이라서 그렇게 불리는데 이 금광면은 1914년에 조령면, 대문면, 가동면, 월동면을 통합해 만든 것이다.

백제와의 경계는 보은, 옥천, 영동을 제외하면 의왕 백운산 이남의 한남정맥과 한남금북정맥, 그리고 속리산 이남의 백두대간이었다. 그리고 진천~이천~광주~한성의 보급로를 튼튼히 하기 위해 안성을 확보해두고 있었다. 그런데 안성을 가로지르는 안성천 이게 무인지경이었다. 수원에서 발원하는 황구지천과 안성천 아우라지 일대는 물론 그 16킬로미터 동쪽의 양성[면] 한천 합수머리까지가 온통 하구 갯벌이었던 것이다. 안성천 유역에서 온전한 땅은 조선 전기까지의 외통수 길, 23번 지국도 일대뿐이었다.

안성의 진산 비봉산. 차용걸의 『백제의 고대 산성』에서는 여기에 비봉산성이 있다고 했는데 두 번이나 찾아갔지만 발견하지 못했다.

서라벌과 백제의 성 쌓기 경쟁은 틀림없이 여기서 벌어졌을 것이다. 여기를 확보하지 못하면 백제군은 오산, 용인, 수원을 유지할 수가 없고 서라벌로서는 비산비야의 경기평야를 지켜낼 방도가 없기 때문이다.

『삼국사기』의 웅천熊川을 안성천으로 본다면 웅천성은 한천 합수 머리 동쪽 어디쯤에 쌓였을 것이다. 백제의 성이니 안성천 남쪽에 있을 텐데…… 지도를 보니 금광면이 눈에 띄었다. 그 면을 가로질러 흐르는 안성천 남쪽에는 금강산(242m)까지 있었다. 웅천>곰강>금강>금광…… 찾았다!

금광산성 돌성 부분. 성머리가 등산로다.

## 요충을 확보하기 위한 서라벌과 백제의 경쟁

안성으로 향했다. 하지만 자신 있는 걸음은 아니었다. 한국성곽학회 부회장인 충북대 차용걸 교수의 『백제 지역의 고대 산성』에 안성 진산 비봉산의 비봉산성, 공도면의 무양산성, 직산의 사산성蛇山城은 나와 있지만 금강산에 성이 있다는 내용은 없었던 것이다.

금광저수지 낚시터 관리사무소 앞에 차를 세우고 산으로 접어든다. 능선 위의 송전탑을 하나둘 지나 오르는데 오늘 예비군들의 놀이터 참호 시설이 나타난다. 무심코 지나치는데 조금 위에 참호 흔적 같은 게 또 보인다. 토성! 설마 했는데 정말 성이 있다.

성은 완만한 오르막 능선을 따라 양쪽으로 계속 이어지고 있다. 산판길일 수도 있다 싶었는데 급경사를 만나면서 사라지는 걸 보면 분명 성이다. 급경사면 꼭대기에는 돌로 쌓은 부분까지 있다.

석축 위로 올라서서 무덤 축담이 아닌가 보지만 무덤은 없다. 그

금광산성의 토성 흔적. 외성으로 보이는데 내성인 돌성이 나올 때까지 계속 이어져 있었다.

리고 성머리가 산길을 이루며 둥글게 돌아가는데 안이 움푹 꺼진 참
호형이다. 낙엽에 덮여 보이지는 않으나 배수 시설을 완벽하게 갖
춘 성 같다. 그렇다면 아까 토성은 외성外城이고 이건 내성?

돌성 머릿길은 도시 야산 오솔길처럼 잘 나 있다. 그 길을 따라 남
쪽 성 끝에 이르니 안내판도 하나 있다.

"금광산성 : 금광산 8부 능선에 총연장 2킬로미터, 높이 1~3미
터, 폭 4미터로 축조된 토석 잡축의 성이다. 토치카형의 성 흔적이
역연하며 산정 동남쪽 경사가 심한 곳은 100미터가량을 석축으로,
나머지 부분은 흙으로 쌓았음이 확인된다."

정상의 산불감시초소로 올라가 주변 지형을 살핀다. 보개면 동
신리들 건너 서북쪽으로 비봉산이 뾰족하고 서쪽으로는 미양면과
공도읍, 평택시, 팽성읍을 아우르는 너른 들이 서해까지 펼쳐져 있
다. 한마디로 일대를 제압하는 전략 요충이 백번 되고도 남을 자
리다.

당시 서라벌군의 보급로는 저기 저 동신리들을 지나 충주 장미산
성에 이르는 38번 국도였을 것이다. '내혜홀內兮忽 > 백성군白城郡 >
안성군安城郡'의 이름 변천사를 가지고 있는 안성은 '안쪽에 있는
성'이라는 뜻이니 모름지기 저 비봉산성에 치소治所가 있었을 것이
다. 그렇다면 고구려령 내혜홀의 서라벌식 표기가 내리성內利城이
아니었을까? 내리서성은 그 서쪽 전초기지였고.

백제가 웅천성과 함께 쌓았다는 송술성은 안성천과 금북정맥 사
이, 금북정맥 기슭에 두었을 것이다. 저 정맥 너머의 미호천 수계가
백제 땅─성왕이 왕녀를 시집보낸 대가로 받은 도살·금현성 지역
이기 때문이다. 마침 서운면에 송산, 송죽 등의 지명이 보이는바 가
보니 구릉지대 과수원이 넓게 펼쳐져 있었다.

비봉산에서 본 금강산 일대. 가까운 내가 안성천인데 들판 저편에는 조령천이 금강산을 감돌아 흐르고 있다. 금광산성은 사다리꼴로 튀어나온 부분에 쌓여 있다.

웅천성과 송술성 때문에 보급이 막혔다는 세 개의 성 중 산산성은 직산의 고구려식 이름 사산성일 듯하다. 마지현은 미양 어름으로 보이는데 면소 동쪽 마산리는 해발 100미터쯤의 구릉지대고 요새要塞 터의 줄임말일 것 같은 새터라는 지명까지 있다. 안성에서 미양, 사산성 방향으로는 서남향의 70번 지국도가 달리는바 종점은 아산의 음봉면소, 나중에 진평왕 때 혈전이 벌어지는 6성(속함速含·앵잠櫻岑·기잠歧岑·봉잠烽岑·기현旗懸·혈책성穴柵城) 한가운데다.

금광산성의 백제군이 지금의 안성교 어름에 목책을 설치하고 군대를 주둔시키면 70번 도로는 즉시 차단되고 말 것이다. 그래『삼

아성리토성이 있는 아재마을. 마을 뒤 소나무 숲이 성안이다.

국사기』에 "길이 막혔다"라고 쓰인 듯한데 빼앗기지는 않은 것 같다. 624년의 6성 열전으로 보면 세 성은 근근이나마 계속 유지되었고 이를 바탕으로 서라벌은 나제 국경을 곡교천과의 사이 분수령까지 밀고 내려간 것으로 보이기 때문이다.

이 무렵 일대의 사정은 『삼국사기』「소나素那열전」에 살짝 보인다. 사산성 이야기로 "사산의 경계가 백제와 맞물려 공방전이 없는 달이 없었다"는 부분이다. 이때 소나의 아버지 심나沈那가 출전하면 서라벌군은 언제나 파죽의 승세를 유지했다고 한다. 한번은 수세에 몰려 후퇴하던 참이었는데 심나가 눈을 부릅뜨고 고함을 지르

아재마을 동구에 있는 유래비. 마을에 돌로 된 성문이 있었다는 전설에 따라 이런 모양으로 만들었다고 한다.

며 홀로 수십 명을 베어 죽이니, 백제인들이 저 날랜 장수가 있는 동안에는 사산성 옆에도 가지 말자 했다는 것이다. 진평왕 다음 선덕여왕 때 이야기다.

진평왕 때 유명한 전투가 벌어진 데는 단잠성椵岑城이었다. 재위 33년(611)에 백제군이 성을 포위, 100일 동안을 버텼는데 끝내 구원병이 오지 않자 성주 찬덕이 괴수槐樹에 부딪쳐 죽으며 함락된 성이다. 7년 뒤에는 그의 아들 해론이 단잠성 수복 작전에 참가하는바 빼앗았던 성을 다시 빼앗길 지경에 이르자 적진으로 돌격, 장렬한 최후를 연출하기도 한다.

『삼국사기』「지리지」에는 그러나 아무리 봐도 단잠성이 없다. 하지만 찬덕과 해론 부자의 영웅적인 활약을 기려 성 이름에 '괴' 자를 넣었을 가능성은 있어 '홰나무 괴槐' 자가 들어가는 지명을 찾으니 "원래 고구려의 잉근내군仍近內郡으로 …… 경덕왕 때 고친 이름은 괴양군槐壤郡이며 지금은 괴주槐州"가 보인다. 충북 괴산인데 안성도 그랬지만 고구려에서 빼앗은 직후의 이름은 여전히 빼먹고 있다.

단잠성이 괴산으로 바뀌었다는 가설이 받아들여진다 해도 문제

흙으로 쌓은 것이 역력히 드러나 있는 아성리토성의 일부.

는 또 있다. 괴산이 언제 서라벌 땅에서 백제 땅으로 되었느냐다. 그 시기는? 그리고 진군로는?

괴산이 백제 땅이 되기 위해서는 우선 진흥왕이 553년에 도살·금현성을 확실히 백제에 넘겨야 한다. 이후 20여 년이 지나 백제군이 반격에 나설 때 상주~충주 간의 혈로를 차단할 목적으로 한남금북정맥 모래재를 넘어와야 한다. 나아가 그 결과 쌓은 '백제의 고대 산성'이 있어야 한다.

차용걸 교수의 책을 다시 뒤져보니 괴산 읍내 서북쪽 6킬로미터쯤에 아성리토성이 있다고 한다. 밑져야 본전. 새벽 3시에 집을 나와 괴산으로 향했다.

중부고속도로 증평IC를 빠져나가자 비로소 동쪽 하늘이 밝아오기 시작했다. 모래재를 넘어갈 때는 34번 신국도가 아니라 구길을 택했다. 안개 낀 산골 들판이 그림 같다.

읍내에서 37번 국도로 갈아탄 뒤 몇 번의 시행착오 끝에 토성이 있는 아재마을에 도착한다. 독립문처럼 생긴 마을 유래비가 특이하다.

"언덕 아阿, 재 성城 자를 쓰는 우리 마을 아재에는 조상의 숨결을 느낄 수 있는 토성이 남아 있다. 둘레가 324미터고 높이는 1.2미터, 폭 90센티미터의 내외협축內外狹築으로 되어 있는데 서북쪽이 가파르고 동남쪽은 완만하다. 서북쪽 가장 높은 곳에는 장대將臺 자리가, 양쪽 모서리에는 작은 둔덕이 있다. 문 자리로 보이는 데가 두 군데 있는데 남문이 ㄱ 자형 옹성甕城으로 되어 있음이 주목된다. 성 밖에 외황外隍의 흔적이 있으며 발견된 토기 조각들로 보아 삼국시대에 축성된 것으로 보인다."

마을 유래비는 웬만한 문화재 안내판 못지않게 자세히 쓰여 있지만 토성이 마을 어디에 붙어 있는지에 대해서는 언급이 없다. 경운기를 몰고 가는 노인에게 물어보니 뒷동산 솔밭이라고 하는데 '내외협축'이나 'ㄱ 자 옹성'은 눈을 씻고 봐도 없다. 여기가 정말 단잠성이었을까?

둘레가 320미터라는 것을 보면 개연성은 있다. 해론이 "아버지의 공으로 스무 살에 대나마大奈麻가 되었다"라는 열전의 기록을 감안하면 찬덕은 나마로서 태수 아래의 소수少守 직책(계급은 대대감)이었을 듯하고 그 경우 이만한 성 수비를 맡았을 것으로 보이기 때문이다.

찬덕이 홀로 분전할 때 구원군이 안 온 건 아니었다. 신주新州는 물론 상주, 하주(창녕)의 군대까지 왔지만 백제군에게 패해 돌아갔다. 피아간에 이렇게 중요한 지역이었으니 금산(김천)부대 당주幢主

였던 아들 해론이 한산주 도독 변품과 더불어 남북에서 공격해 빼앗았고 백제 또한 전력을 기울여 되찾았던 것이다.

그럼에도 불구하고…… 아성리토성이 정말 단잠성이었을까?

태봉산 쪽에서 본 영평천과 영중교와 38선휴게소. 교각 아래와 사진 가운데, 돌다리처럼 보이는 부분이
암반지대라 예나 지금이나 물건널목으로 중요한 지점이다.

청성산

# 김유신 데뷔전이었던
# 낭비성싸움의 비성산

사산성이나 단잠성 혈투, 선덕여왕 때의 대야성 함몰, 진덕여왕 때의 석토성石吐城 공방에서 보여주듯 서라벌은 577년 이후 통일까지 대對백제 관계에서 쭉 수세를 면치 못하고 있었다. 그건 군세가 약하거나 병력이 열세여서가 아니었다. 진평왕은 서당誓幢, 4천 명 기병부대 사천당四千幢, 경오종당京五種幢, 이절말당二節末幢, 천리행군 전문 부대로 여겨지는 만보당萬步幢, 하서주 궁척弓尺부대, 기동타격대 급당急幢, 청소년부대 낭당郞幢을 창설했고, 진덕여왕은 한산주 궁척부대, 무열왕은 계금당罽衿幢과 한산주 계당罽幢으로 지속적인 병력 증강을 추진해온 서라벌이었다.

따라서 이유는 이런 병단들, 아니 주력부대를 모두 대對고구려 전선에 배치하고 서부전선은 이삼류 병력에게 맡겼던 데서 찾아야 할 것이다. 그러지 않고는 단잠성 패전 8년 전인 603년 진평왕이 북한산성으로 쳐들어온 고구려군을 "친히 격퇴"하고 이듬해 남천주南川

301

영평천 가의 38선휴게소 뒤로 보이는 태봉산과 불무산. 운천과 철원으로 간다는 43번 국도, 전곡과 연천으로 향한다는 37번 국도의 가리킴이 야산에 있는 태봉산성의 전략적 가치를 웅변하고 있다.

태봉산 정상부의 토성 흔적. 판축을 해 쌓는 까닭에 토성은 흔히 이렇게 신작로처럼 보인다.

州를 북한산주로 전진배치한 사건이나 집권 말기인 629년 낭비성을 함락하고 선덕여왕 6년(637) 춘천에 우수주牛首州를 설치한 사태를 설명할 수 없다.

54년이나 위에 있었던 진평왕의 유일한 대외 업적 북한산성 친정親征은 진흥왕 29년(568) 북한산주를 남천주로 후퇴시킨 이후 한강이북에서 이루어진 최초의 군사작전이다. 그리고 이는 35년 가까이 한강~한강기맥선을 국경으로 삼아오던 서라벌이 그 얼마 전 북진을 시작했다는 의미다. 고구려에게 내줬던 북한산성을 빼앗아 북진의 교두보를 마련했고 고구려군이 이를 수복하러 내려왔다고 보아야 한다.

이로써 서라벌은 백제뿐 아니라 고구려와도 본격적인 스파링을 시작한다. 이를 가만 두고 볼 수 없는 고구려 역시 글러브를 끼고 나서 5년 뒤 우명산성牛鳴山城을 함락하고 8천 명을 사로잡아 서라벌로 하여금 "고구려가 국경을 자주 침범하여……"로 시작하는 원광법사 걸사표乞師表를 수나라에 보내도록 하고 있다.

하지만 서라벌은 2 대 1 싸움임에도 자신이 있었으리라. 이 전략 전술의 입안자 용춘龍春은 특히, 한 갑자 뒤 서라벌이 통일을 이뤄가는 과정과 이후의 모습이 눈에 선했을 것이다. 그는 제국 신라의 설계자였다.

진지왕의 아들이던 그가 통일 대업에 눈뜨게 된 계기는 큰아버지 진평왕을 따라 북한산성전투에 종군하면서였다(진평왕 25년의 일이니 그의 나이 스물다섯 전후였으리라). 그리고 거기서 전략 전술의 핵심을 단박에 터득한 것 같다. 동시에 "외교는 총성 없는 전쟁"이라는 동서고금의 진리까지 깨달은 듯한바, 아들 김춘추의 행적을 통해 그것을 증명하고 있으니…… 역사상 이렇게 오묘하게 자신의 생

구읍천과 포천 한내 아우라지에서 본 반월성. 왼쪽 봉우리 위 바리캉으로 민 듯한 부분이 성 서쪽 끝부분이다.

각과 업적을 후세에 알린 인물도 없을 것이다.

통일의 단초가 된 낭비성 점령은 그의 불세출의 역량을 보여주는 첫 작품이었다. 늙은 집권자 진평왕의 신임을 온전히 받게 된 계기이기도 했으니 이후 선덕·진덕여왕으로 이어지는 왕위 계승, 군사적 능력이 없는 아들에게 신참 진골 김유신을 붙여준 것, 며느리를 김유신 집안에서 데려와 진골왕위시대를 연 사실 등이 모두 그의 머리에서 나온 것으로 보인다.

그런데 문제는 낭비성이 도대체 어디 있느냐였다. 학계에서는 충주나 청주라고 주장하는 이들이 많은데 말도 안 되는 이야기다. 한강을 넘어 북진하는 마당에 위화도회군도 아니면서 남쪽 고을을 공격한다는 것은 어불성설이기 때문이다.

그래 하릴없이 『삼국사기』「지리지」를 뒤지다 보니 권6 '보유 편補遺編'에 "비성군臂城郡은 마홀馬忽"이라는 구절이 눈에 띈다. 「지리지」권4에는 또 "견성군堅城郡은 본디 고구려 마홀군으로 지금의 포주抱州"라고 되어 있다. 낭비성娘臂城의 '비성'이 포천이라는 암시다.

그럼 '낭성'은 어디 있을까? 혹시 "동음현洞陰縣은 본디 고구려 양골현梁骨縣으로 경덕왕 때 고쳐 지금에 이르렀다" 이거 아닐까? 지금은 영중면과 영북면으로 나뉘어 있는 조선시대 영평현 이야기다.

'낭'이든 '양'이든 다 점령자 저들 편할 대로 부르고 바꾼 결과일 것이다. 한편 언어학에서는 ㄴ과 ㅇ을 상호 소통하는 음가音價로 보고 있다. 그럼 낭성이나 양골[성]이나 그게 그거 아닐까?

『포천군지』에서는 영평현에 태봉산성이 있다고 했다. 트레일러 운전병이던 군대 시절 영평천을 지나며 보았던 태봉산성지址 표석 생각이 났다. 영평현의 성이니 가설이 맞는다면 그게 바로 낭성일 것이었다. 바로 이거야!

아침 일찍 태봉산성을 찾아 나선다(무슨 왕인가 왕자의 태를 묻은 산에 있는 성이다). 늦가을이어서인지 안개가 포천 들판을 덮고 있다. 반면 영평천 변은 안개가 갠 상태. 38선휴게소에 주차를 하고 영중교 건너 광명휴게소 뒤 야산으로 올라간다.

태봉석조 뒤의 잘 꾸며진 가족묘를 지나 능선 오르막을 타는데 가도 가도 돌멩이 하나 보이지 않는다. 여기가 정말 태봉산성 맞나? 광명휴게소 노인이 "그 비석 30년 전에 나도 봤지만 지금은 어디 갔는지 알 수가 없어" 했던 터라 의구심이 더 깊어진다.

야산 고스락 가까이 이르자 좁은 밭자락 같은 게 나타난다. 등고

대리석처럼 하얀 반월성 동문 일대 성벽. 암문 터를 凹 모양으로 만들어놓은 것은 윗부분 복원 근거가 없기 때문이다.

선을 이루며 돌아가는 그 평탄지를 따라가며 보니 토성머리 같다는 생각이 든다.

신작로처럼 이어지던 인공 구조물은 북쪽 잘루목에서 끝나고 있다. 대칭을 이루듯 등성마루 반대편에도 인위적 형질 변경이 보이니 분명 토성이다. 그럼 이게 백제인들이 쌓은 성이었단 말인가?

그랬음 직도 하다. 온조왕 때 백제의 북쪽 영역이 패하浿河, 임진 강이라고 했으니 이곳의 처음 주인은 백제였을 수 있다. 장수왕 이후에는 고구려 영역이 되었겠지만 썩 중요하지 않은 성이면 별 투자를 안 했을 것이고 그러면 계속 토성으로 남아 있었을 가능성도 크다. 양골성은 처음부터 지금까지 토성을 벗어나지 않은 것 같다.

소나무들의 다리 사이로 영평천 냇물이 반짝인다. 갈수기인데도 수량이 제법 많다. 이동면과 일동면―광덕산(1046.3m), 백운산(904.4m), 도마치봉(937m), 국망봉(1168.1m), 강씨봉(830.2m), 청계

반월성 장대지에서 내려다본 포천 한내와 일대 들판. 회전會戰이었던 낭비성싸움은 저런 들판에서 벌어졌을 것이다.

산(849.1m)을 잇는 준걸한 한북정맥이 수원水源이어서인 듯하다.

군대에서 여기, 38선휴게소 이북까지 온 것은 팀스피릿 훈련 때문이었다. 저 성동삼거리를 지나 운천에 이른 다음 어떤 부대 안으로 들어가면 세상모를 분지가 하나 나오는데 거기까지 짐을 수송하기 위해서였다. 고참들 말로는 미군 사단 본부가 있었던 자리라고 했다.

부대에서 분지까지 가는 길은 냇가를 따라 나 있었다. 그런데 평지가 푹 꺼져 생긴 내의 벽이 온통 오버행 주상절리柱狀節理로 되어 있는 것이었다. 그게 꼭 구름 피어오르는 것처럼 보여 '이 때문에 운천雲川이라는 이름이 생겼구나' 여겼는데 지금 생각하니 분지의 방어선으로도 그만한 것이 없겠다. 운천부터 북으로 끝없이 펼쳐져 있는 철원평야를 지키는 최전방 사단의.

반월성의 서쪽 끝머리. 오른쪽으로 뻗어가던 성벽이 왼쪽으로 돌아가다 문득 멈춘 곳에 서문이 보인다.

지도를 보니 태봉산성은 철원~운천~포천~의정부를 잇는 43번 국도와 영평천의 교차점에 있다. 남북전쟁 때 북한군 3사단이 내려왔고 삼국시대에는 말갈군의 단골 남침로였던 길을 차단할 수 있는 적지라 성을 쌓은 듯하다. 그리고 여기를 방치하면 '비성' 포천은 그냥 바람 부는 들판이어서 둘을 합칭合稱할 때 낭성을 앞세운 모양이었다.

비성은 물어볼 것도 없이 포천 구읍리 청성산에 있는 반월성일 터다. 몇 번 가봤던 거기는 9부 능선까지 찻길이 나 있어 걸음 바쁜 답사자로서는 더할 나위 없이 좋은 대상지이기도 하다. 마침 해도 중천으로 올라갔으니 사진 찍기 역시 그만이다.

반월성 서쪽 끝에서 본 포천 시가지. 기와집은 근래 포천시에서 지은 종각이다.

　'반월성 복원공사 사무소' 간판이 걸린 함바집을 돌아가니 바로
성벽이 나온다. 치열처럼 고른 화강암이 7~8미터 높이로 쌓여 있
다. 어어, 삼국시대 성이 아니네?

　안내판을 보니 광해군 10년(1618) 후금의 남침을 막기 위해 개축
한 것이라고 되어 있다. 고려시대에도 사용했다 하니 근 천 년을 현
역으로 복무했던 성이다.

　하얀 새 돌 사이사이에 간간이 헌 돌들이 박혀 있다. 오석烏石에
가까운 검은 놈도 있고 진갈색 돌도 있으며 코코넛 버터 같은 순갈
색도 있다. 이것들이 한 단을 다 이어가기도 하고 이빨 빠진 영구 분
장처럼 모자이크를 이루기도 한다. 위에서 아래까지 2~3미터 폭

복원이 예술인 반월성벽. 헌 돌과 새 돌을 섞어 쌓았다. 오른쪽은 성벽이 금방 예각으로 꺾여 돌아가는 치성 부분이니 옛날에도 산불감시초소 근처에 망루가 있었을 것이다.

전체가 헌 돌로만 된 부분도 있다.

장대지將臺址로 여겨지는 곳에 선다. 포천 시내가 한눈에 들어오고 영평천으로 흘러가는 한내(포천천)가 멀리 산굽이 사이로 사라지고 있다.

### 승패를 뒤집은 중당당주 김유신의 맞장 뜨기 전술

『삼국사기』에 따르면 전투는 저 아래 어디, 벌판에서 벌어진 회전會戰이었다. "대장군 용춘과 부장군 서현이 고구려 낭비성을 공격하자 고구려군이 성에서 나와 진을 벌인바 군세가 어찌나 왕성한지 신라군이 전의를 잃었다" 한다.

그러자 중당당주中幢幢主 김유신이 아버지 서현 앞으로 나아가 투구를 벗는다. "지금 우리 군사가 패하고 있습니다 …… 듣건대 깃을 잡으면 갖옷이 바로 되고 벼리를 들면 그물이 펴진다 하였습니다.

반월성 안의 샘. 둘레가 1,080미터나 되는 큰 성이라 샘이 여럿 있었다고 한다.

지금 제가 우리 군의 벼리와 깃이 되겠습니다" 하면서 말에 뛰어올라 적진으로 돌입, 적장의 머리를 베어 들고 돌아온다. 이를 보고 신라군들이 분연히 일어나 5천 명을 죽이고 천 명을 생포하자 성안의 고구려군이 감히 대항하지 못하고 항복한다.

고구려군이 이렇게 대단한 성을 두고 회전을 벌인 이유는 서라벌 사람들이 진법陳法에 깜깜일 것이라는 속셈 때문이었을 것이다. 예상대로 신라군은 고전을 면치 못했으니…… 이건 도대체가 붙으면 붙을수록 안 되는 싸움이었다. 순간 김유신은 이 싸움의 요체가 사기나 각개전투 능력이 아님을 간파한다. 그래 단기單騎로 나서 적장에게 맞장을 제안했고 그의 목을 따 돌아감으로써 고구려군의 전술과 진법을 바지저고리로 만들었으니 그는 진정 하늘에서 떨어진 천재적 군사전략가가 아닐 수 없다.

직선을 이룬 성벽의 방어력을 강화하기 위한 시설 치성雉城을 돌

남문 터 근처의 신작로. 길 왼쪽 급경사가 성벽이 쌓여 있는 부분이다.

아가니 소나무, 참나무 우거진 사이로 그림 같은 오솔길이 나온다. S 자로 뻗은 그 길을 따라 성벽도 그렇게 돌아가는가 싶더니 이어 훤히 트인 개활지가 나온다. 반월성 서쪽 끝이다.

포천 쪽으로는 암문暗門, 반대쪽으로는 성문 터가 보인다. 동·서·남문 중 서문 자리다. 서문은 그냥 길이고 암문은 계단으로 내려가게 되어 있는데 삼국시대에는 어떤 문을 달았을까 궁금하다.

낭비성을 점령한 후 서라벌군은 두 패로 나뉘었던 듯하다. 그래 한 패는 지금 87번과 37번 국도를 타고 전곡, 나아가 적성(칠중성)에 이르러 임진강선을 확보했으며 또 한 패는 굴고개를 넘고 현리를 지나 북한강 유역으로 나갔을 것이다. 이어 가평, 춘천, 화천, 양구, 인제, 홍천을 돌며 영서 지역을 제패했을 것이다.

568년의 전략적 후퇴 이후 61년 만에 이루어진 이 원정의 성공으로 서라벌은 열광의 도가니가 되었을 것이다. 더불어 용춘의 명성도 하늘을 찔렀을 것이다. 정적의 아들들이 휘하가 되기 위해 밤봇짐을 싸 달려왔다는 카이사르의 갈리아원정만큼은 아니었을지라도.

---

낭비성의 '비성'인 포천 반월성은 시청 동쪽에 있는 군내면소에서 올라간다. 9부 능선까지 차로 갈 수 있으니 답사가 아주 쉽다. '낭성'인 영중면 태봉산성은 38선휴게소에 차를 세우고 찾아간다. 야미천이 영평천과 만나는 어귀 왼쪽 등성이에 있다.

망해루 터와 서벽 사이의 돌무더기. 발굴하면서 나온 것이 아니라 복원하고 남은 것이다.

중성산

# 고구려와 신라가 2차 회전
# 벌였던 일곱 겹 성산

용춘이 진평왕의 신임을 얻게 된 결정적 계기는 왕 44년(622) 내성사신內省私臣으로 임명되면서였다. 임금 집안에서 경영하는 상공업 담당 관서의 총경리 자리인데 임금의 사업체를 일약 국내총생산 GDP의 태반을 차지하는 대기업으로 키워낸 것이다. 역량도 비상했으려니와 무엇보다 왕을 재벌로 만들어줬으니 예뻐하지 않을 까닭이 없었다.

방식은 통폐합이었다. 임금 집안의 대궁大宮과 양부의 양궁梁宮, 사량부의 사량궁沙梁宮 생산 시설을 합쳐 독점기업을 탄생시킨 것이다. 이로써 전 임금 진지왕 때까지 국정을 좌우하던 양부와 사량부의 경제 기반이 큰 타격을 입어 권력의 축이 왕 한 사람에게 한층 쏠리게 되었으니 집권자로서는 이렇게 고마울 데가 없었으리라.

최고위 관등 이찬에 올라 있던 용춘은 요새로 치자면 국무총리 겸

공룡재벌 최고경영자, 권력과 금력을 한손에 쥔 몸이었다. 거기다 임금의 신임을 전적으로 받고 있었으니 이후 국가 정책은 다분히 그의 뜻에 따라 좌우되기 시작했다.

대표적인 것이 외교였다. 그전 43년 동안 여덟 번밖에 안 보냈던 대對중국 사신을 이후 10년 동안 아홉 번이나 파견한 것이다. 한 번 빠진 것은 이런 정치·경제적 독점에 불만을 품은 귀족들의 반란 기미 때문이었다(진평왕 52년 이야기로 이듬해 이찬 칠숙과 아찬 석품이 반역죄로 처단된다).

그가 외교를 이렇게 중시한 까닭은 이당제려以唐制麗, 당나라로써 고구려를 제어하기 위해서였다. 작은 나라가 큰 나라를 저 뜻대로 움직인, 역사상 유례를 찾기 힘든 일로 용춘의 외교적 역량이 얼마나 뛰어났는지 보여주는 증거다.

낭비성싸움(629년) 직전 용춘은 고구려군을 요서 지역, 그들의 서부전선에 묶어두기 위한 포석을 치밀하게 진행한다. 4년 전 당나라에 "고구려가 조회朝會를 못 하게 길을 막으면서 자주 쳐들어온다"고 엄살을 부려 당나라로 하여금 '황제의 부절符節을 지닌 전권대사'를 고구려에 파견, 고구려[영류] 왕이 "앞으로 신라와 평화롭게 지내겠다" 맹세하는 표문을 지어 올리도록 했던 것이다王奉表謝罪 請與二國平. 이후 고구려군은 남부전선, 서라벌과의 접경 지역에 얼씬도 하지 않았다.

고구려가 당나라에 이렇게 절절맨 까닭은 612년 수나라의 백만 대군을 맞아 싸워본 경험이 있어서였다. 때와 장소가 유리해 비록 이기기는 했지만 다시 한 번 붙을 경우 나라를 보존할 자신이 없었던 것이다. 그래서 서라벌이 낭비성은 물론 임진강선까지의 경기도, 한강기맥 이북의 영서 지방 전체를 빼앗아 가도 응징군 한 명 보

당성의 복원 부분. 통일신라 양식이어야 하는데 돌의 크기나 줄 맞춰 쌓기가 제대로 되지 않았다.

내지 못했다.

　게다가 당나라는 낭비성싸움 전해 돌궐을 멸망시킨 슈퍼 파워였다. 소비에트연방 붕괴 후의 미국처럼 천하를 호령하는 존재였으니 고구려는 당나라가 시키는 대로, 자국 내의 대對수나라 전승기념비를 부수라면 부수고 포로로 잡혀 있던 만여 명의 병사를 돌려보내라면 보내고 전몰자 해골을 묻어주며 위령제를 지내라면 지내야 하는 처지였던 것이다.

　이런 와중에 돌연 "더 이상 못 참겠다"는 세력이, 매파가 득세한 듯 천리장성을 쌓기 시작한다(631년). 그리고 7년 뒤 남부전선 수복군을 파견하니 첫 싸움터는 임진강 변 칠중성이었다.

칠중성 성벽. 가장 위쪽의 돌성 부분인데 옛날에는 그 아래 토성으로 된 여섯 겹 성벽이 더 있었던 것 같다.

칠중성七重城. 성벽을 일곱 겹 두른 성이라는 뜻이다. 테이퍼식 지형에 50미터 간격으로 성을 쌓았다는 왜성倭城도 아니고, 이 땅에 어떻게 이런 성이 다 있었단 말인가? 취약한 모성母城의 방어력을 보루성 여럿으로 보완한 시스템들은 종종 눈에 띄지만……. 일단 가서, 보고, 판단하기로 한다.

초겨울 아침 안개가 낀 통일로를 달린다. 벽제, 금촌, 문산을 지나 임진강을 따라 난 37번 국도로 접어드니 기러기 떼가 도로를 가로질러 저공비행을 한다. 서울은 영상의 기온인데 길바닥이 얼어 반짝반짝 빛나고 있다.

적성향교 옆으로 해서 성으로 오르는 산판길을 따른다. 군사 시설 때문에 정상까지 길이 나 있는 모양이다. 20여 년 전까지만 해도 '접근불가' 지역이었는데 전술 개념이 바뀌었는지 지키는 이가 없다.

칠중성 남측 성벽 위에서 본 정상부. 군사 시설로 인한 형질 변경이 심해 사적으로 지정되어 있지도 않다.

동문 터 아래 주차장에 이르자 동남쪽 멀리 감악산(675m)이 우뚝
하다. 서남쪽의 파평산(495.9m)과 함께 임진강방어선의 두 기댈 언
덕이다. 이 중성산(147.7m)은 그러니까 둘의 전초기지인 셈이다.

인근 부대의 소총 소리, 기관총 소리를 들으며 남릉 잘루목으로
올라서니 무너진 돌무더기들이 보인다. 그 위로 올라서서 고스락에
이르니 안내판이 서 있다.

"임진강 중류 남쪽 연안에 위치한 칠중성은 ……『삼국사기』에 의
하면 668년 고구려가 망할 때까지 신라와 고구려의 격전지였던 곳
이고 나당전쟁 기간에는 신라의 최북단 지역으로서 당군을 저지하
는 역할을 한 것으로 되어 있다."

전쟁은 지금도 진행형이라는 듯 8·9부 능선을 두르고 있는 교통
호를 따라가다 삐삐선 너머 경사 가파른 데로 내려가 봤더니 차곡
차곡 쌓인 돌들이 벽을 이루고 있다. 이게 삼국시대 유적일 리는 없

319

당성 들머리 남양 홍씨 문중에서 세워놓은 당성사적비. 비갓이나 정사각기둥으로 된 형태가 중국식이다. 여기가 본향인 남양 홍씨는 태반이 당나라에서 건너온 이의 후손으로 당성 홍씨라고도 한다.

지만 돌을 자른 흔적은 분명하다. 교통호 오솔길을 계속 따라갔더니 석축 무너진 곳이 나오고 갈색 기와 파편도 보인다. 고구려계 붉은 기와가 색이 바랜 것. 장수왕 때 여기를 점령한 이후 155년 동안 경영한 흔적이다.

다시 고스락으로 올라와 북쪽 빈 들판을 바라보고 있자니 희미하게 강이 보인다. 해발 148미터의 야산에서 보는 평야 가운데의 흐름이라 숨은그림찾기 하듯 해야 겨우 눈에 띈다.

그러고 보니 이 산이 토산土山이구먼. 따라서 맨 처음엔 흙성을 쌓았을 것이고 낮은 방어 효율을 보완하기 위해 일곱 겹을 둘렀어! 마침내 비밀이 풀린다.

이 칠중성에서 서라벌과 고구려가 붙은 것은 선덕여왕 7년(638)의 일이다. 그런데 전투는 여기가 아니고 저 벌판에서 이루어졌다. "대장군 알천이 고구려군과 칠중성 밖에서 싸워 이기면서 죽이거나

당성 남문 일대의 곡성. 보기도 좋으려니와 산책로로도 그만이다.

사로잡은 수가 아주 많았다"고 한다.

　알천은 사상 처음으로 대장군이 된 용춘한테서 그 직책을 물려받은 사람이다. 모르긴 해도 낭비성싸움 때 용춘을 따라와 첫 회전會戰을 해보았을 것인데 이후 용춘은 알천에게 회전을 집중적으로 연습시켜 최전방사령관으로 파견한 듯하다.

　하지만 회전이란 피아가 다 필요성을 느낄 때만 이루어지지 한쪽이 거부하면 안 되는 것이다. 고구려 측은 낭비성싸움 때와 마찬가지로 서라벌의 회전 능력을 우습게 알아 선뜻 응했던 듯한데 알천은 보란 듯이 본때를 보여주었다. 서라벌의 군세는 양적, 질적으로 이만큼 성장해 있었다.

**승승장구하던 서라벌 긴장시킨 백제의 도발**
그럼에도 만약 고구려와 백제가 협공하면 막아낼 재간이 없었을 터

당성 남문 밖 300미터 지점에 있는 토성 흔적. 백제 때 처음 쌓은 삼국시대 유적이다.

다. 그 '만약'이 이루어지지 않았기 때문에 서라벌은 한성 일대를 순조롭게 점령했고 여기 임진강선까지 진출할 수 있었다. 그러나 뒤에 그 '만약'의 사태가 닥치고 만다. 칠중성싸움 4년 후 "백제가 서쪽의 성 40여 개를 빼앗은 뒤 고구려와 공모, 당항성黨項城을 빼앗아 당나라 통로를 끊으려" 했던 것이다.

용춘은 잠이 오지 않았을 것이다. 당항성을 빼앗기면 이당제려의 지렛대가 사라짐은 물론이려니와 진흥왕 이후 점령한 중부 지방을 모조리 내줘야 하는 사태가 올 수도 있기 때문이다. 서라벌군 참모 본부는 난리가 났을 듯하다.

그런데 어떻게 고구려가 아니고 백제가 당항성을 점령할 수 있지? 『삼국사기』「지리지」에 "당은군唐恩郡은 본디 고구려의 당성군唐城郡이었는데 경덕왕 때 고친 이름 …… 장구군獐口郡은 고구려의 장항구현獐項口縣을 경덕왕 때 바꾼 이름으로 지금의 안산현安山縣"

당성 동문 터 안 발굴지에 쌓여 있는 기와 더미. 고구려계 붉은 기와도 몇 보였다.

으로 되어 있으니 당항성은 당성과 장항구의 합칭일 텐데 백제가 아무리 40성을 점령한 뒤라고 하지만 어떻게 거기까지 도달할 수 있었나?

이게 가능하려면 백제의 북쪽 경계가 안성천 이북 어디, 당항성에 근접한 상태라야 한다. 그렇다면 백제 위덕왕 26년(579)인 동시에 진지왕 4년에 일어난 사태 "백제가 웅현성과 송술성을 쌓으니 (서라벌의) 산산성蒜山城, 마지현성麻知峴城, 내리서성內利西城 가는 길이 막혔다"의 지명 비정을 다시 찬찬히 해봐야 한다. 더불어 무왕 8년(607) "백제가 고구려를 토벌할 것을 수나라에게 청하자 고구려가 (백제의) 송산성松山城과 석두성石頭城을 공격, 남녀 3천 명을 사로잡아 갔다"라는 기록에 대한 해명도 필요하다. 고구려군이 비행기나 배를 타고 백제로 쳐들어갔다는 기록이 없는 이상 이 무렵 두 나라, 나아가 세 나라가 국경을 맞대고 있어야 하기 때문이다.

한편 「지리지」 '삭주朔州 편' 말미에는 "산산현은 고구려의 매시달현買尸達縣, 송산현松山縣은 부사달현夫斯達縣을 경덕왕이 고친 것으로 현재는 어딘지 알 수 없다"고 나와 있다. 경기도를 포함하는 한주漢州가 아니어서 여태까지 그냥 지나쳤는데 지금 보니 여기 열쇠가 있는 것 같다.

매시달의 '시'는 사이시옷일 것이다. 그러면 어근이 매달인데 '매買'는 '수水'와 통하고 '달達'은 '산'이나 '성' 즉 '홀'이니 수성水城, 지금의 수원水原으로 여겨진다. 「지리지」의 수원 지역 "고구려 이름은 매홀군買忽郡"이다.

송술성은 송산성과 술ㅇ성의 합칭 같다. 송산성은 "고구려의 부산현釜山縣이었던 진위현振威縣"으로 지금의 오산烏山인데 「지리지」 '보유 편'에는 "부산현을 송촌활달松村活達"로도 썼다고 한다. '가마[솥] 부'든 '까마귀 오'든 그게 그건데 이를 송촌활달, 송ㅇ성으로도 불렀던 모양이다. 달리 해석하면 부산현 안에 송촌활달, 지금 송탄쯤에 따로 작은 성이 있었을 수도 있다. 그리고 술ㅇ성은 "소천泝川, 고구려의 술천군述川郡으로 지금은 천녕군川寧郡"인 이천利川 지역이다.

이로 보면 백제는 성왕 때 한성을 내주고 전략적 후퇴를 할 당시 한남정맥 서쪽은 남겨두었던 것 같다. 그리하여 그의 아들 위덕왕 때 웅현성熊峴城을 강화하면서 오산에 송산성, 비슷한 위도의 이천에 술ㅇ성을 쌓자 서라벌은 수원성과, 내리성內利城이었던 안산 일대가 위협받았던 것으로 여겨진다. 이어 607년 고구려군은 송탄 일대를 분탕질했고……

수원과 안산 서성까지 진출한 서라벌은 당나라로 통하는 길을 열기 위해 필사적인 노력을 했을 것이다. 그래 천신만고 끝에 당항성

! 폭의 그림 같은 당성 북벽. 당성은 서북쪽 토성이 잘 남아 있는 부분 외에는 거의 복원이 되어 있다.

에 이르는 주랑지대柱廊地帶를 확보하면서 고구려와 백제 사이를 벌렸는데 둘이 90년 만에 처음으로 화해, 협공으로 나오니 어쩔 줄을 몰랐던 것이다.

그 당항성, 아니 당성을 찾아본다. 화성시 송산면과 서신면 사이 구봉산(165.7m)에 있는 것으로 사적 217호다.

근래 복원한 성벽이 깔끔하다. 산마루 가까이에는 설명이 잘 된 안내판도 있다.

"……처음에는 백제 영역이었고 고구려령이 되면서 당성군이라 하였으며 신라가 점령하자 당항성이라 하였는데 쌓은 시기를 달리 하는 3중의 성벽으로 되어 있다. 가장 먼저 쌓은 테뫼식은 삼국시대 것으로 둘레는 363미터다. 성내에서 6~8세기 유물이 출토되었다. 두 번째는 첫 번째 성벽의 중간부를 가로지르며 쌓은 포곡식 성벽으로 둘레는 1148미터다. 지금까지 내성으로 알려져 왔으나, 발굴 조사 결과 테뫼식 산성이 협소하여 통일신라 말기에 새로 쌓은 것으로 밝혀졌다. 당성진唐城鎭 설치와 관련이 있는 것으로 보이며 통일신라 말기 유물들이 이러한 견해를 뒷받침한다. 세 번째는 조선시대에 다시 쌓은 성벽이다."

서남쪽 문 터 밖으로 능선을 따라가 보니 과연, 맨 처음 쌓았던 성의 끝이 보인다. 토성으로 여장女墻의 흔적까지 남아 있다. 안내판의 '백제 영역' 내용이 실감 난다.

당성진 본부였던 망해루望海樓 추정 건물 터, 성안에서 가장 높은 곳에 이른다. 네 칸 집 한 채가 들어앉을 평지로 안내판에 쓰인 것처럼 "오래된 나무가 우거진 숲"에 둘러싸여 있다.

한 10년 되었을까? 여기를 처음 왔을 때 생각이 난다.

농사철이어서 양쪽 들판 논다랑이 물이 갯골처럼 반짝이는 오후였다. 잡풀 우거진 성마루에는 주춧돌 하나 보이지 않는데 아름드리 팥배나무 여덟 그루가 꽃비를 흩날리고 있었다. 아! 당항성, 당항성이여…… 그대로 주저앉아 밤을 새우고 싶은 풍경이었다.

---

임진강과 나란히 달리는 37번 국도 두지IC에서 적성으로 향한다. 적성 거리를 다 지나 면사무소 근처 삼거리에서 좌회전한다. 고개를 넘으면 적성향교가 나오는데 거기가 들머리다.

합천군 쌍책면 성산리 구슬밭 입구. '구슬 옥玉' 자 '밭 전田' 자, 옥전으로 들어가는 데니 바로 여기가 선
덕여왕이 말한 옥문곡이 아닌가 싶다. 모양새가 흡사 재래식 공중화장실의 춘화 낙서 같다.

# 고타소랑의 한이 서려 있는
# 대야성싸움의 현장

백제가 당항성을 빼앗아 서라벌의 대당對唐 통로를 끊으려 할 즈
음(642년) "서라벌 서쪽 40여 성을 점령했다"는 『삼국사기』 기록은
그러나 아무리 "고구려와 공모했다"는 점을 감안해도 믿어지지가
않는다. 서라벌군이 일시에 40여 성을 빼앗길 정도로 물컹했을 리
는 결코 없기 때문이다. 그렇다면 도대체 무슨 내막이 있기에 그
토록 속수무책으로 당했고 그 성들은 또 어디 있는 것들이란 말인
가?

『삼국사기』를 들춰보니 그 무렵의 「고구려본기」는 영류왕을 죽
이고 실권을 잡은 연개소문을 당나라 조정이 욕하는 내용으로 도
배가 되어 있다. 그리고 644년 정월 당나라 사신이 고구려로 들어
가자 "이미 신라 성 둘을 깨뜨리고 있던" 연개소문이 전장에서 돌
아와 사신을 영접했다고 한다.

순간 머리가 전광석화처럼 돌아가기 시작했다. 고구려와 백제는

'서라벌 분할 점령' 시나리오를 분명히 짰고 선전포고를 했으며 그
것을 실천에 옮겼다는 움직일 수 없는 증거이기 때문이었다. 졸지
에 왕따가 된 서라벌은 552년의 백제처럼 눈물의 후퇴를 하지 않을
수 없었을 것이다. 백제군은 그렇게 비워진 성들을 화살 한 대 쏘지
않고 접수했을 것이고.

서라벌이 내준 성들을 찾아보려 지도를 펴고 당시 영역을 그려본
다. 임진강과 한남정맥, 한남금북정맥, 그리고 속리산 이남의 백두
대간 안쪽이다. 이 중 가장 취약한 부분은? 한남~한남금북정맥선
과 한강~남한강 사이, 백두대간과 낙동강 사이다.

다음 『삼국사기』 「지리지」에서 그 지역에 있는 고을들을 찾아본
다. 거성(용인), 술천(이천), 골내근(여주), 개차산(안성 죽산면), 노음
죽(장호원?), 잉홀(음성), 삼년산(보은), 육매(청성면), 기산(청산면), 고
시산(옥천), 소리산(이원면), 아동호(안남면), 길동(영동), 조비천(양산
면), 소라(황간면), 화령(상주 화동면), 도량(모동면), 일선(선산), 금산
(김천), 감문(개령면), 어모[면], 지품천(지례면), 무산(무주 무풍면), 본
피(성주), 적산(기산면), 사동화(수륜면), 일리(성산면), 대목(칠곡 약목
면), 거타(거창), 가소(가조면), 대가야(고령), 가시혜(개진면), 적화(합
천 야로면), 삼지(삼가면), 신분(의령 부림면), 속함(함양), 남내(안의면),
마리(마천면), 무산(남원 운봉면), 지품천(산청), 궐지(단성면), 적촌(신
등면) 딱 42개다. 아무리 우연이라 해도 이렇게 절묘하게 맞을 수가
없다.

이 중에는 삼년산성이나 대가야 주산성처럼 정말로 아까운 경우
도 있었을 것이다. 그럼에도 서라벌은 과감하게 이들을 버리는 패
에 넣었다. 반면에 진짜 전략 요충인 한성, 중원(충주), 상주나 관현
(문경), 거타주(진주)는 꼭 지키기로 작정했으리라. 바로 이런 사정이

황강 건너 강둑에서 본 취적산과 그 자락의 연호사, 함벽루. 대야성은 오른쪽 산봉 고스락에 남아 있는 테뫼식 산성인데 삼국시대에는 하얀 현충탑이 서 있는 왼쪽 산봉과 그 너머 골짜기까지 포함하는 둘레 1킬로미터쯤의 포곡식 성이 아니었을까 한다.

있었기에 김유신이 선덕여왕 11년(642) 서라벌 코앞의 압량주(경산) 군주軍主에 임명되었던 것이고.

　사태가 이 지경으로 돌아가자 당나라는 앞서 언급한 것처럼 전권대사를 파견, 고구려의 서라벌 침략을 중지시킨다. 그리고 한편으로 대군을 소집, 요하를 건넌다. 이렇게 당나라는 고구려를 치고 백제는 서라벌로 들어가 2 대 2로 편을 갈라 싸우는, 동아시아 역사상 가장 치열한 전쟁 국면에 돌입하기 시작한다(645년). 당나라의 요청으로 서라벌이 고구려 국경에 3만군을 보내자 그 틈을 탄 백제가 일

가야대학교에서 본 고령 지산리고분군과 뒷산 정상부에 테를 두른 주主산성. 『삼국사기』 진평왕 48년(626) 기록에 나오는 주재성主在成이 바로 이것으로 여겨진다.

곱 성을 빼앗았을 정도로 공수동맹이 철저하게 이행되었던.

대야성은 서라벌이 무슨 일이 있어도 지켜내야 할 곳이었던 듯하다. 그래 이찬이라는 최고위 관직에다 실권자 용춘의 손자사위인 품석을 사령관으로 파견해두었다. 하지만 그는 백제의 명장 윤충을 당해내지 못해 부인과 함께 비극적 최후를 맞이하니 이게 바로 유명한 대야성싸움이다(642년).

김춘추가 하루 종일 넋이 나가 있었을 정도로 충격적이었던 전투의 현장 대야성으로 간다. 중부고속도로와 중부내륙을 타니 3시간 만에 고령IC를 빠져나갈 수 있다. 이어 1011·1034·907번 지방도

신라충신죽죽비각. 죽죽은 대야성이 함락될 때 최후까지 저항한 사지 관등의 하급 장교였다.

를 따라 합천박물관이 있는 옥전으로 향한다. 가는 길에 옥문곡玉門谷을 찾아볼 요량으로다.

## 선덕여왕의 옥문곡은 합천 쌍책면 옥전리에 있었다

옥문곡은 선덕여왕의 선견지명을 드러낸 일화로 유명해진 지명이다. 흔히 경주 건천읍의 여근곡으로 알려져 있는데 거기는 아무리 봐도 이해가 안 되는 위치였다. 우선 백제군이 경주 코앞, 낙동정맥 동쪽까지 왔다는 걸 믿을 수가 없고 그게 사실이라면 반대로 겨우 왕성 20리 밖의 일을 천리안이나 가진 듯 이야기한 선덕여왕이 우스운 꼴이 되기 때문이다. 선덕여왕의 현명함을 드러내는 세 가지 사례 중 하나로 인용되려면 적어도 300~400리 밖 일은 돼야 한다.

그런데 우연히 「김유신열전」에서 이런 구절을 발견했다.

대야성 북벽 아래의 토성 흔적. 삼국시대의 대야성은 지금 남아 있는 돌성이 아니라 이 토성을 포함하는, 훨씬 넓은 범위였을 것 같다.

"이윽고 [압량]주의 장정들을 뽑아 훈련, 백제가 점령하고 있는 대량성(대야성)으로 달려가니 적군이 치고 나오므로 못 이기는 척하고 옥문곡으로 후퇴했다. 이어 백제가 대군을 거느리고 추격해 오므로 매복 작전을 써 앞뒤에서 공격, 천 명을 베고 장군 여덟을 사로잡았다."

옥문곡은 대야성을 감돌아 흐르는 황강이 낙동강으로 합류하기 전 그 발치를 핥고 가는 옥전께에 있어야 맞았던 것이다.

선덕여왕의 다른 일화는 당태종이 모란 꽃씨를 보내며 꽃 그림을 동봉하자 그림을 본 여왕(당시에는 공주)이 "향기가 없는 꽃"일 거라고 미리 맞혔다는 것이 하나다. 세 번째는 생전에 자신이 죽을 날을 예언하며 도리천에 묻어달라고 하기에 신하들이 도리천이 어딘가 물었더니 "낭산 남쪽"이라고 한 것. 이어 왕은 틀림없이 예언한 날 눈을 감았고 신하들은 유언한 자리에 능을 썼는데 세월이 지나 그

황강 가 절벽에 있는 연호사. 대야성이 함락될 때 죽은 김품석의 아내 고타소랑의 넋을 기리기 위해 세워졌다고 전한다.

아래 사천왕사가 들어섬으로써 "사천왕천 위에 도리천이 있다"는 불경 그대로 되었다는 것이다.

'선덕여왕 지기삼사知幾三事'로 알려진 이 사실들은 그러나 다분히 조작의 냄새가 난다. 최초의 여왕을 우상화하기 위해서니 재위 3년에 완성된 왕의 원찰願刹 분황사, 건국대학교 김기흥 교수가 선덕여왕을 모델로 했으리라고 보는 남산 부처골의 감실불상, 이때 세워졌고 선덕 임금 대수와 같은 27층의 첨성대, 재위 14년에 낙성한 황룡사9층탑 등이 김 교수의 말처럼 "여성 왕의 즉위를 문제 삼는 당시의 내외 정치 현실에 대해 이것이 전혀 문제 될 게 없다는, 선덕여왕의 존재를 정당화하려는 정치적 의도에서 이루어진 것"으로 보이기 때문이다. 그리고 그 뒤에는 이찬이면서 내성사신(그리고 병부령)을 겸한 용춘이 있었으니 이런 대역사는 서라벌 국내총생산GDP의 태반을 차지하고 있는 임금 집안 외에는 엄두를 낼 자가 없었다.

　용춘의 머릿속에는 언제나 통일과 그 이후가 그려져 있었던 듯하다. 그래 로마의 집정관시대 같은 진골 귀족 권력 분점 방식으로는 공세에서 수세로 전환해야 하는 통일 이후 돌발 사태에 대비할 수 없다고 보고 한 사람에게 집중된 권력이 계속성을 가질 수 있는 시스템을 구상한 것 같다. 그리고 그 정점에 자기가 아니라 아들을 올려놓으려 했다.

　이런 상황에서 정적들이 가만있을 리 없다. 그래 용춘은 불온한 조짐이 있는 자들의 실권을 즉각 빼앗아버렸으니 636년에는 이찬 수품을, 이듬해에는 이찬 사진을, 647년에는 이찬 비담을 상대등이나 서불한으로 올려 허수아비로 만들었다. 648년 비담이 반란을 일으킨 이유다(겉으로는 "여왕이 정치를 잘 못해서"라고 했지만).

　진골 귀족들은 이에 병력 동원 거부로 항의한 것 같다. 결과 군세가 형편없이 약해져 버렸으니 한강과 한남정맥 사이는 물론 '국내'도 온전히 지킬 방도가 없었다. 요충지 몇을 제외하고 낙동강 서쪽을 거의 비운 채 김유신을 압량주에 포진시킨 일이나, 그가 대야성을 수복하러 갈 때 주력군 대당大幢이 아니라 "주병州兵을 훈련시켜" 데려간 초유의 사태는 이래서 일어났다.

　'옥전향교' 이정표를 지나 소쿠리 지형에 앉혀진 합천박물관에 이르러 보니 골짜기가 없다. 그런데 지도에는 향교골 안에 구슬밭이라는 마을이 있다. '구슬 옥玉' 자 '밭 전田' 자리라. 그럼 옥전으로 올라가는 골짜기는? 당연히 옥○곡이겠다. 서둘러 그쪽으로 간다.

경주 건천읍의 여근곡. 가운데 짧은 고랑을 양쪽 등성이가 두 번 감싸는 모양이다. 산부인과 의사 말고는 아무도 본 적이 없을 해부학적 형태인 데다 선덕여왕의 거처 월성에서 8킬로미터밖에 안 떨어진 여기를, 여왕의 현명함을 나타내는 일화의 현장이라고 할 수는 없을 것이다.

　사진을 찍기 위해 907번 도로 건너편 언덕으로 올라서니 두 야산 가운데 골짜기가 Y자로 벌어진 사이 도도록한 동산이 꼭 불두덩 같다. 향교 길을 따라 들어갔더니 왼쪽 끝에는 초계 정씨 시조 정배걸을 모신 옥전향교가 있고 오른쪽에는 다랑이논들이 계단식으로 이어진다. 그러나 그것뿐 여근곡처럼 물이 나오는 구멍이나, 옥문곡으로 부른다는 증언은 없다.

대야성 성벽으로 난 산책로. 둘레가 300미터밖에 안 되는 이런 작은 성을 이찬이라는 최고위 관직의 김품석이 지켰을까 의심이 간다.

선덕여왕이 경주에서 370리(직선거리 148km) 떨어진 여기에 백제군 500명이 매복해 있다는 사실을 안 것은 첩자의 정보를 통해서였을 것이다. 이 백제군은 황강을 오르내리는 군선이나 지금 24번 국도로 왕래하는 군대를 기습하려고 엎드려 있었으리라.

그런데 문제는 그들이 어디서, 어느 루트로 왔느냐였다. 그래 『삼국사기』를 다시 펼쳐보니 진평왕 48년(626) "백제가 주재성主在城을 공격하자 성주 동소가 대항해 싸우다 죽었다"는 기사가 눈에 띄었다.

주재성, 주재성이라……. 혹시 이거 고령 주산성主山城 아닐까? 성의 새김은 원래 '재'고 한성을 한산으로 부르듯 '산'과 바꿔 쓸 수도 있으니까. 게다가 선덕여왕 즉위 6년 전 일이잖아?

생각보다 답이 쉽게 나왔다. 백제는 진평왕 말년에 이미 고령까지 진출했고 거기서 1011·1034·907번 지방도 같은 산골길을 타고 내려와 옥문곡에 매복한 것이었다. 이렇게 보니 642년에 내줬다는 40여 성 또한 그해만이 아니라 전에 야금야금 빼앗긴 것까지 모두 합한 숫자 같았다.

옥문곡에 대한 의문을 모두 털어버리고 가뿐한 기분으로 대야성으로 향한다. 모래톱 가운데의 양철판 같은 황강이 갓 잡아 올린 갈치처럼 푸르다.

성은 예상보다 훨씬 작다. 남쪽과 서쪽이 강변 절벽인 90미터 높이의 취적산吹笛山 정상부에 있는데 둘레가 300미터밖에 안 된다. 여기를 이찬이라는 고관이 지켰다고는 도저히 믿을 수 없는 꼬마 성이다.

혹시나 싶어 현충탑 동산과의 사이 잘루목까지 내려가 보지만 아래쪽으로는 성의 흔적이 없다. 안내판에 성의 둘레가 나와 있지 않은 걸 보면 지표 조사도 한 적이 없는 듯하다. 현충탑 동산까지 포함해야 둘레가 1킬로미터쯤, 이찬이 지킬 만한 크기의 성이 될 듯한데.

어쨌든 대야성싸움 이야기가 자세히 나와 있는 「죽죽열전」을 떠올려 본다.

사령관 김품석은 전에 휘하 장교(사지) 검일의 아내와 놀아난 일이 있었다. 여기에 앙심을 품은 검일이 백제군과 내통, 창고에 불을 질렀다. 결과 성이 함락될 지경에 이르자 품석은 항복을 결정했는데 적장 윤충은 약속과 달리 항복하러 나간 사졸들을 모조리 죽여 버렸다. 이에 김품석은 처자와 함께 자결했으며 사지 죽죽과 용석이 성문을 닫아걸고 끝까지 저항하다 장렬한 최후를 맞았다는 줄거리다.

열전으로 보면 대야성 함락의 직접적인 계기는 검일이 창고에 불을 지른 것이었다. 그 창고는 무기고나 식량 창고처럼 필수 불가결한, 그게 없으면 전투를 더 이상 계속할 수 없는 중요한 창고였던 것 같다. 그래 항복하게 되었는데 윤충이 '제네바협정'을 어기고 성왕을 죽인 서라벌군에게 복수의 칼을 내밀자 가장 먼저 품석의 아내가 자결한 듯하다. 김춘추의 딸이기도 한 그 여인, 가문에 대한 긍지가 황룡사9층탑보다 더 높았을 고타소랑으로서는 남편의 호색 행각 때문에 벌어진 이 지경을 도저히 참을 수 없었을 테니까. 김춘추가 넋이 나간 까닭은 바로 여기 있었을 것이다.

성을 내려와 황강 절벽 위의 연호사로 간다. 고타소랑의 넋을 위로하기 위해 세워졌다는 그 절. 잎 진 나목들이 모시 올처럼 풀어 헤쳐져 흐르는 황강 위로 검은 그림자를 드리우고 있다.

여인이여, 전쟁이여, 복수여, 세월이여…… 저 강물 어느 한 방울이 그걸 실어 흐르는가? 지는 해를 반사하는 강물의 거울에 세상이 하얗게 바랜다.

---

대야성이 있는 취적산은 합천군청 남쪽 황강 가에 있다. 제2남정교 건너기 직전 남정로 터리 동쪽 야산으로 향하면 된다. 둘러보는 데 얼마 걸리지 않으니 끝나면 24번 국도를 따라 옥전고분군으로 간다. 박물관과 고분, 서원이 반길 것이다.

성뫼 오름길에 본 증산리 풍경. 이렇게 언덕이 많으니 회전에 적합하지 못한 지형이다. 정면 망덕산 중
허리 왼쪽으로 덕유산 삼봉 머리가 살짝 보인다.

# 비녕 돌진이 이루어졌던
# 무산성의 산

대야성의 비극이 일어난 해 겨울 용춘은 이찬 김춘추를 고구려에 파견한다(642년). "군대를 청해 백제 원수를 갚기 위해서"였다는데 『삼국사기』에 쓰인 이런 어설픈 구실은 당시나 지금이나 믿을 이 하나 없을 것이다. 그렇다면 진짜 목적은? 바로 고구려와 백제 사이 벌리기였다. 그리고 연개소문은 "죽령 서북의 땅을 돌려준다면 군대를 보내줄 수 있다"라는 말로 완곡하게 거절한다.

여기서 죽령은 영주와 단양 사이의 고개가 아니다. 포항 죽장면의 가사·성법령도 아니다. 그건 조선시대에 죽령현을 두었던 삼척 임원읍, 법흥왕 때 처음 서라벌 영역이 된 지역의 고개다. 따라서 '죽령 서북의 땅'은 진흥왕 때 고구려한테서 빼앗은 영동 지역과 진평왕 말년의 경기 북부, 선덕여왕 초에 점령한 영서 지역을 가리킨다.

군대 파견을 거절한 연개소문은 나아가 김춘추를 억류, 볼모로

『삼국사기』 무산성으로 여겨지는 성이 있는 성뫼가 여명에 깨어나고 있다. 성은 이동통신 안테나 일대에 둘레 500미터 남짓 규모로, 테뫼식으로 쌓여 있다.

삼으려고 한다. 핵심 실권자의 아들에다 차기 임금이 될 게 뻔한 그를 잡아두면 서라벌과의 관계에서 여러모로 유리할 것이기 때문이다. 240여 년 전에 실성[이사금]을 붙들어둠으로써 상당한 이득을 본 역사도 있었다.

용춘은 이런 사태도 예상했다. 그래 김유신으로 하여금 "결사대만 명을 거느리고 한강(과 임진강)을 건너 고구려 남쪽 경계로 쳐들어가도록" 하니 연개소문은 김춘추를 풀어줄 수밖에 없었다.

『삼국사기』의 '결사대 만 명'은 당시 서라벌의 정규군 전부였을 것이다. 용춘의 독주에 불만을 품은 진골 귀족들의 병력 동원 거부로 서라벌의 군세는 이렇게 쪼그라들어 있었다. 그리고 회복은 3년 뒤 고구려를 침략한 당나라의 요청으로 지원군을 파견하면서 가까스로 이루어질 수 있었는데…… 탈탈 털어도 겨우 3만, 진흥왕 때 수준밖에 미치지 못했다.

무풍과 무주 중간에 있는 나제통문. 이름과 달리 삼국시대가 아니라 왜정시대에 뚫은 터널이다.

지원군을 파견한 해 겨울 용춘은 이찬 비담을 상대등으로 승진시켜 허수아비로 만들고 있다. 진골 귀족의 마지막 반발 세력으로 보이는 그는 2년 뒤 염종과 함께 반란을 일으키는데 거사한 지 8일이 채 안 돼 선덕여왕이 돌아간다. 사상 최초의 여왕의 재위 16년은 이렇게 파란만장했다.

다음 여왕 진덕은 나라 다스리기가 비교적 순조로웠던 듯하다. 내외적으로 병력 증강의 필요성이 비할 수 없이 컸던 선덕여왕 때 하나도 이루지 못한 부대 증설을 즉위 6년에 했으니(한산주 궁척). 하지만 대외 관계는 여의치 않았던 듯 원년부터 백제의 침략을 받는다.

### 백제군의 기세 꺾은 비녕자의 용기

그들은 무산성茂山城 방면으로 쳐들어왔다. 지금 전북 무주군 무풍면이다. 이어 김천시 개령면의 감물성甘勿城, 위치를 알 수 없는 동

성뫼에 기대 있는 지성리 새터마을. 동네 뒤 고개 위로 백수리산이, 오른쪽으로는 삿갓봉이 멋진 하늘금을 이루고 있다.

잠성桐岑城을 공격했는데 군세가 밀리자 김유신은 유명한 비녕자丕寧子 카드를 꺼내 백제군을 무찌른다.

　조선 초 편찬된『삼강행실도』에 충忠의 표본으로 나올 만큼 유명한 비녕자 이야기는 그러나 사건 현장을 알 수가 없었다.「신라본기」에 단지 "백제 군사가 세 성을 포위하므로 왕이 유신을 보내 대적하게 하였는데……"로 나와 있는 까닭이다. 그래서 다음 사건 현장 석토성石吐城으로 가 황사로 뿌연 날이 황혼을 맞기를 기다리며「백제본기」를 펼쳤더니 "장군 의직이 신라 무산성 아래 주둔하며 감물, 동잠 두 성을 공격하였는데……"로 되어 있다. 『삼강행실도』의 '비녕 돌진'은 무산성 아래서 이루어졌던 것이었다.

346

무산성 동문 자리. 여기로 나가면 김유신 군대의 진격로로 여겨지는, 성주에서 무주로 통하는 30번 국도에 닿는다.

밤을 타고 일단 무풍으로 달렸다. 알고 있는 정보는 『삼국사기』 「지리지」의 "원래 무산현이었던 이 고을은 경덕왕이 무풍현으로 고친 후 지금까지 그대로"가 전부였지만 가보는 수밖에 달리 도리가 없었다.

10승지의 하나로 꼽히는 무풍은 사방 어디로도 번듯한 길 하나 없는 첩첩 산골 분지다. 5만분의 1 지도를 보니 현내리, 금평리, 지성·증산리에 작은 들이 펼쳐져 있는데 그 가운데 높지 않은 야산(588.6m)이 하나 보였다(면사무소 기준으로는 190m 높이). 지성리는 또 '못 지池'에 '재 성城'자를 쓰니 성이 있다면 589봉에 있을 가능성이 높았다. 그래 야밤에 지성리에 이르러 보름달 빛 정찰을 했다.

이튿날은 첫새벽부터 서둘렀다. 해가 뜨면 황사 때문에 날이 뿌옇게 되기 때문이다. 그래 증산리 괴바위마을로 가 589봉, 대덕산, 망덕산을 찍고 야산을 오르기 시작했다.

과연 여기 성이 있을까? 오르는 내내 의구심이 가시지 않았다. 어떤 글에서도 본 적이 없고 『한국민족문화대백과사전』 '무주군' 항목에도 나와 있지 않은 성을 문외한이 어림짐작으로 발견한다는 건 모래사장에서 바늘 찾기나 다름없었다.

그런데 정상부에 거의 왔다 싶자 흙만 보이던 오솔길에 돌부리가 박혀 있는 것이 보였다. 하나, 둘, 셋, 넷…… 장난이 아니었다. 옆에는 아직도 벽을 이루고 있는 돌담불까지 있었다.

성벽 위로 올라서 성마루를 따라갔다. 누군가 잡목을 깨끗이 정리해놓았다. 그리고 삼국시대 양식이 분명한, 퇴적암을 벽돌처럼 잘라 가지런히 쌓은 완벽한 형태의 성벽이 나타났다. 동문 터를 돌아 이동통신 안테나가 우뚝한 정상에 이르자 안내판까지 있었다.

"성뫼 : 무풍면 지성리의 이 산은 일명 성재, 성현城峴이라고도 한

삼국시대 양식이 분명한, 퇴적암을 벽돌처럼 잘라 가지런히 쌓은 성벽. 1360여 년을 기적적으로 지탱해온, 완벽한 형태다.

다. 치마연병장馳馬練兵場이었다고도 하며 임진왜란 때 합천인 정인홍이 무풍을 방어하기 위해 이곳 저전봉楮田峰에 주둔했다는 일사逸史가 있다."

기록자는 삼국시대 역사와 성 양식에 무관심한 듯 임진왜란 이전은 기록하지 않고 있었다. 하지만 어쨌든 무산성은 찾았다. 문제는 의직이 어디에 진을 쳤느냐, 비녕자가 어디서 죽었느냐였다. 현내리 쪽일까, 아니면 지성·증산리 쪽일까? 그것이 관건이었다.

길이 난 것으로 보면 무풍면소가 있는 현내리 쪽일 가능성이 높았다. 김유신 군대는 성주에서 대가천 유역으로 접어들어 김천 증산면, 대덕면을 지나 덕산재를 넘어온 것으로 보이기 때문이다. 무엇보다 회전會戰을 하자면 들이 평평해야 하는데 지성리 쪽엔 구릉이 많았다.

일단 들판 둘을 가르며 뻗어 있는 서릉으로 내려가기 시작했다.

'비녕 돌진'이 이루어진 것으로 보이는 현내리 일대 들판. 근래 방천防川을 해 하얗게 보이는 시내가 사진 왼쪽에서 도마천과 합류하고 있다. 신라와 백제 최초의 공식 회전이 이루어질 당시 백제군 사령부는 도마천 건너 완사면 들판 가운데의 솔숲, 신라군 지휘소는 사진 정중앙 동산에 있었을 것 같다.

비탈에 자작나무가 잔뜩 심겨 있어 전망이 영 아니었다. 그래 전망만 찾다 보니 산 밑을 돌아가는 농로까지 내려와 버렸다.

농로 건너편에 작은 동산이 보여 그 위로 올라가니 현내리가 한눈에 보였다. 발아래 삼태기 지형은 사단 병력이 주둔할 수 있을 만큼 넓고 아늑한데 그곳에 투명한 아침 햇살이 막 들고 있었다.

삼태기 지형이 끝나는 곳에는 도마천이 흐르고 있었다. 건너편 들판은 완만한 경사를 이루며 거칠봉 자락과 이어져 있는데 그 가운데 솔숲이 두드러지게 눈에 띄었다. 순간, 근동에서 저보다 더 훌륭한 진지陣地는 없겠다는 생각이 들었다.

진영陣營이란 모름지기 공격과 방어에 유리한 곳이어야 한다. 그러자면 경사지 위쪽이 제일이며 그런 자리는 먼저 온 자가 차지하기 마련이다. 틀림없이 의직은 저 완경사 들판에 진영을 벌였으며 솔숲 동산께에 사령부를 두었을 것이다. 반면 김유신은 도마천 건너 이쪽, 삼태기 운두의 왼쪽 끝 솔봉에서 지휘를 했을 것이다. 병사들은 그 아래 평지에 막사를 설치했을 것이고.

「비녕자열전」에 따르면 서라벌군이 수세를 면치 못하고 있었다. "주병州兵을 훈련시켜" 데려왔을 테니 병사 개개인의 능력이 백제군에 비해 한참 떨어졌던 것이다. 그러자 이를 간파한 사령관, 자기가 데뷔전에서 썼던 방법을 떠올리고 비녕자를 부른다.

"오늘 사태가 급한데 우리 부대에서 자네 말고 누가 전군의 마음을 격동시킬 수 있겠는가? 나아가 힘껏 싸워 전세를 역전시키도록 해보아라. 승리한다면 자네 처자식과 구족九族의 영달을 보장하겠다."

이에 비녕자는 기마단창騎馬單槍으로 돌진, 장렬하게 전사한다. 뒤이어 아들 거진과 종 합절까지 군신軍神의 제물이 되니 이를 본 서라벌군이 다투어 돌격, 적군 3천 명의 목을 베는 대승을 거둘 수 있었다.

서라벌군은 이런 전술을 종종 썼다. 일찍이 낭비성에서 김유신 자신이 시범을 보인 바 있고 유명한 황산벌싸움에서도 관창을 제물로 승리를 거머쥐었다. 불세출의 천재 전략가 김유신. 동산 지휘소에서 비녕자에게 마상배馬上盃를 건네는 그의 모습이 보인다.

---

무풍면소에서 1089번 지방도를 타고 지성리 새터마을로 간다. 다음 북쪽에 있는 야산 정상, 방송 안테나를 향해 오른 뒤 서릉으로 하산한다. 자작나무 숲길이 끝날 즈음 만나는 농로 건너편 언덕이 '비녕 돌진'의 관람석이다.

증평읍 남차리 원평마을에서 본 한남금북정맥 좌구산. 주봉 셋 중 맨 왼쪽 것 잘록이가, 김유신이 도살
성회전을 구상하며 넘어온 고개─질마재로 여겨진다.

도토성산

# 백제의 멸망 재촉한
# 도살성 회전의 현장

진덕여왕 3년(649) 백제군 최고사령관左將 은상이 정예 기병 7천을 이끌고 석토성石吐城 등 서라벌의 일곱 성을 함락시켰다. 중원고구려비 부근의 돌팍제와 충북 동반부 성들로 보이니 백제 입장에서는 광개토왕 18년(408) 고구려가 "독산禿山 등 6성을 쌓고 평양의 민호를 옮긴" 지 241년 만의 수복이었다. 광개토왕은 한성을 점령할 당시(396년) 포로로 잡아간 아신왕의 아우, 대신 10여 명, 백성 천 명을 돌려보내면서 대가로 받은 땅을 요새화한 바 있었는데 그걸 서라벌이 진흥왕 때 빼앗았었다(551년).

서라벌군 총사령부는 난리가 났을 것이다. 7년 전 백제에게 40여 성을 넘길 때도 내주지 않았던 중원中原이 적의 수중으로 들어가 북한산주 보급로가 막혀버렸기 때문이다. 그래 대장군 김유신과 진춘·죽지·천존 장군을 급파, 혈로 뚫기에 나선다.

하지만 백제군은 농성籠城으로 일관한 듯 "열흘이 지나도 싸움이 잘 풀리지 않았다". 김유신으로서는 저들을 싸움터로 끌어내는 게 급선무였다. 그래 군대를 빼 여섯 성의 목줄 도살성 아래 진을 친다 (고구려는 6성을 쌓았는데 백제가 7성을 빼앗은 것은 당시 서라벌이 고구려의 6성에 더해 도살성까지 차지하고 있었기 때문이다).

그러자 이제 백제군이 급해진다. 도살성을 빼앗기면 석토 등 6성이 고립무원이 되기 때문이다. 조선시대에도 육군은 한 번 보급으로 열흘밖에 전투를 할 수 없었는데 삼국시대에는 모르긴 해도 더 자주 보급을 받아야 했을 테니까. 하여 은상은 6성의 군대를 철수시켜 도살성 아래로 진군한다.

양군은 도살성 아래서 대치하고 있었을 것이다. 그리고 양군 사령관은 누구랄 것 없이 초조했을 것이다. 길목을 차단당한 은상도 그렇지만 삼면에 적을 둔 김유신 역시 시간을 끌면 끌수록 불리한 상황이었다.

'삼면의 적'은 은상의 본진, 도살성에 있는 백제군 수비 병력, 그리고 은상이 요청했을 증원군이다. 증원군은 실제로 온 듯 『삼국사기』「신라본기」에는 서라벌군이, 은상이 작전 초기에 거느렸던 병력보다 3천 명쯤 많은 장졸을 무찔렀다고 되어 있다. "죽이거나 사로잡은 장사將士가 100명, 군졸 목 벤 것이 8,980, 노획한 전마가 만 필"이었다는 것이다. 554년 관산성싸움 이래 최대 살육.

이 지독한 싸움터가 어디였을까? 유일한 정보 "도살성 아래"를 바탕으로 지도를 이 잡듯이 뒤져본다.

지성이면 감천이라더니, 증평군 도안면과 괴산군 청안면 경계에 전투와 관련되었음 직한 지명이 여럿 보인다. 막골 두 개, 같은 뜻으로 보이는 방곡防谷, 그 가운데 도'토성'산(114m), 산 아래 들 건너편에는 요새 자리였을 듯한 새터말, 토성과 비슷한 토계, 그리고 살

좌구산 북쪽의 칠보산 일출. 두 번째 야산 능선이 북쪽으로 이어가다 보강천에 막혀 끊어지는 지점에 도토성산이 솟아 있다.

육의 현장을 암시하는 통살이까지 있다.

문제는 김유신이 어느 쪽에 진을 쳤느냐였다. 도토성산과 토계 뒷산(108.9m)이 다 가능성이 있었다. 하지만 결론은 직접 보고 내리는 수밖에 없었다.

### 백제군을 성 아래 소쿠리 지형으로 유인한 김유신의 전술

까맣던 하늘이 푸르스름해지는 4시 45분부터 탐문을 시작했다. 우선은 어젯밤 천둥 번개 속에서 보아두었던 좌구산 촬영 포인트 원평마을(증평읍 남차리)로 갔다. 서라벌군이 좌구산의 어깨 질마재를 넘어온 것으로 판단되었기 때문이다. 다음 도토성산 북쪽의 막골

괴산경찰서 옆 도서관 마당의 780살 먹은 느티나무. 『삼국사기』 「해론열전」에 나오는 괴목나무, 괴산의
이름을 낳은 전설적 나무의 후손이라고 한다. 김유신 부대가 지나갈 때 전성기를 구가했을 나무의 뿌리는
도서관 터 파기 공사를 할 때까지 남아 있었다고 전해진다.

마을과 남쪽의 방곡마을을 돌아다니며 산성에 대해 물어보기 시작
했다.

"뒷동산에 성 같은 것이 있습니까?"

"성은 잘 모르겠고, 저기 기찻길 가까이에 있는 창고를 돌아 고개
를 넘어가면 도토성이 나와."

밭일을 하던 할머니가 가르쳐준 데로 가보았다. 하지만 고물상으
로 보이는 길갓집 주인은 "여기는 도당리"라는 말만 되풀이했다. 그
래 아침도 먹을 겸 증평으로 나가 군청에 들렀더니 〈증평군 문화유
적지도〉에 도토성이 있었다. 고물상을 포함, 달랑 집 세 채 있는 그
소쿠리 지형이 도토성[마을]이었던 것이다.

도토성, 도토성이라……. 이거 혹시 '우두머리 토성'이라는 뜻 아
닐까? 승지의 우두머리가 도승지이고 유사의 우두머리가 도유사이

356

괴산군 청천면과 청안면을 잇는 한남금북정맥의 고개 질마재. 탁한 녹색의 솔숲과 연두색 신록 경계로 서라벌군이 넘어왔으리라 짐작되는 옛길이 나 있다.

듯 사령부가 자리 잡았던 토성이라는 의미 아닐까? 일대에서 가장 높은 야산에 기댄 성이니 그럴 가능성이 높잖아?

아침을 먹은 뒤에는 토계[마을]부터 갔다. 들 언저리 동산에 올라 섰는데 들판이 한눈에 쏙 들어오지 않는다. 여기는 결단코 서라벌군 사령부 자리가 아니라는 생각이 들었다.

반면 도토성산 위에서는 발아래 땅 생김이 손금 보듯 들어왔다. 들판과 그 끝의 토계 동산이 한남금북정맥 칠보산 병풍 아래 그림처럼 아늑했다. 도살성 회전의 개요가 비로소 잡히기 시작했다.

서라벌군은 분명 질마재를 넘어왔으리라. 6성 공략이 생각대로 되지 않자 김유신은 전군을 백두대간 남쪽의 상주로 집결시킨 다음 갈령 넘어 화북면, 밤티재 넘어 괴산 청천면, 질마재 넘어 청안면으로 진군했을 것이다.

357

질마재를 넘을 때는 수레를 버리고 우마에 길마를 채워 보급품을 날랐을 것이다. 네팔에서 중국으로 넘어가는 히말라야 하이웨이가 산사태로 무너지면 길 끊어진 부분을 등짐 수송한 다음 반대편에 대기하고 있는 트럭에 원정대 짐을 옮겨 싣는 식이다. 이어 바지게부대를 동원, 도토성산에 뚝딱 성을 쌓았으리라.

도토성산은 동북쪽에서 내려오는 보강천과 남북 방향의 문암천, 남동남쪽에서 흘러오는 청안천이 만나 서남쪽으로 내려가는 예각 지형에 솟아 각각의 냇가로 난 34번 국도, 36번 국도, 592번 지방도를 제압하는 요충지다. 하지만 상대높이가 54미터밖에 안 되어 방어하기가 쉽지 않다. 바로 이 점이 김유신이 주둔지로 결정한 이유! 그는 백제군의 선공先攻을 유도할 생각이었던 것 같다.

작전의 핵심은 적군을 성 아래 소쿠리 지형으로 끌어들이는 것이었으리라. 그 경우 적들은 이미 청안천을 건너온 뒤니 배수진, 독 안에 든 쥐가 되기 때문이다. 나아가 남동남으로 길게 뻗은 능선에 기병을 배치, 퇴로를 차단하면 전투는 식은 죽 먹기가 되리라 예상했을 것이다.

문제는 백제군을 어떻게 소쿠리 지형으로 유인하느냐였다.

『삼국사기』에는 김유신이 전투 직전에 반간계反間計를 쓴 것으로 되어 있다. 백제군 첩자가 올 것을 예상하고 부대 안에 "(적군이) 꼼짝을 안 하니 내일 구원병이 오면 협공을 한다"는 소문이 돌도록 한 것이다.

은상은 이 정보를 반신반의했다고 한다. 서라벌의 군세와 배치

백제군이 진을 친 토계 동산에서 도토성산을 보았다. 청안천에 걸린 34번 [신]국도 다리 오른쪽 야산이다.

상황을 꿰고 있었을 그의 생각으로는 올 구원병이 없었을 테니까……. 그러나 만약에 온다면? 틀림없이 질마재를 넘어 들이닥칠 것이고 자기들은 앉아서 포위당하는 형편이 될 터였다.

그러나 사실은 김유신 쪽이 훨씬 불리한 처지였다. 여기는 백제 점령지고 무엇보다 반쯤 포위되어 있는 상황이었다. 무기와 식량도 열흘 치밖에 안 가져왔을 터였다. 백제군이 지구전으로 나온다면 서라벌군은 날이 갈수록 불리해질 상황이었다. 따라서 은상은 『로마인 이야기』의 '굼뜬 사내' 파비우스를 흉내 내 서라벌의 한니

청안천 다리에서 본 도토성[마을]과 도토성산. 서라벌군의 토성은 왼쪽의 은사시나무에서 시작해 오른쪽 냇둑 위 수풀로 이어졌을 것 같다.

발, 김유신과의 정면 대결을 피하는 게 상수였는데…….

이 대목에서 두 사령관은 열전熱戰보다 몇 배 치열한, 피 말리는 기氣 싸움을 했을 듯하다. 적장의 성향, 견딜심, 과거 전투 기록 등 온갖 상황을 점검해보고 모든 경우의 수를 동원하여 시뮬레이션을 한 끝에 전투 프로그램을 짰을 것이다. 그리고 결과는 『삼국사기』에 나온 것처럼 은상의 완패였다.

반신반의하는 가운데도 은상은 선공先攻을 한 모양이다. "석토 등 7성"을 빼앗은 전력戰力과 병사들의 사기를 믿은 것 같다. 어디에도 나와 있지 않지만 병력으로도 서라벌군을 압도했을 터였다.

백제군은 선봉에 말을 버리고 보병으로 전환한 고참병들을 세웠으리라. 토성을 사다리가 아니라 말을 타고 넘을 수는 없기 때문이다. 성을 공격할 때는 몽고군도 말에서 내렸다(만 필의 말을 고스란히 노획했다는 걸 보면 전부 보병으로 만들었을 수도 있다).

증평 쪽에 있었을 증원군은 방곡으로, 도살성 수비병들은 막골로 향했으리라. 그래 도토성산을 포위, 일거에 함락할 기세로 밀어붙였으리라.

은상은 선봉부대가 청안천을 건너자마자 돌격 명령을 내렸을 것이다. 그래 백제군은 해자塚字를 건너뛰고 성벽을 뛰어오르며 노도처럼 밀려들었을 것이다. 그 기세를 당해내지 못한 서라벌군은 주춤주춤 계속 물러났을 테고.

백제군 중군中軍이 소쿠리 지형 안으로 거의 들어왔다 싶은 순간 김유신은 공격 신호를 보냈을 것이다. 그러자 능선 위에 대기하고 있던 방패부대가 내리막을 전속력으로 치달렸을 것이다. 그 기세, 어느 누가 막을 수 있을 것인가.

소쿠리 지형의 백제군은 방패들의 판자 울타리에 갇혔을 것이다. 뒤쪽 기병들의 말 벽까지 가세해 독 안에 든 쥐가 되었으리라. 기병은 기병대로 청안천이라는 장애물 때문에 말 돌릴 공간 하나 없었으니, 전군이 떡이 되어 명령이고 지휘고 아무 소용이 없었을 것 같다.

이런 상황에서 병사들은 바깥쪽부터 차례로 도륙당할 수밖에 없었을 것이다. 그건 도살성 이름처럼 '도살屠殺'에 다름 아니었을 것이다. 어떻게 포위망을 뚫어 본진까지 도망갔다 해도 추격해 온 서라벌 기병의 칼에 살아남을 수 없었으리라(통살이).

조금 뒤에는 증원군 역시 같은 운명이었을 것이다. 그들의 무덤은 증평읍 사곡리 질벌[마을], 도살성 수비군은 산성 아래 울어바위께에서 몰살당한 것으로 여겨진다.

도토성산에 올라 본 도살성회전의 현장. 사진 중앙 칠보산 오른쪽의 토계마을에 진을 쳤던 백제군은 들판을 가로지르고 인삼밭 앞 청안천을 건너 도토성으로 진격, 몰살당한 듯하다.

도토성싸움으로 서라벌은 "석토 등 7성"을 되찾아 노스웨스트 테리터리(Northwest Territory), 북한산주를 유지할 수 있었다. 그리고 이를 바탕으로 11년 뒤 백제를 멸망시킬 수 있었다.

역사에 가정은 없지만 만약 서라벌군이 도토성에서 패했다면? 대당對唐 통로가 막혀 그들이 제안한 것으로 보이는 선멸백제지계先滅百濟之計를 성사시킬 수 없었을 것이다. 나아가 여제 양국의 협공을 받아 삼국 중에서 가장 먼저 멸망해버렸을 수도 있다. 도살성 전투, 이 얼마나 중요한 싸움이었는가?

겉으로 보기에는 아무 특징도 없는 114미터의 야산을 내려간다.

만여 구의 시체가 뒹굴었을 소쿠리 지형에 이른다. 이 골, 저 골 소
쩍새가 대낮부터 운다.

---

34번과 36번 국도가 교차하는 화성IC에서 동남동쪽. 34번을 타고 달리다 사곡로터리
로 나간다. 이어 동북동쪽으로 500m쯤 가면 방곡이고 야트막한 고개를 넘으면 도토성
[마을]이다. 고개에서 막골과 새터말, 토계, 통살이를 찾아본다.

이른 아침의 논산저수지. 왜정시대 말기 1944년에 완공된 것으로 그전에는 그냥 들판이었다. 백제와 서라벌 최후의 회전 현장으로 여겨진다.

# 황산벌싸움의
# 서라벌군 지휘소

진덕여왕은 재위 8년(654) 만에 돌아갔다. 그리고 마침내 용춘의 화신 김춘추가 왕위에 오른다(용춘은 선덕여왕 말년께 죽은 것으로 보인다).

김춘추 무열왕은 용춘이 세워놓은 통일의 설계를 착실히 이행해 나간다. 그리하여 재위 7년(660)에 첫 결실을 이뤄내니 바로 백제의 정복이었다. 황산벌싸움으로.

계백 장군의 5천 결사대, 화랑 관창의 살신성인으로 유명한 황산 벌싸움 기록은 그러나 온통 믿을 수 없는 사실뿐이다. 5천군이 도대체 어떻게 5만군과 회전會戰을 벌인단 말인가? 그리고 국가 존망이 걸린 싸움에 백제가 겨우 5천 병력밖에 투입하지 않았다고?

달솔 지위의 계백이 백제군 원수元帥였다는 것도 말이 안 된다. 1품인 좌평을 제치고 어떻게 2품관이 건곤일척의 싸움을 지휘한단 말인가? 『삼국사기』 「신라본기」에는 황산벌 현장에서 좌평 충상과 상영을 사로잡았다고 되어 있는데 그들은 허수아비였나?

백강과 탄현 운운은 더 어처구니가 없다. 서라벌군과 당군이 올 길목은 거기뿐인데, 백제군이든 서라벌군이든 대대장급 정도면 누구나 알 사실을 귀양 가 있는 좌평 흥수한테 물어봤다? 에라이, 천하의 무식쟁이 김부식아! 그대의 속셈은 분명 "백제에는 이렇게 인물이 없었다"렸다?

5월 마지막 주 서라벌군의 진군로를 따라 황산벌을 찾아간다. 그해 5월 26일 경주를 출발해 6월 18일에 도착했다는 남천정南川停, 경기도 광주시 남종면부터다.

남천정은 이병도설說을 따라 흔히 이천에 있었다고 하는데 말이 안 되는 소리다. 『삼국사기』「지리지」의 "광주廣州의 속현 황무현黃武縣은 본디 고구려의 남천현南川縣으로 지금의 이천현利川縣"과 "골내근현(여주), 양근현(양평)의 두 속현을 거느린 기천군沂川郡은 본디 고구려의 술천군述川郡으로 지금의 천녕군川寧郡"을 면밀히 살피지 않은 결과로 '이천'이라는 말을 덥석 믿어버린 무책임한 비정이다.

'황무'의 '황'은 본디 '놀'로 읽혔다(그래서 황산[벌]의 옛 이름은 놀뫼였다). '물'에서 ㄹ이 떨어져 나간 '무'는 '미米'나 '매買'와 통용되면서 '천川'이나 '수水'와 바꿀 수도 있었는바 경덕왕 때 대대적인 지명 바꿈을 할 때 '누를 황' 대신 '날[카로울] 리利' 자를 써 이천이 되었다(內乙買=內尒米>沙川, 伊珍買>伊川, 買忽>水城).

남종면 한강 가에는 우천리牛川里가 있었다. 지금은 팔당호에 잠긴, 소내섬 옆 나루터 마을이었는데 춘천의 예에서 보듯 '소 우'는 '봄 춘'과 통용되었다(牛首州>春川). 南川>黃武>利川>牛川의 변천 과정을 거친 남천정은 남종면 우천리에 있었던 것이다(옛날에는 봄도 나무도 '남'이라고 했다. 龍春=龍樹). 그랬기에 무열왕이 "태자 법

366

계백의 본진이 있었을 듯한 황산성 안 연못. 백제 때에는 규모가 훨씬 컸겠지만 위치는 같았을 것이다.

민으로 하여금 병선 100척을 거느리고 남천정을 출발, 덕물도에서 소정방을 맞이하게" 할 수 있었고.

6월 22일 법민을 만난 소정방은 양군 합류 날짜를 18일 뒤, 7월 10일로 제시한다. 경주에서 남천정까지 오는 데 28일이 걸린 걸 감안하면 아주 빠듯한 기일이었다. 서라벌군은 갑자기 바빠지기 시작했으리라.

행군 노정은 증평 도살성까지는 지금 중부고속도로를 따랐을 듯하다. 다음 보은 삼년산성, 옥천 관산성을 지나 금산, 그리고 저 유명한 탄현을 넘었을 것이다. 따라서 그 경로를 더듬어 중부고속도로를 달린다.

옥천을 지나가노라니 작년에 재건산 관산성을 찾았던 일이 어제인 듯 새롭다. 37번 국도로 접어들어 말머리고개를 넘을 때는 서라벌군의 기습을 받은 성왕과 50친위대의 아비규환이 들려온다. 이어

황산성 남문께의 성벽. 신라 성보다 성돌이 크고 퇴물림이 없게 쌓았는데도 1350년을 버텼다.

산성 둘이 있다는 미륵재 넘어 금산, 칠백의총을 둘러보고 마침내 난생처음 탄현炭峴에 오른다.

"금산 백령성栢嶺城 : 남이면 건천리와 역평리 사이에 있는 둘레 207미터의 테뫼식 산성이다. 남·북문지를 비롯, 구들 시설이 있는 건물지, 저수용 목곽고木槨庫, 수혈유구竪穴遺構 등이 확인되었으며 백제 토기 조각과 명문와銘文瓦 다수, 목제 그릇 등이 출토되었다. 백제 말기에 축조, 이용되다가 멸망과 함께 용도 폐기된 것으로 보인다. 금산과 논산을 잇는 전략 요충지에 들어선 이 성의 입지는〈청구도〉에 백자령栢子嶺,〈대동여지도〉에는 탄현으로 나와 있다."

남문 쪽은 성벽이 아주 잘 남아 있다. 높이가 7미터쯤 되는데 성돌이 신라 성의 그것보다 크고 퇴물림이 거의 없는데도 1350년을 버텼다. 네모반듯한 저수조貯水槽 가운데는 수선화가 자라고 있었다.

연산면 연산리, 신암리, 신양리에 걸쳐 있는 황산벌에 이르니 깜

황산성 아래 관동마을 들머리. "생활이 그대를 속일지라도 슬퍼하거나 노여워하지 말라"가 떠오르는 풍경이다. 황산성 오르는 길은 왼쪽 가까운 산자락과 그 뒤의 함지봉 사이 골짜기에 있다.

깜 밤중이다. 하릴없이 차를 돌려 논산저수지 가에 자리를 잡는다. 여기저기 낚시꾼들의 불빛이 물 위에 어리니 전망이 여느 호텔 부럽지 않다.

### 신라군 네 번 물리치고 결국 무릎 꿇은 계백

첫새벽, 저수지 풍경을 카메라에 담고 관동리의 황산성(268m)으로 향한다. 연산천 다리를 건너는데 물안개가 연기처럼 피어오른다. 그림 같은 관동마을 들어가는 길, 죽 늘어선 전봇대들이 모를 막 심어놓은 논물에 잠겨 있다.

369

산성까지 찻길이 나 있다. 가장 높은 곳 장대지將臺址에 이르니 햇빛이 막 드는 황산벌이 한눈에 내려다보이고 그 끄트머리에 국사봉(333m)이 우뚝하다. 계백의 본진은 확실히 여기 있었을 것 같다.

'황산의 들黃山之原' 황산벌싸움은 7월 9일에 있었다. "백제 장군 계백이 먼저 와서 험한 곳에 의지, 진영 셋을 만들고 기다리므로 유신이 군사를 셋으로 나누어 네 번을 싸웠으나 이기지 못하고 사졸들은 힘이 다하였다."

그랬구나. 계백의 군대는 이 황산성과 저 국사봉 산성, 저기 오른쪽에서 황산벌로 머리를 디밀고 있는 매봉 청동리산성에 진을 치고 있었어. 서라벌군은 거의 일직선상에 놓인 이 세 산성과 천호산 연봉 사이에 펼쳐진 황산벌로 들어와 공격을 했으니 정치망定置網 안에 들어와 울타리를 쪼아댄 꼴이었네. 그랬으니 네 번, 아니 마흔 번을 공격해도 이길 수 없었겠지.

계백이 지휘한 5천 결사대는 어떤 군대였을까? 5부로 나뉘진 사비성 각 부 상비 병력 500명씩에다 예비군, 의용군 싹 긁어모아 편성한 군대가 아니었을까? 임무는 금강방어선과 5방 37군 200성에 흩어져 있던 병력이 황산벌로 집결할 때까지 서라벌군을 저지하는 것이었고.

백제군 주력부대가 도착하자 양군은 회전에 돌입했을 거야. 그런데 이렇게 구릉이 많은 데서는 할 수가 없으니 싸움터를 옮겼을 텐데 거기가 어디였을까?

"논산저수지로 물에 잠긴 데입니다."

불현듯 배유현 씨한테서 들은 말이 떠올랐다. 논산 출신으로 중앙일보 정치부장을 지냈고 논산에서 국회의원 출마를 한 적도 있는 이였다.

서라벌군 본영이 있었던 것으로 여겨지는 갈마산의 토성 흔적. 성머리에 솟아난 나무들 둥치 뒤편이 급경사라 하얗게 바래 보인다.

맞아. 바로 거기일 거야. 금남정맥 탄현에서 발원한 논산천을 따라 내려왔을 서라벌군이 사비성으로 가자면 그 저수지가 있는 들판을 지나 4번 국도를 따라가는 게 가장 빠른 길이니까. 계백 장군 묘가 있는 충곡리 냇물도 그리 흘러들잖아?

그럼 김유신 군대의 진영은 어디 있었을까? 논산저수지 남쪽에서 가장 높은 갈마산(157m), 저기 아닐까? 저수지 상류 쪽인 데다 국사봉산성, 청동리산성과 정삼각형에 가까운 위치니 나라도 거기 진을 쳤을 것 같은데……

득달같이 갈마산으로 향한다. 병암마을에 차를 세우고 산을 오른다. 저수지에서 골재를 퍼 올리는 준설선이 물 가운데 '고무래 정丁' 자를 그려놓은 게 보인다.

그런데 정상에 다 올랐는데도 군대 주둔 흔적은 보이지 않는다. 도토성산의 예로 보면 분명 토성이 있어야 하는데……. 두루뭉술한

황산성에서 내려다본 황산벌. 구릉이 많아 회전에 적합하지 않은 지형이다. 코앞은 청동리산성이 있는 매봉이고 그 뒤 정상부 평평한 산은 국사봉이다.

정상부를 지나 남쪽으로 계속 가본다.

완만한 내리막을 얼마큼 가다보니 어? 경사가 갑자기 급해진다. 뒤돌아보니 분명 토성 흔적, 남문 자리였다. 다시 성안으로 들어가자 희미하지만 성가퀴 흔적까지 남아 있다. 만세, 만세, 만만세였다.

왔던 길을 되짚어 찾아본 성 흔적은 증贈이조판서 이술 묘 부근, 정상부에서 끝나고 있었다. 전주 이씨로 아들 연상이 이조판서가 되면서 증직을 받은 이의 것이었다. 잘 가꿔진 묘 벌묵에 앉으니 논산저수지, 서라벌과 백제가 나라의 운명을 걸고 싸움을 벌였던 들판이 한눈에 들어왔다.

흠순 장군의 아들 반굴과 품일 장군의 아들 관창이 갑마단창甲馬單槍으로 적진에 뛰어든 현장. 그들은 왜 그런 행동을 했고 계백은 또 왜 관창을 한 번은 살려 보내고 두 번째는 목을 잘라 보냈을까? 그리고 그걸 방조한, 혹은 요구했을 총사령관 김유신의 의도는 무엇이었을까?

김유신은 죽기 살기로 덤비는 백제군을 도저히 무찌를 수 없겠다 싶자 마지막 카드를 쓴 듯하다. 그건 인류가 형편없이 약했던 시절 동굴로 난입한 맹수로부터 공동체를 구하는 유일한 수단, 희생犧牲 작전이었으리라. 그 희생물은 대개 생식능력이 없는 소년소녀이기 쉬웠으니 부모들은 제비뽑기로 자식을 내놓았고 이를 받아먹는 맹수는 더 이상의 살육을 하지 않는 기가 막힌 방안이었다.

제물이 된 소년이나 소녀가 두꺼비의 도움으로 천 년 묵은 지네를 물리친 이야기처럼 살아 돌아올 경우에는 일약 영웅이 되었을 것이다. 그 영웅은 지도자도 어쩔 수 없었을 것이니, 그를 어떻게 했다가는 하루아침에 권위가 떨어져 지도력을 발휘할 수 없었으리라. 계백이 관창을 돌려보낸 이유는 바로 이것이 아니었을까?

관창의 목이 돌아오고 그를 사지로 내몬 아버지 품일의 퍼포먼스가 진행되는 동안 김유신은 진형陣形을 바꿨을 것 같다. "보병을 좌우로 물리고 가야병단 철갑기병을 중앙에 배치하라." 그리고 서라벌군의 분개심이 극에 달했을 때 총공격 명령을 내린 듯하다.

백제군 중앙은 간단하게 뚫렸을 것이다. 그러자 가야병단은 좌우로 갈려 백제군을 포위했을 것이다. 그래 총사령관 충상의 중군, 부사령관 상영의 우익이 순식간에 궤멸되었고 좌익을 지휘하던 계백은 충곡리 가장假葬골까지 밀려 최후를 맞이한 것 같다. 영화〈황산

갈마산 정상부, 이술 묘 벌묵에서 내려다본 논산저수지. 백제군은 '고무래 정丁'자 모양의 모래 띠 머리께에 최후의 진영을 벌였을 듯하다. 그 오른쪽 움푹 들어간 만으로 계속 가면 계백 장군 묘가 있는 충곡리가 나온다.


벌〉도 이런 줄거리였어야 하는데…….

산을 내려가 계백 장군의 무덤을 찾는다. '백제계백장군지묘' 표석 외에는 아무 장식도 없는 소박한 무덤이지만 더할 나위 없는 울림이 느껴진다.

백중 보름이라 했다
그런 날이면 어쩌다 붉은 달을 볼 수 있다 했다
나는 그 달을 가슴에 품었다
내 생애 처음으로 한 남자를 만나 품었던 뜨거운 가슴으로
달이 울고 있었다
붉게 멍든 가슴으로 울음을 삼키고 있었다
……

칼을 받아라

나의 마지막 사랑이니라

여인은 울지 않았다, 허리를 곧게 펴고

계백의 깊은 눈 속으로 빨려 들어가듯

그 큰 사랑이 황홀하여 목을 길게 늘였다

……

황산벌 불멸의 신화는 아직 끝나지 않았다

이제 시작일 뿐이다

세상의 그 어느 사랑이

목숨을 접수함으로 사랑을 완성한 계백의 사랑보다 더 고귀한 사랑

있으랴

하늘까지 뻗친 장도의 날 끝에서 영원히 빛 부실 휴머니즘이여

21세기의 청명한 동편의 밤하늘에

피를 삼킨 붉은 달이 울고 있었다

계백의 달이 있었다

2004년에 지어 묘지 아래 신도비명처럼 새겨놓은 여류 시인 윤
순정의 「계백의 달」이다.

---

호남고속도로 논산IC로 나와 68번 지국도를 타고 동쪽의 가야곡면으로 향한다. 면소를
지나 계속 직진하다 보면 논산저수지가 나오는데 그쯤이 병암리다. 논산천에 걸려 있는
신흥교를 건너기 직전 왼쪽에 보이는 병암마을 뒷산으로 올라간다.

부여 궁남지. 백제 왕궁이 자리했던 부소산 자락 정남쪽 백마강 가에 있는 것으로 왕실 별궁 연못으로 본다. 근래 복원된 것이긴 하지만 우아함과 세련미를 자랑했던 백제 영화의 상징으로 손색이 없다.

# 백제 최후의 항전을
# 지휘한 수도방위사령부

백제 최후의 회전 논산저수지벌 싸움은 7월 10일에 있었다. 『삼국사기』에는 날짜가 나와 있지 않지만 11일, 서라벌 장수들이 당군 진영으로 갔을 때 소정방이 군대 합류 날짜를 어겼다고 독군督軍 김문영을 베려 했던 사실로 보면 분명 그날이다.

"12일에는 당나라와 신라 군사가 소부리의 들로 나아가 네 방면으로 쳐들어갔다. 백제 측에서는 웅진 어귀熊津口 방어를 중시하여 강가에 군사를 주둔시켰는데 정방이 왼쪽 벼랑으로 나아가 산 위에 진을 치고 공격, 백제군을 대패시켰다. 백제 수군은 그럼에도 조수潮水를 타고 꼬리를 물고 나아가면서 북을 울리고 함성을 질러댔다. 정방은 곧장 도성으로 내달아 일사一舍의 거리에서 멈추었는바 이날 전투로 죽은 백제군은 만여 명이었다."

『삼국사기』의 이 기록으로는 일련의 사건들이 어디서 일어났는지 도무지 알 수가 없었다. 양군 수뇌부가 만난 장소는 어디고 '소부리의 들所夫里之原' 네 방면 진군로는 어느 쪽이며 당군이 백제군을 대패시킨 지점은 또 어딘지 온통 오리무중이었던 것이다. 그렇다고 어물쩍 넘어갈 수는 없는 일. 일단 논산으로 가서 서라벌군의 예상 진로 4번 국도를 따라가며 사건 현장을 찾아보기로 한다.

천안에서 고속도로를 벗어나 23번 국도를 탄다. 탐문이 논산에서 시작, 서쪽으로 진행돼야 하는데 고속도로는 논산 서쪽 들 가운데를 남북으로 달리기 때문이었다. 이어 논산에서 4번 국도로 갈아타고 부여로 향한다.

부여행 신국도 변의 들판이 끝나고 산이 앞을 가로막을 즈음 '사비문泗沘門'이라는 것이 나타난다. 옛날에는 저 비슷한 것도 없었겠지만 사비, 즉 부여로 들어가는 관문이라는 뜻이 그럴싸해 차를 세우고 사진을 몇 장 찍는다.

다시 차에 올라 신국도로 계속 가려는데 교차로의 '석성' 안내판이 눈길을 끈다. 적어도 '성이 있는 지역'이기는 할 것 같아 화살표 방향으로 핸들을 꺾는다.

길가의 '사적 89호 석성산성' 안내판을 발견할 때까지는 좋았다. 그런데 안내하는 대로 1.9킬로미터 거리, 희여재 고갯마루까지 갔는데 성이 보이지 않았다. 입구와 성안에만 안내판을 세워두는 우리 공무원들의 버릇 때문으로 옛 성 찾는 나그네들이 흔히 겪는 일이다.

다시 내려가 석성산성을 찾아봐, 말아? 거기가 무슨 사건이 일어난 데도 아닌데, 혹시 무슨 티끌이라도 남아 있나 보러 가는 건데 굳이 돌아갈 필요가 있을까? 망설이던 차에 동북쪽 산봉이 눈에 들어온다. 8부 능선부터 바위들이 드러나 있고 정상부가 평평한 것이 꼭 성이 있을 것 같은 지형이다. 지도에는 국사봉으로 나와 있다.

3봉으로 이루어진 파진산 북쪽 끝봉의 석성산성. 둘레 1.5킬로미터의 큰 성으로 백제 수도방위사령부가 자리했을 듯하다.

논산 황화산성 정상부 옆의, 한 변이 10미터 남짓한 정사각형 토성. 안내문에는 의자왕의 별궁 터나 조선 시대 봉수대 자리라고 되어 있는데 얼토당토않은 추측이 아닐 수 없다. 별궁이라면 집일 것이고 봉수대는 돈대 형태여야 하는데 출입구가 하나인 토성의 형태를 띠고 있기 때문이다. 나당연합군이 혈맹의식을 치른 제단 흔적으로 여겨진다.

맛이 간 나무딸기와 청미래덩굴을 헤치고 올라가 본 고스락에는 정말 성이 있었다. 둘레가 500~600미터쯤 되는 천연 바위성으로 테뫼식의 전형이다. 안내판 하나 없는 걸 보면 누구도 찾지 않는 이름 없는 성일 텐데 남문과 북문 자리가 뚜렷하다.

성 끝을 확인한답시고 4번 신국도 변, 청룡제(저수지)가 내려다보이는 데까지 갔다 오니 해가 뉘엿뉘엿 지려 하고 있다. 그때 불현듯 서라벌군이 저 북쪽의 금남정맥 청마산성에 진을 치지 않았을까 하는 생각이 떠오른다. 부여들을 내려다보는 그 성이라면 소부리의 들 싸움의 발진기지로 손색이 없을 것 같아서다.

득달같이 달려가 본 청마산성은 그러나 소부리의 들과는 무관한 입지다. 부여 읍내는 앞산에 가려 귀퉁이도 보이지 않고 그 북쪽을 흐르는 용정천 일대 들판과 마을의 불빛만 보이는 것이다. 두 번째

논산에서 부여로 가는 4번 신국도 상에 있는 사비문. 오른쪽에 증산리, 왼쪽 좀 떨어져 백제군이 나당연합군에게 최후까지 저항했던 현내리가 있다.

헛걸음이었다.

헛걸음질은 이튿날도 계속이다. 이른 아침 금성산(121.2m)에 올라 부여 시가지와 부소산을 촬영하려던 계획은 안개 때문에 무산됐고 백마강 건너편의 부산浮山에서 부소산과 낙화암을 잡으려던 시도 역시 흐릿한 대기로 맹탕이 돼버린다. 그래 부소산이라도 올라보자 하고 주차장에 차를 대니 이번에는 소나기가 쏟아져 발을 묶는다.

## 나당연합군을 맞은 백제의 결사적 항전

차 안에 하릴없이 앉아 있노라니 내가 지금 도대체 무얼 하고 있는건가 싶다. 나당연합군을 맞아 백제가 어떻게 좌절하고 어떤 식으로 무너져 갔는지를 찾아보러 온 주제가 사비성 안에 앉아 비에 젖

부여 읍내 소방서로터리에 있는 성왕상. 조명을 잘해놓아 밤이면 신비로운 분위기를 풍긴다.

은 수탉 꼴을 하고 있다니…… 한심하기 그지없는 노릇이다.

그래, 초동수사부터 다시 하는 거야. 군청을 찾아가 군지郡誌부터 보자고. 일반적으로 두껍기만 오라지게 두껍고 알맹이는 없는 게 군지지만 혹시 알아, 흙 속에 묻혀 있는 옥을 발견하게 될지?

두 권으로 된 군지는 역시나 두껍다. 그래 꼭 필요한 부분, 백마강 이동以東 읍·면―부여읍, 석성면, 초촌면의 지명 유래 항목을 복사해 나와 찬찬히 읽어보기 시작한다.

"부여읍 염창리 : 나당군이 침공해 올 때 백제군이 분투한 전쟁터였으며 …… 군돌마을은 파진산破陣山에서 패한 백제군의 나성羅城 방어 최후 보루로서 군사들이 뒷산 필서봉(118m)을 중심으로 빙빙 돌자 적군이 주춤거리매 그 틈을 타서 왕이 피난하였다는 전설이 있다. 석성면 봉정리 : 백제가 부여로 천도하기 전부터 취락을 형성하고 있었으며 백제 말기의 주요 군대 주둔지였다. 증산리 : 백제군

382

석성동헌과 그 앞의 선정비들. 수십 년 전에 석성면사무소가 옮겨 가면서 한적해진 석성리지만 향교도 있고 국가사적 89호의 석성산성도 가까운, 한 번쯤 찾아볼 만한 곳이다.

과 신라군의 격전지로 군장동軍葬洞에서 당시 무기가 출토되기도 하였다. 현내리 : 백제 말기 나당군 침입 때 파진산의 백제군이 내려와서 격전을 하였다는 곳. 석성산성이 뒷산에 있다. 초촌면 초평리 : 황산벌전투의 마지막 싸움터라는 전설이 있으며……. 응평리 : 백제 사비성 외곽 방어 전초기지가 있었던 지역이다."

정말 대단한 군지였다. 『부여군지』는 백제 멸망 후 1350년이 지난 마당에 당시 전투 상황을 생생하게 그려볼 수 있는 금쪽같은 자료를 제시하고 있었다.

이제 모든 것이 명확해졌다. 백제군은 능산리 뒷산에서 파진산에 이르는 남북향 산등성이에 마지노선을 구축하고 결사적 항전을 했던 것이다. 나아가 그 방어선이 무너진 뒤에도 군돌마을의 전설처럼 굽힘 없는 싸움을 계속한 듯하다.

다시 석성산성을 찾아간다. 희여재에 차를 세워두고 한 봉, 두 봉,

이 땅에서 가장 멋진 토성이라 해도 과언이 아닐 황화산성. 숲 터널 끝나는 곳에 '황화산성지' 비가 서 있다.

세 산봉을 넘어가자 산허리를 두르고 있는 허물어진 성벽이 보인다. 마침내 찾았다.

둘레가 1.5킬로미터나 되는 큰 성이다. 모르긴 해도 수도방위사령부가 있었던 자리 같다. 나아가 희여재 쪽 첫 봉우리 용머리산(170.7m)에도 성이 있고 어제 찾은 국사봉에도 성이 있었으니 백제는 마지노선의 거의 모든 봉우리에 성을 쌓았던 듯하다.

이 수방사의 병사들은 틀림없이 정예부대 장졸이었을 것이다. 그렇기에 당군이 몰려오자 전진방어를 했고 성을 빼앗긴 뒤에도 항전을 계속할 수 있었다. 소정방이 곧장 도성으로 내달았던 이유는 이들의 예봉을 피하기 위함이었고.

성을 내려온 다음에는 전적지들을 찾아본다. 석성현청과 향교가 있는 현내리, 4번 국도 북쪽의 증산리, 응평천 동쪽의 초평리와 서쪽마을 응평리를 차례로 돌아본다.

이들은 모두 마지노선 동쪽에 위치한다. 현내리와 증산리는 산기슭에 있고 봉정리와 초평리와 응평리는 들 가운데 있다. 따라서 나당연합군이 쳐들어온 네 방면은 초평리→응평리, 봉정리, 현내리, 증산리로 여겨진다.

서라벌군은 이 가운데 맨 북쪽, 초평리→응평리 쪽으로 들어온 것 같다. 그랬던 까닭에 전설이 초평리를 "백제 멸망 시 황산벌전투의 마지막 싸움터"라 했으리라.

그렇다면 이 12일 사건 전날 이야기, 소정방이 김문영의 목을 베려 했던 곳은 어디일까?

지도를 펼쳐보니 마지노선에서 논산까지는 비산비야 벌판, 93미터의 봉화산 외에는 산이라고 할 만한 것이 없다. 그리고 봉화산은 현내리와 증산리 코앞, 황해를 건너온 소정방이 닻을 내리고 진영

논산 황화산성 유지비遺址碑. 이채롭게도 '황제 황' 자 '중화 화' 자를 쓰고 있다. 이 때문에 소정 방의 당나라군이 여기 주둔했다고 보았다.

을 꾸밀 만한 곳이 못 된다. 그래 더 남쪽으로 훑어 내려가…… 석성천을 건너고 논산천을 지나 보니 그럴듯한 지형지물이 눈에 띈다. 황화산성.

인근을 지나는 23번 국도에는 해창교라는 다리 이름도 보이니 옛날에는 해창海倉, 바다로 실어 내는 세곡稅穀 창고가 있었던 모양이다. 주워들은 말로는 "논산은 비만 오면 물바다가 되는 곳"이라고 한다. 당나라 군선이 정박해 진영을 벌이기에 맞춤의 장소다.

득달같이 차에 올라 황화산성으로 향한다. 보명사 앞마당에 차를 세우고 왼쪽 능선으로 올라가는데 숲에 싸인 절 자리가 기막히게 좋다(나중에 다시 와서 보니 성 남문 안쪽 평지, 방수군 본부가 들어섰을 곳이다).

이내 성마루로 올라선다. 논산시에서 복원한 것 같지는 않은데 토성이 아주 잘 남아 있다. 이 땅에서 가장 멋진 토성이라 해도 과언이 아닐 정도로. 드디어 성 꼭대기, '황화산성지皇華山城址' 표석이 보인다.

'황제 황'에 '중화 화', 어떻게 이런 이름이 붙었지? 논산, 그러니까 눌뫼에 있는 성이면 '누를 황黃' 자를 쓰는 게 정석이거늘……. 설사 이게 원명原名이라 해도 소중화小中華를 자처한 조선 후기 선

백제 멸망 시 네 전적지 중의 하나인 초평리. 왼쪽에 냇둑이 보이는 응평천 동쪽 구릉지의 마을인데 이름으로 보면 원래는 일대에 초원이 넓게 펼쳐져 있었을 것 같다.

비들이 무엄하게도 어떻게 '황제 황' 자를 쓰느냐고 가만두지 않았을 텐데……. 참 이해 안 되는 일도 다 있다.

이해가 안 되는 또 한 가지는 널찍한 산 정상부를 성안으로 들어오게 성을 쌓지 않았다는 점이다. 유례가 없는 축성 방식으로, 정상부 한쪽에는 한 변이 10미터 남짓한 정사각형 토성이 있다.

정사각형 토성! 청주 정북동토성 이후 두 번째 보는 것.『삼국사기』의 하림궁河臨宮으로 여겨지는 서라벌과 백제의 경계 회담 장소, 대가야의 도설지왕이 증인으로 참석해 천지신명께 맹세하고 국경을 확정한 뒤 가야인 우륵의 가야금 연주를 들었던 성소, 딱 그 모양이었다.

그렇다면 소정방과 김유신 역시 사각형 토성을 쌓고 제단을 만든 다음 소 잡고 말 잡아 하늘에 제사 지내면서 혈맹임을 확인한 끝에 전술 회의에 들어갔을 것이다. 그래서 붙어 있는 산성 이름에 '황제 황' 자 '중화 화' 자를 붙였고. 연합군 총사령관 소정방은 당나라 황제를 대신하는 인물이었으니까.

동서남북에 문 터가 있는 정북동토성과 달리 남쪽에만 문 흔적이 있는 토성 위로 올라간다. 서북쪽으로 논산평야가 한눈에 들어오며 그 끝 산줄기가 홍수내川 물결처럼 꿈틀거리고 있다.

궁남지여, 부소산이여, 낙화암이여, 백제여…… 서러워 말지어다. 세세년년화상사歲歲年年花相似나 연년세세인부동年年歲歲人不同이 아니더냐? 나라는 망했어도 이렇게 산하山河는 의연히 남아 있지 않느냐?

---

논산시 석성면 현내리 새말 뒷산이다. 성벽은 마을을 어깨동무하듯 싸고 있는 북동쪽 능선으로 올라가면 나온다. 소정방이 진을 쳤던 황화산성은 논산역과 채운역 중간, 대건중 고등학교가 기대 있는 야산에 있다.